高等院校经济学实验课程系列教材

准备金评估模型及数值示例

张连增　编著

南开大学出版社

天　津

图书在版编目(CIP)数据

准备金评估模型及数值示例 / 张连增 编著. —天津：南开大学出版社，2013.7

高等院校经济学实验课程系列教材

ISBN 978-7-310-04216-6

Ⅰ.①准… Ⅱ.①张… Ⅲ.①准备金—评价模型—高等学校—教材 Ⅳ.①F820.4

中国版本图书馆 CIP 数据核字(2013)第 129576 号

南开大学出版社出版发行

出版人:孙克强

地址:天津市南开区卫津路 94 号 邮政编码:300071

营销部电话:(022)23508339 23500755

营销部传真:(022)23508542 邮购部电话:(022)23502200

*

唐山天意印刷有限责任公司印刷

全国各地新华书店经销

*

2013 年 7 月第 1 版 2013 年 7 月第 1 次印刷

260×185 毫米 16 开本 11.25 印张 2 插页 280 千字

定价:25.00 元

如遇图书印装质量问题,请与本社营销部联系调换,电话:(022)23507125

总 序

《国家中长期教育改革和发展规划纲要（2010—2020年）》指出，要“牢固确立人才培养在高校工作中的中心地位，着力培养信念执着、品德优良、知识丰富、本领过硬的高素质专门人才和拔尖创新人才”。对于财经类本科专业而言，具备扎实的经济学理论基础，掌握经济学思维逻辑和分析方法，能对经济现象及其运行规律有深刻认识，了解专业相关实际工作的基本内容和流程，并具有一定的实际操作能力，是人才培养的中心目标。为了达到这一培养目的，充分利用信息技术的发展，创新教学方法和教学手段以提高教学效果、弥补学生实习实践活动所受外在约束，是十分必要的。

近年来，南开大学经济学院通过实验课程的设计开发，对此进行了积极的探索。一方面，我们在尝试对理论性课程内容进行深入分析的基础上，设计了与各知识点相关的实验内容，让学生在实验过程中进一步理解经济理论所揭示的经济系统运行规律和经济政策的作用机制、效果。另一方面，通过建设实务类课程的模拟环境，开发出与具体业务相关的实验课程，使学生通过实验操作完成各类业务的完整流程，以弥补由于实习岗位提供、实习时间限制等方面的约束对学生实际工作技能培养的不足。这些尝试在本科生培养的过程中取得了良好的效果，也得到了广泛的认可，2008年南开大学经济实验教学中心被评为国家级实验教学示范中心建设单位。

我们在多年实验课程开发的基础上，在南开大学出版社的积极支持下出版了这一实验系列教材，希望能在我国财经类实验课程开发过程中起到抛砖引玉的作用。在这些实验教材编写过程中难免有疏漏甚至错误，也欢迎指正。能够在国内相关专业的人才培养中有所贡献，是我们出版这一实验系列教材的主要目的。

张伯伟

2013年6月于南开园

前　言

我于 2010 年春天开始，为南开大学经济学院精算专业硕士生开设《非寿险精算理论专题》课程，与此同时承担了经济实验教学中心教学改革项目（非寿险精算理论研究：准备金评估随机性方法及软件 R 实现）。本实验教材是该项目的成果之一。之后，在 2011 年春和 2012 年春，我又为硕士生开设该课程，对讲课内容进行了系统的整理完善，形成了现在的实验教材。

本项目围绕着实验课程建设展开。在最近几年的非寿险精算理论专题课程中，由于课时较少，就只能安排集中介绍准备金评估随机性方法及软件 R 实现。这有以下各方面的考虑：

一，2009 年 12 月 22 日，财政部印发了《财政部关于印发〈保险合同相关会计处理规定〉的通知》（财会函［2009］34 号）。2010 年 1 月，保监会为此举办了培训。在最新的保险合同相关会计处理规定中，涉及了准备金评估的随机性方法（如 Bootstrap/Mack 等方法），这是当前国际精算理论研究中的热点。因此，无论从理论研究还是从实务应用的角度开展准备金评估随机性方法的教学，都有很重要的意义。

二，关于准备金评估随机性方法的专著，最新的是 2008 年出版的 *Stochastic Claims Reserving Methods in Insurance*（系 Wiley Finance 丛书中的一种），作者是瑞士苏黎世联邦理工学院（ETHZ）数学系的 M. Wüthrich 和 M. Merz。这是一本划时代的专著，国际上精算专家苏黎世联邦理工学院的 H. Bühlmann 发表了书评。该书系统整理和总结了准备金评估随机性方法的研究成果，有些即将发表的成果也收入其中。

三，我于 2008 年 9 月至 2009 年 8 月作为访问学者在加拿大 Waterloo 大学统计与精算学系进行学术交流，为该系精算硕士生开设准备金评估随机性方法课程，选用的教材即是上述专著，该专著的大部分内容我都讲授过。回国后，我希望把国外最先进的教学内容带到国内课堂，提高教学质量。

四，目前，R 软件在国际上已成为日益流行的开发软件。在国际精算教育界，应用软件 R 解决精算数值问题，已开发了一些软件包，如 actuar 软件包和 ChainLadder 软件包。尽管如此，我认为在课程学习阶段，研究生熟练应用 R 软件求解准备金评估的数值问题，对分析解决问题的能力大有好处。

本实验教材内容绝大部分选材于 M. Wüthrich 和 M. Merz 的专著的前七章。除了第一章引言之外，其他六章内容都分别介绍了准备金评估随机性方法。由于课时较少，这里暂时选取了基本的内容。本实验教材在内容组织上注重理论与数值计算并重。原书中的数值例子大多用 MS Excel 实现。在本教材的第二章到第四章，每章末都附上了用 Excel 计算的详细说明。在课程教学中，对本教材的几乎所有的数值例子作者已经用 R 软件编程实现了。这些 R 代码及有关数据的电子版可在南开大学出版社网站（www.nkup.com.cn）下载。

在本实验教材书稿完成之际，我要感谢协助我完成本项目的研究生，他们是南开大学经济学院 2008 级和 2009 级精算专业硕士生，以及 2010 级博士生段白鸽。特别地，段白鸽为本教材的完成付出了不计其数的时间与精力。她整理了第二章至第四章附录中的数值实例，并协助我校阅了本教材的大部分内容，改正了一些不妥之处，她细致而又认真的工作使本实验教材增色不少。

我还要感谢本项目的组织者、南开大学经济学院实验教学中心的涂宇清、华钧两位老师的大力支持与帮助。感谢南开大学出版社担任本书策划的赵文娇女士及编校人员的工作。

张连增

2013 年 6 月 20 日

目 录

第一章 引言和符号 ······ 1
1.1 索赔过程 ······ 1
1.2 未决损失负债 ······ 4
1.3 注记 ······ 5
第二章 基本方法 ······ 7
2.1 与分布无关的链梯法 ······ 7
2.2 BF 法 ······ 11
2.3 泊松模型 ······ 14
2.4 链梯法的泊松模型推导 ······ 17
附录 数值实例 ······ 20
第三章 链梯模型 ······ 27
3.1 预测均方误差 ······ 27
3.2 Mack 模型 ······ 28
附录 数值实例 ······ 41
第四章 贝叶斯模型 ······ 55
4.1 BH 方法和 Cape-Cod 模型 ······ 55
4.2 索赔准备金评估信度方法 ······ 60
4.3 严格的贝叶斯模型 ······ 67
附录 数值实例 ······ 73
第五章 分布模型 ······ 83
5.1 累计索赔的对数正态模型 ······ 83
5.2 方差参数估计与准备金估计 ······ 86
第六章 广义线性模型 ······ 96
6.1 极大似然估计简介 ······ 96
6.2 广义线性模型的框架 ······ 97
6.3 指数散布族分布 ······ 99

6.4 指数散布族分布的参数估计……101
6.5 BF 法的讨论……111

第七章 拔靴法……119
7.1 引言……119
7.2 关于累计索赔的对数正态模型……121
7.3 广义线性模型……124
7.4 链梯法……126

附录 第二章至第七章数值示例的部分 R 代码……130

参考文献……172

第一章　引言和符号

1.1　索赔过程

在本书中，我们考虑作为保险产品一个分支的索赔准备金评估问题。这类产品在欧洲大陆被称为非寿险，在英国被称为一般险，在美国被称为财产和意外伤害险。这个分支通常包括了除寿险之外的所有保险产品。这种划分主要基于以下两个考虑。

1．寿险产品与非寿险产品在很多方面有着显著的差异，如合同条款、索赔类型、风险驱动因素等，这表明寿险与非寿险产品在建模方面存在差异；

2．在许多国家，如瑞士和德国，寿险和非寿险产品在法律上有着严格的界限，这意味着一个经营非寿险产品的公司是不允许销售寿险产品的，反之亦然，因此，举例来说，在瑞士同时销售寿险和非寿险产品的公司，至少有两个以上的法律实体。

非寿险产品业务通常包括：

（1）机动车/汽车保险（机动车第三方责任险，汽车车身保险）；

（2）财产险（私人和商业的防火、防水、洪水险，商业腐败险）；

（3）责任险（私人和商业的责任险，包括董事和高管的责任保险）；

（4）意外险（个人和群体的意外险，包括强制性的意外险、工伤赔偿保险）；

（5）健康险（私人性质的个人和群体健康险）；

（6）海上保险（包括运输险）；

（7）其他保险产品，如航空险、旅行险、法律保护险、信用保险、传染病险等。

一份非寿险保单可看成保险人和被保险人双方之间的合同。该合同规定保险人收取固定的/确定性的金额，称为保费。当明确指定的随机事件发生之后，保险人必须向被保险人支付经济补偿。当指定的事件发生时，被保险人获得一定金额的给付的权利就构成了被保险人向保险人的索赔（claim）。

保险人就一项索赔必须支付给被保险人的金额称为索赔额（claim amount）或损失额（loss amount）。完成一项索赔进行的赔付（payment）可以称为：索赔赔付（claim payments）、损失赔付（loss payments）、已付赔款（paid claim）、已付损失（paid loss）。

一般情况下，保险公司无法立即结算（settle）一项索赔（claim），主要有以下三个原因。

1．报案延迟（reporting delay），即索赔发生和索赔报告给保险人这两者之间存在时滞。一项索赔的报案过程可能持续长达数年之久，如石棉污染、环境污染的索赔。

2．索赔报告给保险人之后，索赔的最终结算可能需要再花上数年时间。例如，财产险的索赔通常很快就能结算，而责任险或人身伤害险在索赔的条件完全确定从而进行结算之前，可能需要相对较长的时间。

3．还有一种可能，就是已经结案的索赔因为一些未能预期的新进展或保险事故复发，需要重新处理。

1.1.1　会计原则和事故年

有三种不同的保费会计原则：

1．入账保费（premium booked）；

2．签单保费（premium written）；

3．已赚保费（premium earned）。

原则的选择依赖于承保业务的种类。不失一般性，在本书中，我们集中于已赚保费原则。

通常保险公司在一年内至少会结账一次。假设结账日总是在每年的 12 月 31 日。那么对于生效日为 2008 年 10 月 1 日、在 2008 年 10 月 1 日和 2009 年 4 月 1 日两次缴费的一年期保单，应如何记账？假设：

2008 年的签单保费=100；

2008 年的入账保费=50（即 2008 年实际收到的保费）；

2008 年 12 月 31 日的未来保费=50（在 2009 年可能收到的保费= 50，也即 2009 年的入账保费）。

假定风险暴露在时间上是均匀分布的，那么：

2008 年的已赚保费=25（对应于 2008 年的风险暴露的保费）；

2008 年 12 月 31 日的未赚保费准备金（UPR）=75（对应于 2009 年的风险暴露的保费）；

2009 年的已赚保费=75。

如果风险暴露在时间上不是均匀分布的，那么需要其他方法把已赚保费分摊至不同会计年度。为了保持财务报表的一致性，事故日期和保费会计原则的匹配性（通过风险暴露模式）就很重要。因此，2008 年发生的事故的所有索赔必须与 2008 年的已赚保费相匹配，即这些索赔必须由 2008 年的已赚保费进行赔付，2008 年之后发生的索赔则必须由 2008 年 12 月 31 日的未赚保费准备金来赔付。

因此，保险公司一方面必须提存保费准备金以应对未来的风险，另一方面必须针对以往风险暴露带来的未结案索赔，提存索赔准备金。针对以往风险暴露，有两种不同类型的索赔准备金：

1．IBNyR 准备金（Incurred But Not yet Reported），针对 2008 年 12 月 31 日之前发生而未报告给保险公司的索赔（如因报告延迟延至下一会计年度）；

2．IBNeR 准备金（Incurred But Not enough Reported），针对已经于 2008 年 12 月 31 日前报告，但还未结案的索赔，可以预期未来会有赔付，赔付由已赚保费支付。

这意味着，通过风险暴露模式，索赔赔付直接与保费相关联。这种关联性决定了要为索赔结案而提供准备金（reserves）。还有其他保险结构，如社会保险的保险人通常采用现收现付原则（pay-as-you-go），即保险人只要当前的保费收入足够支付当前的索赔赔付即可。这通常是法律强制保险，在本书中，我们不考虑这种类型的体系。

表 1.1 给出了 IBNyR 索赔的报告延迟。

表 1.1 IBNyR 索赔次数的索赔进展三角形

事故年 i	报告年 j										
	0	1	2	3	4	5	6	7	8	9	10
0	368	191	28	8	6	5	3	1	0	0	1
1	393	151	25	6	4	5	4	1	2	1	0
2	517	185	29	17	11	10	8	1	0	0	1
3	578	254	46	22	17	6	3	0	1	0	0
4	622	206	39	16	3	7	0	1	0	0	0
5	660	243	28	12	12	4	4	1	0	0	0
6	666	234	53	10	8	4	6	1	0	0	0
7	573	266	62	12	5	7	6	5	1	0	1
8	582	281	32	27	12	13	6	2	1	0	
9	545	220	43	18	12	9	5	2	0		
10	509	266	49	22	15	4	8	0			
11	589	540	29	17	12	4	9				
12	564	496	23	12	9	5					
13	607	203	29	9	7						
14	674	169	20	12							
15	619	190	41								
16	660	161									
17	660										

1.1.2 索赔通胀

索赔成本（claim costs）经常会受到通货膨胀的影响。这里的“通货膨胀”并非一般意义上的通胀，而是针对具体的保险业务的成本增长，可称为索赔通胀（claim inflation）。例如，对于意外险，医疗费的增长导致索赔成本的增长；对于汽车车身险，汽车维修技术的复杂性会导致索赔成本的增长。最重要的一点在于，这种通胀可能持续存在于从事故发生日到最终赔付或结案日这段时期内。

如果用 $(X_{t_i})_{i\in N}$ 表示用 t_1 时刻的货币价值表示 t_i 时刻的单个索赔赔付，那么以 t_1 时刻的货币价值表示的总索赔额为

$$C_1=\sum_{i=1}^{\infty}X_{t_i}$$

如果 $\lambda(\cdot)$ 用表示衡量索赔通胀（claim inflation）的指数（index），那么实际的（名义 nominal）的总索赔额为

$$C=\sum_{i=1}^{\infty}\frac{\lambda(t_i)}{\lambda(t_1)}X_{t_i}$$

这里 $\lambda(\cdot)$ 是一个递增函数，那么 C 总是大于 C_1。当然，在实际中我们只能观测到没有指

数化的赔付

$$\left[\frac{\lambda(t_i)}{\lambda(t_1)}\right]X_{t_i}$$

而且一般较难估计出一个指数函数，来计算指数化的赔付 X_{t_i} 。

1.2　未决损失负债

在本节，我们给出常用的索赔准备金评估的记号和术语。在大多数情形下，未决损失责任都是通过“索赔进展三角形”（见图 1.1）加以研究，它把保险索赔按两个时间轴加以区分。

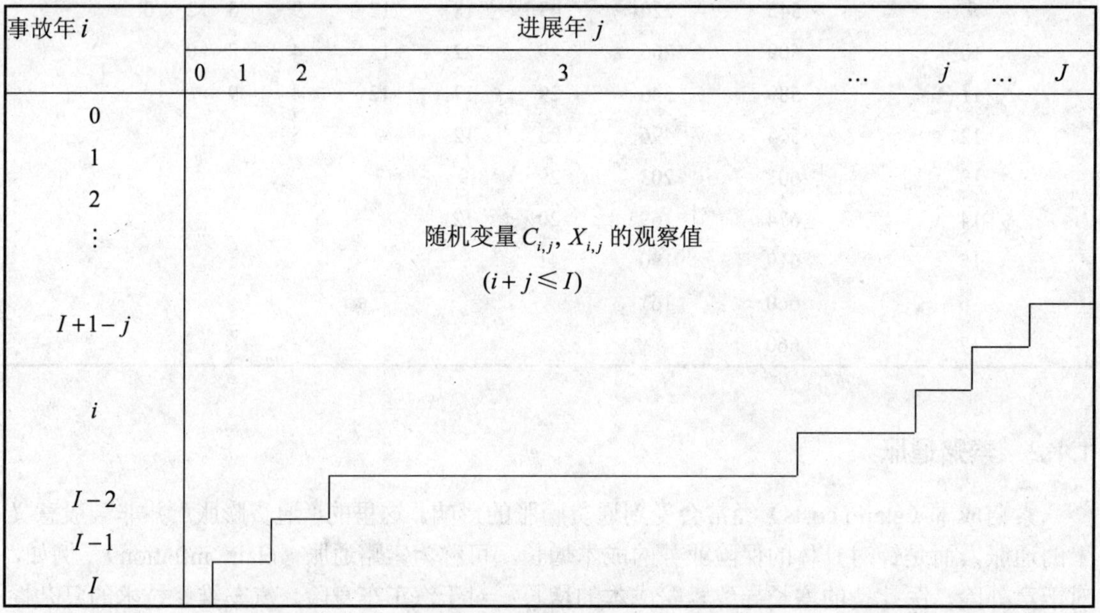
事故年 i
进展年 j
0　1　2　3　…　j　…　J
0
1
2
⋮
$I+1-j$
i
$I-2$
$I-1$
I
随机变量 $C_{i,j}$, $X_{i,j}$ 的观察值
$(i+j\leqslant I)$

图 1.1　索赔进展三角形

图 1.1 中，i=事故年，即事故发生的年度（纵轴）；j=进展年，即进展期数（横轴）；最近的事故年记为 I，最后的进展年记为 J。

$$i\in\{0,1,2,\ldots,I\},\ j\in\{0,1,2,\ldots,J\}\text{。}$$

出于举例说明的目的，假设 X 表示赔付（后面给出其他的含义），那么 $X_{i,j}$ 表示第 i 个事故年发生的索赔在第 j 个进展年的所有赔付，即 $X_{i,j}$ 是第 i 个事故年度的索赔在第 $i+j$ 个会计年度的所有赔付。第 i 个事故年的索赔经过 j 个进展年之后的累计赔付记为 $C_{i,j}$，即

$$C_{i,j}=\sum_{k=0}^{j}X_{i,k}$$

索赔进展三角形可分为上、下两个三角（或梯形），其中上三角包括了所有满足 $i+j\leqslant I$

的 $X_{i,j}$，这些是观测值，而下三角包括了所有满足 $i+j>I$ 的 $X_{i,j}$，它们是未决索赔的估计或预测值。引入如下符号

$$\mathcal{D}_I=\{X_{i,j};\ i+j\leqslant I, 0\leqslant j\leqslant J\} \quad (\text{上三角})$$

$$\mathcal{D}_I^C=\{X_{i,j};\ i+j>I, i\leqslant I, j\leqslant J\} \quad (\text{下三角})$$

从左下方到右上方的各条对角线表示会计年度 $i+j=k, k\geqslant 0$，第 k 个会计年度的增量索赔记为

$$X_k=\sum_{i+j=k} X_{i,j}$$

现把 $X_{i,j}$ 和 $C_{i,j}$ 不同的对应关系总结如下：

1．$X_{i,j}$ 为增量赔付，它表示第 i 个事故年发生的索赔在第 j 个进展年的所有赔付；$C_{i,j}$ 为累计赔付，它表示第 i 个事故年发生的索赔经过 j 个进展年之后的所有赔付之和。

2．$X_{i,j}$ 为第 i 个事故年发生的索赔延迟 j 年报告的索赔次数；$C_{i,j}$ 为已报案索赔次数之和。

3．$X_{i,j}$ 为已报案索赔额的变化量；$C_{i,j}$ 为已发生索赔。

如果 $X_{i,j}$ 表示增量赔付，那么第 i 个事故年的所有索赔在第 j 进展年的未决损失责任定义为

$$R_{i,j}=\sum_{k=j+1}^{J} X_{i,k}=C_{i,J}-C_{i,j}$$

$R_{i,j}$ 的预测称为"索赔准备金"（claims reserves）。第 i 个事故年的总赔付量/最终赔付量就是 $C_{i,J}$。

一般性的假设　在本书中假设 $I=J$；另外对于所有的 $j>J$，都有 $X_{i,j}=0$。

第一个假设可极大简化记号和公式。

1.3　注记

在构造损失准备金评估模型（对最终索赔额进行估计和预测的模型）时，有几种可能的方式来考虑索赔数据。一般来说，如下几类数据是研究对象：

1．累计或增量索赔数据；

2．赔付或已发生索赔数据；

3．区分小额和大额的索赔数据；

4．指数化或未经指数化的索赔数据；

5．索赔次数或索赔平均统计量。

在通常情况下，采用不同的方法和按不同聚合方式得到的数据集，产生的结果差异很大。只有经验丰富的准备金评估精算师才能判断出针对给定的数据集，对未来责任的估计是准确的，哪一种方法更适用。

很多时候，在使用索赔准备金评估方法之前，首先要理解数据里的许多现象，而不能简单地把已知数据直接输入某个随机模型预测未来。特别是对直保业务，对数据的理解甚至于可以直接归结到单个索赔，以及索赔理赔人员的个人知识。

读者需要注意，虽然在本书中我们会介绍估计损失准备金的不同方法，但只有充分的实务经验才能决定适用于某个特定情形的特定方法。本书的重点在于对相关的随机模型进行数理描述，并推导这些模型的一系列性质。针对特定的数据集选择合适的模型的问题，在本书中只稍微涉及。事实上，模型选择的问题在实际应用中可能是最困难的问题之一。除此之外，在索赔准备金评估的文献里，关于模型选择的讨论也是相当有限的，如 Barnett 和 Zehnwirth（2000）、Venter（1998）等。所以在本书中，我们很机械地应用不同的随机模型，没有考虑模型选择问题。另外，在本书中，我们采用同一套数据。在应用不同的随机模型时，有时加入了部分专家观点（expert opinions）和外部知识（external knowledge）。

在经典的索赔准备金评估文献里，索赔准备金经常被理解为是对未决损失责任提供最优估计。给出最优估计意味着应用某种算法，得到数值结果。近年来，尤其是在新的偿付能力监管规定下，保险业内也开始关注不利索赔准备金（adverse claims reserves）的进展，并估计未来可能发生的潜在损失。这些问题要求随机准备金评估模型不仅从理论上支持索赔准备金评估的算法，而且还必须对算法中的不确定性进行量化。

从这种观点出发，我们必须认识到，随机准备金评估模型并非是在确定性算法失效的情况下的补救措施，而是使用合适的随机模型量化确定性索赔准备金评估算法中的不确定性。

本书的重点始终在于估计索赔准备金总额，并量化准备金的预测的不确定性。这是一种长期的观点，从偿付能力方面来看这一点是相当重要的。然而也存在其他观点（如短期观点），着重于量化不确定性（如损益表中的不确定性）。短期观点对于长期管理决策来说是重要的。

另外，索赔准备金通常是用名义货币单位（nominal scale）度量的。从经济学的观点来看，我们也应研究折现准备金（discounted reserve），它与金融市场和保险负债的市场价值相关。然而，关于非寿险的现金流组合的市场价值，人们的认识尚浅，对其研究、推理需要一套新的数理工具，必须深刻理解金融市场对于非寿险准备金的影响。

关于索赔数据的注记

在本书中，索赔进展三角形的数据（已付的或发生的）通常都包含了能够分摊到单个索赔（从而包含在索赔额里）的损失调整费用。这一类费用称为“可分摊损失调整费用”（Allocated Loss Adjustment Expenses，ALAE）。比较典型的费用就是外部诉讼费用、外部专家费用等。内部损失调整费用（索赔处理部门、索赔处理系统的维护、管理费用等）通常不包含在索赔额里，需要单独估算。这一类费用称为“不可分摊损失调整费用”（Unallocated Loss Adjustment Expenses，ULAE）。在本书中，我们将不涉及 ULAE。

第二章　基本方法

我们从以下三种标准方法出发，展开对索赔准备金评估的讨论。

1．链梯法（Chain-Ladder/CL）

2．BF 法（Bornhuetter-Ferguson）

3．索赔次数的泊松模型（Poisson Model）

本章的目标是体会如何解决索赔准备金估计问题。链梯法和 BF 法是最早的索赔准备金评估方法。由于其简单性，它们是实际中最常使用的方法。虽然算法简单，但是计算结果经常出人意料地准确。以上三种方法在本书第三章、第四章、第六章将有更细致的讨论。

链梯法和 BF 法可理解为确定索赔准备金的纯粹的算法。采用这些算法可以机械地预测未来负债。然而，一般来说，这种理解并没有考虑到对预测结果的不确定性加以量化。如果存在从理论上支持链梯法和 BF 法的随机性模型，那么预测结果的不确定性就可以量化。因此，在本章中，我们将建立链梯法和 BF 法的随机性模型，这些模型将在本书后面各章用到。

沿用上一章的假设，对于所有 $j > J$，都有 $X_{i,j} = 0$ 以及 $I = J$。

2.1　与分布无关的链梯法

链梯法也许是在理论和应用中最流行的损失准备金评估方法。在经典的精算文献里，通常把链梯法解释为估计索赔准备金的一种纯计算的算法。很久之后，精算师才开始考虑从理论上支持链梯法的随机性模型。目前，已有几种支持链梯法的随机性模型。在本节中，我们介绍与分布无关的理论推导（Mack，1993）。关于与分布无关的链梯法的条件预测误差将在第三章讨论。在本章 2.3 节中，还给出支持链梯法的其他随机性模型。

与分布无关的链梯法的推导基于以下假设，它把相邻的累计索赔与适当的连接比率联系起来。

模型假设 2.1（与分布无关的链梯法）

- 不同事故年 i 的累计索赔 $C_{i,j}$ 是独立的。
- 存在一组进展因子 $f_0, f_1, \cdots, f_{J-1} > 0$，使得对所有的 $0 \leqslant i \leqslant I$ 和 $1 \leqslant j \leqslant J$，下面等式成立

$$E[C_{i,j} \mid C_{i,0}, \cdots, C_{i,j-1}] = E[C_{i,j} \mid C_{i,j-1}] = f_{j-1} \cdot C_{i,j-1} \tag{2.1}$$

注记 2.1

- 模型假设 2.1 源自 Mack（1993）提出的与分布无关的链梯模型的前两项假设。这里只

有关于一阶矩的假设，但已经足够对未来索赔的条件期望进行估计，从而描述链梯法的算法。只有在对预测和估计的不确定性加以量化时，才需要高阶矩假设。完整的 Mack 模型将在第三章 3.2 节给出。

• 不同事故年的索赔独立性假设普遍存在于各种索赔准备金评估方法中。此项假设的一个含义是应该消除会计年度索赔数据的影响。

• f_j 称为进展因子（development factors）、连接比率（link ratios）、链梯因子（CL factors）、逐年因子（age-to-age factors），是链梯法的核心，决定了相邻累计索赔之间的联系。

下文中的 $\mathcal{D}_I=\left\{C_{i,j};i+j\leqslant I,0\leqslant j\leqslant J\right\}$ 表示在时刻 I 的观测值集合，是上三角形。

引理 2.1 在模型假设 2.1 下，可以得到

$$E[C_{i,J}\mid\mathcal{D}_I]=E[C_{i,J}\mid C_{i,I-i}]=C_{i,I-i}\cdot f_{I-i}\cdots f_{J-1} \tag{2.2}$$

证明：应用条件期望的性质、各事故年的独立性以及式（2.1），推导如下：

$$\begin{aligned}E[C_{i,J}\mid\mathcal{D}_I]&=E[C_{i,J}\mid C_{i,0},\cdots,C_{i,I-i}]\\&=E\left[E[C_{i,J}\mid C_{i,J-1}]\mid C_{i,0},\cdots,C_{i,I-i}\right]\\&=f_{J-1}\cdot E[C_{i,J-1}\mid\mathcal{D}_I]\end{aligned}$$

迭代上述步骤，直到对角线 $i+j=I$，就得到引理 2.1。

在给定 $\mathcal{D}_I$ 的条件下，引理 2.1 给出了预测最终索赔 $C_{i,J}$ 的算法，该算法通常称为递归法。对于已知的链梯因子 f_j，基于 $\mathcal{D}_I$ 事故年 i 的未决索赔责任可用下式预测：

$$E[C_{i,J}\mid\mathcal{D}_I]-C_{i,I-i}=C_{i,I-i}\left(f_{I-i}\cdots f_{J-1}-1\right) \tag{2.3}$$

此为在基于 $\mathcal{D}_I$ 和已知的链梯因子 f_j 条件下，事故年 i 索赔准备金的“最优估计”。注意到式（2.3）也可用于在基于 $\mathcal{D}_I$ 条件下，对随机变量 $C_{i,J}-C_{i,I-i}$ 加以预测。

然而，在大多数实际应用中，链梯因子是未知的，同样需要估计，具体的估计方法如下：

$$\hat{f}_j=\frac{\sum_{i=0}^{I-j-1}C_{i,j+1}}{\sum_{i=0}^{I-j-1}C_{i,j}}=\sum_{i=0}^{I-j-1}\frac{C_{i,j}}{\sum_{k=0}^{I-j-1}C_{k,j}}\cdot\frac{C_{i,j+1}}{C_{i,j}} \tag{2.4}$$

也就是说，链梯因子的估计值是每个事故年的单个进展因子的加权平均，权重是每个事故年至进展年 j 为止累计索赔额占所有事故年至进展年 j 的累计索赔总额的比例。

估计量 2.1（CL 估计量）

对所有 $i+j>I$ $E[C_{i,j}\mid\mathcal{D}_I]$ 的 CL 估计量由式（2.5）给出：

$$\widehat{C_{i,j}}^{\mathrm{CL}}=\hat{E}[C_{i,j}\mid\mathcal{D}_I]=C_{i,I-i}\hat{f}_{I-i}\cdots\hat{f}_{j-1} \tag{2.5}$$

如果把链梯法理解为一种机械的算法，那么式（2.5）就给出了链梯法下索赔准备金的估计。

定义

$$\mathcal{B}_k=\left\{C_{i,j};\ i+j\leqslant I,0\leqslant j\leqslant k\right\}\subseteq\mathcal{D}_I \tag{2.6}$$

特别地 $\mathcal{B}_J=\mathcal{D}_I$，即时刻 I 的所有观察值集合。表 2.1 给出了一个例子。

表 2.1 集合 $\mathcal{B}_3$（增量索赔次数）

事故年 i	报告年 j										
	0	1	2	3	4	5	6	7	8	9	10
0	368	191	28	8	6	5	3	1	0	0	1
1	393	151	25	6	4	5	4	1	2	1	0
2	517	185	29	17	11	10	8	1	0	0	1
3	578	254	46	22	17	6	3	0	1	0	0
4	622	206	39	16	3	7	0	1	0	0	0
5	660	243	28	12	12	4	4	1	0	0	0
6	666	234	53	10	8	4	6	1	0	0	0
7	573	266	62	12	5	7	6	5	1	0	1
8	582	281	32	27	12	13	6	2	1	0	
9	545	220	43	18	12	9	5	2	0		
10	509	266	49	22	15	4	8	0			
11	589	540	29	17	12	4	9				
12	564	496	23	12	9	5					
13	607	203	29	9	7						
14	674	169	20	12							
15	619	190	41								
16	660	161									
17	660										

引理 2.2 在模型假设 2.1 下，可以得到：

- 在给定 $\mathcal{B}_j$ 的条件下，$\hat{f}_j$ 是 f_j 的无偏估计量，即 $E[\hat{f}_j \mid \mathcal{B}_j] = f_j$；
- $\hat{f}_j$ 是 f_j 的无偏估计量，即 $E[\hat{f}_j] = f_j$；
- $E[\hat{f}_0 \cdots \hat{f}_j] = E[\hat{f}_0] \cdots E[\hat{f}_j]$，即 $\hat{f}_0, \cdots, \hat{f}_j$ 是不相关的；
- 在给定 $C_{i,I-i}$ 的条件下，$\widehat{C_{i,J}}^{\mathrm{CL}}$ 是 $E[C_{i,J} \mid \mathcal{D}_I] = E[C_{i,J} \mid C_{i,I-i}]$ 的无偏估计量，即

$$E[\widehat{C_{i,J}}^{\mathrm{CL}} \mid C_{i,I-i}] = E[C_{i,J} \mid \mathcal{D}_I]$$

- $\widehat{C_{i,J}}^{\mathrm{CL}}$ 是 $E[C_{i,J}]$ 的无偏估计量，即

$$E[\widehat{C_{i,J}}^{\mathrm{CL}}] = E[C_{i,J}]$$

注记 2.2

• 初看上去，链梯因子的估计量 $\hat{f}_j$ 的不相关性有些出乎意料，因为相邻进展年的链梯因子部分地依赖于相同数据（一次出现在分子位置，另一次出现在分母位置）。

• 引理 2.2 表明了链梯因子的不相关性，然而这并不能保证其独立性。事实上，可以证明相邻的链梯因子 $\hat{f}_j$ 和 $\hat{f}_{j+1}$ 的平方是负相关的。正是这种负相关性导致了对参数估计量的估

计误差的多次讨论。

• 引理 2.2 第一个结论表明，无论何种分布假设，估计量 $\hat{f}_j$ 都是链梯因子 f_j 的无偏估计量。这一性质是选择式（2.4）来估计链梯因子的理由。我们将在第三章证明，在一定的方差假设下，式（2.4）满足一定的最优准则（见引理 3.1）。

• 引理 2.2 的第四个结论表明，对于 $E[C_{i,J}\mid\mathcal{D}_I]$ 的最优估计，$\widehat{C_{i,J}}^{\text{CL}}$ 是无偏估计量，这支持了与分布无关的链梯法的算法。我们将在第三章讨论这些无偏估计量的性质。

引理 2.2 的证明

• 利用随机变量 $C_{i,j}$ 关于 $\mathcal{B}_j$ 的可测性、不同事故年之间的独立性以及模型假设 2.1，可得

$$E[\hat{f}_j\mid\mathcal{B}_j]=\frac{\sum_{i=0}^{I-j-1}E[C_{i,j+1}\mid\mathcal{B}_j]}{\sum_{i=0}^{I-j-1}C_{i,j}}=\frac{\sum_{i=0}^{I-j-1}C_{i,j}f_j}{\sum_{i=0}^{I-j-1}C_{i,j}}=f_j$$

• 由上一个结论直接得到 $E[\hat{f}_j]=f_j$。

• 把以下等式反复迭代就可得到第三个结论。

$$\begin{aligned}E[\hat{f}_0\cdots\hat{f}_j]&=E[E[\hat{f}_0\cdots\hat{f}_j\mid\mathcal{B}_j]]=E[\hat{f}_0\cdots\hat{f}_{j-1}E[\hat{f}_j\mid\mathcal{B}_j]]\\&=E[\hat{f}_0\cdots\hat{f}_{j-1}]f_j=E[\hat{f}_0\cdots\hat{f}_{j-1}]E[\hat{f}_j]\end{aligned}$$

• 注意到

$$\begin{aligned}E[\widehat{C_{i,J}}^{\text{CL}}\mid C_{i,I-i}]&=E[C_{i,I-i}\hat{f}_{I-i}\cdots\hat{f}_{J-2}\hat{f}_{J-1}\mid C_{i,I-i}]\\&=E[C_{i,I-i}\hat{f}_{I-i}\cdots\hat{f}_{J-2}E[\hat{f}_{J-1}\mid\mathcal{B}_{J-1}]\mid C_{i,I-i}]=f_{J-1}E[\widehat{C_{i,J-1}}^{\text{CL}}\mid C_{i,I-i}]\end{aligned}$$

反复迭代可得

$$E[\widehat{C_{i,J}}^{\text{CL}}\mid C_{i,I-i}]=C_{i,I-i}f_{I-i}\cdots f_{J-2}f_{J-1}=E[C_{i,J}\mid\mathcal{D}_I]$$

• 由上一个结论，两边取期望可直接得到引理 2.2 最后一个结论。

例 2.1（链梯法）

本例的数据（见表 2.2）将在本书多次使用，用于演示和比较不同的索赔准备金评估方法。读者必须注意，对于不同的随机性方法，即使使用相同数据，得到的准备金估计值也会有差别。利用估计量 2.1 中的估计量得到的链梯法下索赔准备金的估计结果见表 2.3。

表 2.2　累计索赔 $C_{i,j}$ 的观测值和估计的链梯因子 $\hat{f}_j$

	0	1	2	3	4	5	6	7	8	9
0	5946975	9668212	10563929	10771689	10978393	11040517	11106330	11121180	11132310	11148123
1	6346756	9593162	10316384	10468181	10536005	10572608	10625360	10636546	10648192	
2	6269090	9245313	10092366	10355134	10507837	10573281	10626826	10635750		
3	5863015	8546239	9268771	9459424	9592399	9680740	9724068			
4	5778885	8524114	9178009	9451404	9681692	9786916				
5	6184793	9013132	9585897	9830796	9935753					
6	5600184	8493391	9056505	9282022						
7	5288066	7728169	8256211							
8	5290793	7648729								
9	5675568									
$\hat{f}_j$	1.4925	1.0778	1.0229	1.0148	1.0070	1.0051	1.0011	1.0010	1.0014	

表 2.3 累计索赔的预测值 $\widehat{C_{i,j}}^{\mathrm{CL}}$ 和链梯法准备金估计 $\widehat{C_{i,J}}^{\mathrm{CL}}-C_{i,I-i}$

	0	1	2	3	4	5	6	7	8	9
0										
1										10663318
2									10646884	10662008
3								9734574	9744764	9758606
4							9837277	9847906	9858214	9872218
5						10005044	10056528	10067393	10077931	10092247
6					9419776	9485469	9534279	9544580	9554571	9568143
7				8445057	8570389	8630159	8674568	8683940	8693030	8705378
8			8243496	8432051	8557190	8616868	8661208	8670566	8679642	8691971
9		8470989	9129696	9338521	9477113	9543206	9592313	9602676	9612728	9626383

	链梯法准备金
0	0
1	15126
2	26257
3	34538
4	85302
5	156494
6	286121
7	449167
8	1043242
9	3950815
合计	6047061

2.2 BF 法

BF 法最早出现于 Bornhuetter 和 Ferguson（1972）。一般来说，BF 法是一种很稳健的方法，这是因为它不考虑观测值中的离群点。在本书第四章还会提到这点。

BF 法通常被理解为估计索赔准备金的一种纯粹的算法。已有一些支持 BF 法的随机性模型，容易验证如下假设与 BF 法一致。

模型假设 2.2

- 不同事故年的累计索赔 $C_{i,j}$ 相互独立；
- 存在参数 $\mu_0,\mu_1,\cdots,\mu_I>0$ 和模式参数 $\beta_0,\beta_1,\cdots,\beta_J>0$，其中 $\beta_J=1$，使得对 $0\leqslant i\leqslant I$，

$0\leqslant j\leqslant J-1$ 以及$1\leqslant k\leqslant J-j$，以下两式成立

$$E[C_{i,0}]=\beta_0\ \mu_i$$

$$E[C_{i,j+k}\mid C_{i,0},\ldots,C_{i,j}]=C_{i,j}+(\beta_{j+k}-\beta_j)\mu_i$$

在模型假设 2.2 下，可以得到

$$E[C_{i,j}]=\beta_j\ \mu_i,\quad E[C_{i,J}]=\mu_i$$

序列$(\beta_j)_{j=0,1,\cdots,J}$表示索赔进展模式。如果$C_{i,j}$是累计赔付，那么$(\beta_j)_{j=0,1,\cdots,J}$就反映了累计现金流模式（也称为支出模式）。

模型假设 2.2 隐含了如下模型假设 2.3。

模型假设 2.3

• 不同事故年的累计索赔$C_{i,j}$相互独立；

• 存在参数$\mu_0,\mu_1,\cdots,\mu_I>0$和模式参数$\beta_0,\beta_1,\cdots,\beta_J>0$，其中$\beta_J=1$，使得对$0\leqslant i\leqslant I$，$0\leqslant j\leqslant J-1$，下式成立

$$E[C_{i,j}]=\beta_j\ \mu_i \tag{2.7}$$

注意到模型假设 2.2 要比模型假设 2.3 更强。很多情况下借助于模型假设 2.3 来解释 BF 法。然而，在使用模型假设 2.3 来说明 BF 算法时，存在一些困难。例如，考虑以下等式

$$\begin{aligned}E[C_{i,J}\mid\mathcal{D}_I]&=E[C_{i,J}\mid C_{i,0},\cdots,C_{i,I-i}]\\&=C_{i,I-i}+E[C_{i,J}-C_{i,I-i}\mid C_{i,0},\cdots,C_{i,I-i}]\end{aligned} \tag{2.8}$$

如果对增量索赔的相依性没有额外的假设，那么对式（2.8）的最后一项无法继续处理。如果假设增量索赔$C_{i,J}-C_{i,I-i}$和$C_{i,0},\ldots,C_{i,I-i}$的独立性，就可得到

$$\begin{aligned}E[C_{i,J}\mid\mathcal{D}_I]&=E[C_{i,J}\mid C_{i,0},\ldots,C_{i,I-i}]\\&=C_{i,I-i}+E[C_{i,J}-C_{i,I-i}]=C_{i,I-i}+(1-\beta_{I-i})\mu_i\end{aligned} \tag{2.9}$$

注意到从模型假设 2.2 也可得到式（2.9）的结论。

在以上两种模型假设下，式（2.8）和式（2.9）右边最后一项都是需要估计的。在 BF 法下，最终索赔的估计如下。

估计量 2.2（BF 估计量）

对所有$i+j>I$，$E[C_{i,J}\mid\mathcal{D}_I]$的 CL 估计量由下式给出：

$$\widehat{C_{i,J}}^{\mathrm{BF}}=\widehat{E}[C_{i,J}\mid\mathcal{D}_I]=C_{i,I-i}+(1-\widehat{\beta}_{I-i})\widehat{\mu}_i \tag{2.10}$$

其中$\widehat{\beta}_{I-i}$是β_{I-i}的估计量，$\widehat{\mu}_i$是预期最终索赔$E[C_{i,J}]$的先验估计。

如果把 BF 法理解为一种纯粹的算法，那么式（2.10）给出了 BF 法下估计准备金的算法。现在的关键问题是如何确定估计量$\widehat{\beta}_{I-i}$和$\widehat{\mu}_i$？

BF 法和 CL 法的比较

从链梯法的模型假设 2.1，可得

$$E[C_{i,j}]=E\left[E[C_{i,j}\mid C_{i,j-1}]\right]=f_{j-1}\ E[C_{i,j-1}]=E[C_{i,0}]\prod_{k=0}^{j-1}f_k$$

$$E[C_{i,J}] = E[C_{i,0}]\prod_{k=0}^{J-1} f_k$$

由此推出

$$E[C_{i,j}] = \prod_{k=j}^{J-1} f_k^{-1}\ E[C_{i,J}]$$

如果与 BF 法的模型假设 2.3（即式（2.7））比较，可知 $\prod_{k=j}^{J-1} f_k^{-1}$ 和 β_j 的角色类似，这是由于在链梯法中，$\prod_{k=j}^{J-1} f_k^{-1}$ 表示经过 j 个进展年后已经赔付数额占预期最终索赔 $\mu_i = E[C_{i,J}]$ 的比例。因此，通常令这二者相等，相互确定 f_j 或 $(\beta_j)_j$，即

$$\prod_{k=j}^{J-1} f_k^{-1} = \beta_j \tag{2.11}$$

BF 估计量就可以进一步表示为

$$\widehat{C_{i,J}}^{\mathrm{BF}} = C_{i,I-i} + \left(1 - \widehat{\prod_{j=I-i}^{J-1} f_j^{-1}}\right)\widehat{\mu}_i \tag{2.12}$$

另一方面，对于 CL 估计量，有

$$\begin{aligned}\widehat{C_{i,J}}^{\mathrm{CL}} &= C_{i,I-i}\prod_{j=I-i}^{J-1}\hat{f}_j = C_{i,I-i} + C_{i,I-i}\left(\prod_{j=I-i}^{J-1}\hat{f}_j - 1\right)\\ &= C_{i,I-i} + \frac{\widehat{C_{i,J}}^{\mathrm{CL}}}{\prod_{j=I-i}^{J-1}\hat{f}_j}\left(\prod_{j=I-i}^{J-1}\hat{f}_j - 1\right) = C_{i,I-i} + \left(1 - \left(\prod_{j=I-i}^{J-1}\hat{f}_j\right)^{-1}\right)\widehat{C_{i,J}}^{\mathrm{CL}}\end{aligned} \tag{2.13}$$

因此，如果区分 BF 法和 CL 法的索赔进展模式，就是 BF 法完全相信先验估计 $\widehat{\mu}_i$，而在 CL 法中，先验估计由仅基于观测值的估计 $\widehat{C_{i,J}}^{\mathrm{CL}}$ 代替。这一点来说，BF 法和 CL 法分别为索赔准备金评估问题的两个极端算法。一个很自然的问题就是：如何把两个算法组合在一起？这将在第四章加以讨论。

参数估计

• 对于参数 μ_i，需要先验估计量 $\widehat{\mu}_i$。很多情况下，这可采用战略性业务计划的目标值或用于计算保费的基准值。这个数值必须在有观测值之前确定，它是基于专家意见的纯粹的先验估计。

• 对于“未来因子” $(1-\beta_{I-i})$，如果要严格应用 BF 法，也应该使用一个先验估计。这应该独立于观测值给出。实际上，在大多数应用中并没有严格遵循 BF 法，而是采用链梯因子的估计量来估计未来因子。用 $\hat{f}_k$ 表示 f_k 在链梯法下的估计量，那么设定

$$\widehat{\beta}_j^{(\mathrm{CL})} = \widehat{\beta}_j = \widehat{\left(\prod_{k=j}^{J-1} f_k^{-1}\right)} = \prod_{k=j}^{J-1}\frac{1}{\hat{f}_k} \tag{2.14}$$

此时，BF 法和 CL 法的区别仅在于最终索赔 $C_{i,J}$ 的估计量的选择，也就是先验估计 $\widehat{\mu}_i$ 对应于链梯法下的估计值 $\widehat{C_{i,J}}^{\mathrm{CL}}$。

$$\widehat{\widehat{C_{i,J}}}^{\mathrm{BF}} = C_{i,I-i} + \left(1 - \widehat{\beta_{I-i}}^{(CL)}\right)\widehat{\mu}_i$$

$$\widehat{C_{i,J}}^{\mathrm{CL}} = C_{i,I-i} + \left(1 - \widehat{\beta_{I-i}}^{(\mathrm{CL})}\right)\widehat{C_{i,J}}^{\mathrm{CL}} \tag{2.15}$$

例 2.2（BF 法）

沿用例 2.1 中的数据。表 2.4 给出了按 BF 法和 CL 法计算出的索赔准备金数值。

表 2.4　BF 法和链梯法的索赔准备金估计

i	先验估计		估计量		BF 法准备金	链梯法准备金
	$\widehat{\mu}_i$	$\widehat{\beta_{I-i}}^{(\mathrm{CL})}$（%）	$\widehat{\widehat{C_{i,J}}}^{\mathrm{BF}}$	$\widehat{C_{i,J}}^{\mathrm{CL}}$		
0	11653101	100.0	11148124	11148124		
1	11367306	99.9	10664316	10663318	16124	15126
2	10962965	99.8	10662749	10662008	26998	26257
3	10616762	99.6	9761643	9758606	37575	34538
4	11044881	99.1	9882350	9872218	95434	85302
5	11480700	98.4	10113777	10092247	178024	156494
6	11413572	97.0	9623328	9568143	341305	286121
7	11126527	94.8	8830301	8705378	574089	449167
8	10986548	88.0	8967375	8691971	1318646	1043242
9	11618437	59.0	10443953	9626383	4768384	3950815
合计					7356580	6047061

从表 2.4 中可以看出，使用不同的方法计算出的索赔准备金有着显著的差异。相对于链梯法的估计值而言，先验估计或专家意见 $\widehat{\mu}_i$ 显得保守，从而估计的每个事故年的索赔准备金数值都比链梯法要大。

2.3　泊松模型

在本节我们介绍泊松模型，它主要用于对索赔次数的建模。泊松模型是我们介绍的第一个基于明确的概率假设的准备金评估模型。有了明确的分布假设，就可计算出用于准备金估计的模型参数的极大似然估计量。

已经证明，泊松模型的一个显著特征就是根据极大似然估计量得到的准备金与由链梯法得到的结果相同（详见后面的引理 2.4）。这个结论表明，除了与分布无关的链梯模型之外，泊松模型是支持链梯法的另一个随机性模型。实际上，关于链梯法算法的“正确”的随机性模型的讨论是存在争议的，因为多种随机性模型（基于不同的方法）都可用来支持链梯法。这些模型的差别是重要的，尤其在计算高阶矩时，差别就很明显。因此，我们可以得到不同模型下的准备金估计，而这些估计值很接近，甚至相同。

模型假设 2.4　泊松模型

存在参数 $\mu_0,\mu_1,\cdots,\mu_I>0$ 和 $\gamma_0,\gamma_1,\cdots,\gamma_J>0$，使得增量索赔 $X_{i,j}$ 有相互独立的泊松分布，而且对于 $0\leqslant i\leqslant I$ 和 $0\leqslant j\leqslant J$，下式成立

$$E[X_{i,j}]=\mu_i\ \gamma_j,\qquad \sum_{j=0}^{J}\gamma_j=1$$

注意到在模型假设 2.4 中，显然要求增量索赔 $X_{i,j}$ 是非负的。然而，在很多实际应用中，我们也会观测负的增量索赔，在这种情况下，泊松模型并不合适。

显然，事故年 i 的累计索赔也服从泊松分布，而且 $E[C_{i,J}]=\mu_i$。因此参数 μ_i 表示事故年 i 的预期索赔总额，而参数 γ_j 则表示在第 j 个进展年的预期报告模式或现金流模式。除此之外，注意到

$$\frac{E[X_{i,j}]}{E[X_{i,0}]}=\frac{\gamma_j}{\gamma_0}$$

它不依赖于事故年 i。

引理 2.3　泊松模型满足模型假设 2.2。

证明：从 $X_{i,j}$ 的独立性可以直接得出不同事故年的累计索赔之间的独立性。且由于：

$$E[C_{i,0}]=E[X_{i,0}]=\mu_i\ \beta_0$$

其中 $\beta_0=\gamma_0$。

$$E[C_{i,j+k}\,|\,C_{i,0},\ldots,C_{i,j}]=C_{i,j}+\sum_{l=1}^{k}E[X_{i,j+l}\,|\,C_{i,0},\ldots,C_{i,j}]$$

$$=C_{i,j}+\mu_i\sum_{l=1}^{k}\gamma_{j+l}=C_{i,j}+\mu_i(\beta_{j+k}-\beta_j)$$

其中 $\beta_j=\sum_{l=0}^{j}\gamma_l$。

引理 2.3 说明泊松模型满足 BF 法的模型假设，因此可以使用 BF 法的估计量来确定泊松模型下的索赔准备金。

估计参数 (μ_i) 和 (β_j) 存在不同的方法，其中之一为极大似然估计法。观测值集合为 $\mathcal{D}_I=\left\{X_{i,j};\ i+j\leqslant I,0\leqslant j\leqslant J\right\}$，基于观测值集合的似然函数记为

$$L_{\mathcal{D}_I}(\mu_0,\mu_1,\cdots,\mu_I,\gamma_0,\gamma_1,\cdots,\gamma_J)=\prod_{i+j\leq I}\left(\exp(-\mu_i\gamma_j)\frac{(\mu_i\ \gamma_j)^{X_{i,j}}}{X_{i,j}\,!}\right)$$

令对数似然函数关于未知参数 μ_i 和 γ_j 的偏导数为 0，得到如下 $I+J+2$ 个方程：

$$\sum_{j=0}^{I-i}\widehat{\mu}_i\ \widehat{\gamma}_j=\sum_{j=0}^{I-i}X_{i,j}=C_{i,I-i}\qquad(2.16)$$

$$\sum_{i=0}^{I-j}\widehat{\mu}_i\ \widehat{\gamma}_j=\sum_{i=0}^{I-j}X_{i,j} \tag{2.17}$$

其中 $i\in\{0,1,\cdots,I\}$，$j\in\{0,1,\cdots,J\}$。另外，为使上述方程组有唯一解，需要约束条件 $\sum_{j=0}^{J}\widehat{\gamma}_j=1$。唯一解 $\widehat{\mu}_i$ 和 $\widehat{\gamma}_j$ 就是参数 μ_i 和 γ_j 的极大似然估计量。

估计量 2.3（极大似然估计）

对于泊松模型即模型假设 2.4，对于 $i+j>I$，$E[X_{i,j}]$ 和 $E[C_{i,J}\mid\mathcal{D}_I]$ 的估计量由下面两式给出：

$$\widehat{X_{i,j}}^{\text{Poi}}=\widehat{E}[X_{i,j}]=\widehat{\mu}_i\ \widehat{\gamma}_j$$

$$\widehat{C_{i,J}}^{\text{Poi}}=\widehat{E}[C_{i,J}\mid\mathcal{D}_I]=C_{i,I-i}+\sum_{j=I-i+1}^{J}\widehat{X_{i,j}}^{\text{Poi}}$$

注意到式（2.16），可得

$$\widehat{C_{i,j}}^{\text{Poi}}=C_{i,I-i}+\left(1-\sum_{j=0}^{I-i}\widehat{\gamma}_j\right)\widehat{\mu}_i=C_{i,I-i}+\widehat{\mu}_i-C_{i,I-i}=\widehat{\mu}_i \tag{2.18}$$

例 2.3（极大似然估计）

沿用表 2.2 的数据（见例 2.1）。表 2.5 给出了观测值集合 $\mathcal{D}_I$，即满足 $i+j\leqslant I$ 的增量索赔 $X_{i,j}=C_{i,j}-C_{i,j-1}$。

表 2.5　增量索赔的历史观测值

	0	1	2	3	4	5	6	7	8	9
0	5946975	3721237	895717	207760	206704	62124	65813	14850	11130	15813
1	6346756	3246406	723222	151797	67824	36603	52752	11186	11646	
2	6269090	2976223	847053	262768	152703	65444	53545	8924		
3	5863015	2683224	722532	190653	132976	88340	43329			
4	5778885	2745229	653894	273396	230288	105224				
5	6184793	2828338	572765	244899	104957					
6	5600184	2893207	563114	225517						
7	5288066	2440103	528043							
8	5290793	2357936								
9	5675568									

表 2.6 即为求解方程组（2.16）和（2.17），以及相应的索赔准备金估计 $\widehat{C_{i,J}}^{\text{Poi}}-C_{i,I-i}$。

表 2.6　估计值 $\widehat{\mu}_i$，$\widehat{\gamma}_j$，增量索赔估计 $\widehat{C_{i,j}}^{Poi}$ 及 Poisson 准备金

	0	1	2	3	4	5	6	7	8	9	$\hat{\mu}_i$
0											11148124
1										15126	10663318
2									11133	15124	10662008
3								10506	10190	13842	9758606
4							50361	10628	10308	14004	9872218
5						69291	51484	10865	10538	14316	10092247
6					137754	65693	48810	10301	9991	13572	9568143
7				188846	125332	59769	44409	9372	9090	12348	8705378
8			594767	188555	125139	59677	44341	9358	9076	12329	8691972
9		2795421	658706	208825	138592	66093	49107	10364	10052	13655	9626383
$\hat{\gamma}_j$	58.96%	29.04%	6.84%	2.17%	1.44%	0.69%	0.51%	0.11%	0.10%	0.14%	

	链梯法准备金
0	0
1	15126
2	26257
3	34538
4	85302
5	156494
6	286121
7	449167
8	1043242
9	3950815
合计	6047061

注意到泊松模型下的准备金估计值与链梯法下的估计值相同。在后面的引理 2.4 中，我们将证明这一结论不是偶然产生的巧合，而是具有普遍性的结论。

此外，方程组（2.16）和（2.17）不是总能容易求解。但对于本例来说，求解较为容易。对于更为一般的方程组，通常采用数值求解的方法，具体见第六章。

2.4　链梯法的泊松模型推导

在本节中，我们证明泊松模型下的准备金估计和链梯法下的准备金估计相同。假设方程组（2.16）和（2.17）存在唯一的正解。

引理 2.4 CL 法估计量 2.1 等于泊松模型的极大似然估计量 2.3，即 $\widehat{C_{i,J}}^{\text{Poi}}=\widehat{C_{i,J}}^{\text{CL}}$。

证明：对 $i>0$，泊松极大似然估计量 2.3 可表示为：

$$\widehat{C_{i,J}}^{\text{Poi}}=\widehat{E}[C_{i,J}\mid\mathcal{D}_I]=C_{i,I-i}+\widehat{\mu}_i\sum_{j=I-i+1}^{J}\widehat{\gamma}_j=\widehat{\mu}_i\sum_{j=0}^{J}\widehat{\gamma}_j$$

上式最后一步用到了式（2.16）。再次应用式（2.16），可得

$$\widehat{C_{i,J}}^{\text{Poi}}=\widehat{E}[C_{i,J}\mid\mathcal{D}_I]=C_{i,I-i}\frac{\sum_{j=0}^{J}\widehat{\gamma}_j}{\sum_{j=0}^{I-i}\widehat{\gamma}_j}\tag{2.19}$$

上式可写为

$$\widehat{C_{i,J}}^{\text{Poi}}=C_{i,I-i}\frac{\sum_{j=0}^{J}\widehat{\gamma}_j}{\sum_{j=0}^{I-i}\widehat{\gamma}_j}=C_{i,I-i}\frac{\sum_{j=0}^{I-i+1}\widehat{\gamma}_j}{\sum_{j=0}^{I-i}\widehat{\gamma}_j}\cdots\frac{\sum_{j=0}^{J}\widehat{\gamma}_j}{\sum_{j=0}^{J-1}\widehat{\gamma}_j}\tag{2.20}$$

应用后面的引理 2.5，在集合 $\mathcal{D}_I$ 上有

$$\sum_{i=0}^{I-j}C_{i,j}=\sum_{i=0}^{I-j}\widehat{\mu}_i\sum_{k=0}^{j}\widehat{\gamma}_k\tag{2.21}$$

另外，应用式（2.17），可得

$$\sum_{i=0}^{I-j}C_{i,j-1}=\sum_{i=0}^{I-j}(C_{i,j}-X_{i,j})=\sum_{i=0}^{I-j}\widehat{\mu}_i\sum_{k=0}^{j-1}\widehat{\gamma}_k\tag{2.22}$$

从式（2.21）和式（2.22）可得

$$\frac{\sum_{k=0}^{j}\widehat{\gamma}_k}{\sum_{k=0}^{j-1}\widehat{\gamma}_k}=\frac{\sum_{k=0}^{I-j}C_{i,j}}{\sum_{i=0}^{I-j}C_{i,j-1}}=\widehat{f}_{j-1}$$

因此，从式（2.20）可得

$$\begin{aligned}\widehat{C_{i,J}}^{\text{Poi}}&=C_{i,I-i}\frac{\sum_{k=0}^{I-(I-i+1)}C_{k,I-i+1}}{\sum_{k=0}^{I-(I-i+1)}C_{k,I-i}}\cdots\frac{\sum_{k=0}^{I-J}C_{k,j}}{\sum_{i=0}^{I-J}C_{k,j-1}}\\&=C_{i,I-i}\widehat{f}_{I-i}\cdots\widehat{f}_{J-1}=\widehat{C_{i,J}}^{\text{CL}}\end{aligned}\tag{2.23}$$

至此，需要证明如下引理。

引理 2.5 在模型假设 2.4 下，基于观测值集合 $\mathcal{D}_I$，下式成立

$$\sum_{i=0}^{I-j}C_{i,j}=\sum_{i=0}^{I-j}\widehat{\mu}_i\sum_{k=0}^{j}\widehat{\gamma}_k\tag{2.24}$$

证明：应用归纳法。从式（2.16）可知，对于 $i=0$ 和 $I=J$ 下式成立

$$C_{0,J}=\sum_{j=0}^{J}X_{0,j}=\widehat{\mu}_0\sum_{j=0}^{J}\widehat{\gamma}_j$$

上式是归纳法的第一步，即在式（2.24）中 $j=I=J$。

当 j 变为 $j-1$ 时，应用归纳法假设，以及式（2.16）和式（2.17），可得

$$\sum_{i=0}^{I-(j-1)} C_{i,j-1} = \sum_{i=0}^{I-j} C_{i,j} - \sum_{i=0}^{I-j} X_{i,j} + \sum_{k=0}^{j-1} X_{I-j+1,k}$$

$$= \sum_{i=0}^{I-j} \widehat{\mu}_i \sum_{k=0}^{j} \widehat{\gamma}_k - \widehat{\gamma}_j \sum_{i=0}^{I-j} \widehat{\mu}_i + \widehat{\mu}_{I-j+1} \sum_{k=0}^{j-1} \widehat{\gamma}_k$$

也就是

$$\sum_{i=0}^{I-(j-1)} C_{i,j-1} = \sum_{i=0}^{I-j} \widehat{\mu}_i \sum_{k=0}^{j-1} \widehat{\gamma}_k + \widehat{\mu}_{I-j+1} \sum_{k=0}^{j-1} \widehat{\gamma}_k = \sum_{i=0}^{I-(j-1)} \widehat{\mu}_i \sum_{k=0}^{j-1} \widehat{\gamma}_k$$

由归纳法，即证式（2.24）成立。

推论 2.1 在模型假设 2.4 下，对于$0 \leqslant i \leqslant J$，可得

$$\sum_{k=0}^{j} \widehat{\gamma}_k = \widehat{\beta}_j^{(\mathrm{CL})} = \prod_{k=j}^{J-1} \frac{1}{\widehat{f}_k}$$

其中，规定空的乘积项等于 1。

证明：对于所有$i \geqslant 0$，由式（2.19）和式（2.23）可得下式成立

$$C_{i,I-i} \frac{\sum_{j=0}^{J} \widehat{\gamma}_j}{\sum_{j=0}^{I-i} \widehat{\gamma}_j} = \widehat{C_{i,J}}^{\mathrm{Poi}} = \widehat{C_{i,J}}^{\mathrm{CL}} = C_{i,I-i} \widehat{f}_{I-i} \cdots \widehat{f}_{J-1}$$

由假设$\sum_{j=0}^{J} \widehat{\gamma}_j = 1$，可得

$$1 = \sum_{j=0}^{I-i} \widehat{\gamma}_j \prod_{j=I-i}^{J-1} \widehat{f}_j = \sum_{j=0}^{I-i} \widehat{\gamma}_j (\widehat{\beta}_{I-i}^{(\mathrm{CL})})^{-1}$$

注记 2.3

• 推论 2.1 表明与分布无关的链梯法和泊松模型有相同的进展/现金流模式$(\widehat{\beta}_j^{(\mathrm{CL})})$。因此，如果在 BF 法中采用$(\widehat{\beta}_j^{(\mathrm{CL})})$，那么 BF 法和泊松模型的差别只在于预期最终索赔μ_i的选择。由式（2.18），

$$\widehat{C_{i,J}}^{\mathrm{Poi}} = C_{i,I-i} + \left(1 - \widehat{\beta}_{I-i}^{(\mathrm{CL})}\right) \widehat{\mu}_i$$

其中$\widehat{\mu}_i$是由式（2.16）和式（2.17）得到的极大似然估计。

• 在前面，我们需要求解线性方程组（2.16）和（2.17），得到极大似然估计$\widehat{\mu}_i$和$\widehat{\gamma}_j$。由推论 2.1，在已知链梯因子$\widehat{f}_k$的情况下可直接计算得到$\widehat{\mu}_i$和$\widehat{\gamma}_j$。

$$\widehat{\gamma}_j = \widehat{\beta}_j^{(\mathrm{CL})} - \widehat{\beta}_{j-1}^{(\mathrm{CL})} = \prod_{k=j}^{J-1} \frac{1}{\widehat{f}_k} \left(1 - \frac{1}{\widehat{f}_{j-1}}\right)$$

$$\widehat{\mu}_i = \sum_{j=0}^{I-i} X_{i,j} \Big/ \sum_{j=0}^{I-i} \widehat{\gamma}_j = C_{i,I-i} \Big/ \widehat{\beta}_{I-i}^{(\mathrm{CL})} = \widehat{C_{i,J}}^{\mathrm{CL}}$$

• 注意到泊松模型只有在增量索赔为非负值时才适用，而与分布无关的链梯法没有此限制。所以与分布无关的链梯法的应用范围更广。

附录 数值实例

例 2.1（链梯法）

表 2.7 给出了已知的累计赔款流量三角形数据。

表 2.7 累计赔款数据（ $C_{i,j}$ ）

	0	1	2	3	4	5	6	7	8	9
0	5946975	9668212	10563929	10771690	10978394	11040518	11106331	11121181	11132310	11148124
1	6346756	9593162	10316383	10468180	10536004	10572608	10625360	10636546	10648192	
2	6269090	9245313	10092366	10355134	10507837	10573282	10626827	10635751		
3	5863015	8546239	9268771	9459424	9592399	9680740	9724068			
4	5778885	8524114	9178009	9451404	9681692	9786916				
5	6184793	9013132	9585897	9830796	9935753					
6	5600184	8493391	9056505	9282022						
7	5288066	7728169	8256211							
8	5290793	7648729								
9	5675568									

下面给出链梯法估计最终损失和索赔准备金的详细过程。

第一步：表 2.8 给出了链梯法估计年度进展因子 f_j（$0\leqslant j\leqslant 8$）的计算过程。

表 2.8 链梯法中年度进展因子的估计

进展年 j	0	1	2	3	4	5	6	7	8	9
$\sum_{i=0}^{9-j} C_{i,j}$	58244126	78460461	76318071	69618650	61232079	51654063	42082586	32393478	21780502	11148124
$C_{9-j,j}$	5675568	7648729	8256211	9282022	9935753	9786916	9724068	10635751	10648192	11148124
$\widehat{f}_j$	1.4925	1.0778	1.0229	1.0148	1.0070	1.0051	1.0011	1.0010	1.0014	

其中，第 2 行给出的是截至对角线最近评估日历年，所有事故年在进展年 j 的累计赔款额之和，等于表 2.7 中上三角每列累计赔款额的求和值. 第 3 行为对角线最近评估日历年的累计赔款额，对应于表 2.7 中的对角线赔款额。第 4 行给出的是链梯法估计的各进展年的年度进展因子 $\widehat{f}_j$，其计算公式为：

$$\widehat{f}_j=\frac{\sum_{i=0}^{8-j} C_{i,j+1}}{\sum_{i=0}^{8-j} C_{i,j}}=\frac{\sum_{i=0}^{9-k} C_{i,k}}{\left(\sum_{i=0}^{9-k} C_{i,k}-C_{9-k,k}\right)} \quad （0\leqslant j\leqslant 8，\ k=j+1）$$

因此，可以得出

$$\widehat{f}_0 = \frac{78460461}{(58244126 - 5675568)} = 1.4925$$

其他进展年的年度进展因子的计算可以类似处理。

第二步：表 2.9 给出了链梯法得到的下三角累计赔款额的估计值

$$\widehat{C_{i,j}}^{\mathrm{CL}} \quad (i+j \geqslant 10)$$

其计算公式为：

$$\widehat{C_{i,10-i}}^{\mathrm{CL}} = C_{i,9-i}\widehat{f_{9-i}} \quad (1 \leqslant i \leqslant 9)$$

$$\widehat{C_{i,j+1}}^{\mathrm{CL}} = \widehat{C_{i,j}}\widehat{f_j} \quad (i+j \geqslant 10)$$

表 2.9 下三角累计赔款额的估计值

	0	1	2	3	4	5	6	7	8	9
0										11148124
1									10648192	10663318
2								10635751	10646884	10662008
3							9724068	9734574	9744764	9758606
4						9786916	9837277	9847906	9858214	9872218
5					9935753	10005044	10056528	10067393	10077931	10092247
6				9282022	9419776	9485469	9534279	9544580	9554571	9568143
7			8256211	8445057	8570389	8630159	8674568	8683940	8693030	8705378
8		7648729	8243496	8432051	8557190	8616868	8661208	8670566	8679642	8691971
9	5675568	8470989	9129696	9338521	9477113	9543206	9592313	9602676	9612728	9626383

第三步：表 2.10 给出了链梯法得到的最终损失和索赔准备金的估计值。

表 2.10 链梯法估计的最终损失和索赔准备金

事故年 i	$C_{i,9-i}$	$\widehat{C_{i,9}}^{\mathrm{CL}}$	$\widehat{R_i}^{\mathrm{CL}}$
0	11148124	11148124	0
1	10648192	10663318	15126
2	10635751	10662008	26257
3	9724068	9758606	34538
4	9786916	9872218	85302
5	9935753	10092247	156494
6	9282022	9568143	286121
7	8256211	8705378	449167
8	7648729	8691971	1043242
9	5675568	9626383	3950815
合计			**6047061**

其中，第 2 列为表 2.9 中的对角线累计赔款额 $C_{i,9-i}$，第 3 列的最终损失估计值 $\widehat{C_{i,9}}^{\text{CL}}$ 为表 2.9 中的最后一列，第 4 列的索赔准备金的估计值等于第 3 列减去第 2 列，其计算公式为：

$$\widehat{R_i}^{\text{CL}} = \widehat{C_{i,9}}^{\text{CL}} - C_{i,9-i} \quad (1 \leqslant i \leqslant 9)$$

所有事故年总的索赔准备金的估计值的计算公式为：

$$\widehat{R}^{\text{CL}} = \sum_{i=1}^{9} \widehat{R_i}^{\text{CL}}$$

例 2.2（BF 法）

表 2.11 给出了已知的累计赔款流量三角形数据。

表 2.11　累计赔款数据（$C_{i,j}$）

	0	1	2	3	4	5	6	7	8	9
0	5946975	9668212	10563929	10771690	10978394	11040518	11106331	11121181	11132310	11148124
1	6346756	9593162	10316383	10468180	10536004	10572608	10625360	10636546	10648192	
2	6269090	9245313	10092366	10355134	10507837	10573282	10626827	10635751		
3	5863015	8546239	9268771	9459424	9592399	9680740	9724068			
4	5778885	8524114	9178009	9451404	9681692	9786916				
5	6184793	9013132	9585897	9830796	9935753					
6	5600184	8493391	9056505	9282022						
7	5288066	7728169	8256211							
8	5290793	7648729								
9	5675568									

下面给出 BF 法估计最终损失和索赔准备金的详细过程。

第一步：表 2.12 给出了 BF 法中参数 β_j（$0 \leqslant j \leqslant 9$）的估计过程。

表 2.12　BF 法中参数 β_j 的估计

进展年 j	0	1	2	3	4	5	6	7	8	9
$\sum_{i=0}^{9-j} C_{i,j}$	58244126	78460461	76318071	69618650	61232079	51654063	42082586	32393478	21780502	11148124
$C_{9-j,j}$	5675568	7648729	8256211	9282022	9935753	9786916	9724068	10635751	10648192	11148124
$\widehat{f_j}$	1.4925	1.0778	1.0229	1.0148	1.0070	1.0051	1.0011	1.0010	1.0014	
$\prod_j^8 \widehat{f_j}$	1.6961	1.1364	1.0544	1.0308	1.0158	1.0087	1.0036	1.0025	1.0014	1.0000
$\widehat{\beta_j}^{(\text{CL})}$	58.96%	88.00%	94.84%	97.01%	98.45%	99.14%	99.65%	99.75%	99.86%	100.00%

其中，第 2 行给出的是截至对角线最近评估日历年，所有事故年在进展年 j 的累计赔款额之和，等于表 2.11 中上三角每列累计赔款额的求和值。第 3 行为对角线最近评估日历年的

累计赔款额，对应于表 2.11 中的对角线赔款额。第 4 行给出的是 BF 法估计的各进展年的年度进展因子 $\widehat{f_j}$，其计算公式为：

$$\widehat{f_j}=\frac{\sum_{i=0}^{8-j}C_{i,j+1}}{\sum_{i=0}^{8-j}C_{i,j}}=\frac{\sum_{i=0}^{9-k}C_{i,k}}{\left(\sum_{i=0}^{9-k}C_{i,k}-C_{9-k,k}\right)}\quad（0\leqslant j\leqslant 8，\ k=j+1）$$

因此，可以得出

$$\widehat{f_0}=\frac{78460461}{(58244126-5675568)}=1.4925$$

其他进展年的年度进展因子的计算可以类似处理。显然，BF 法中年度进展因子的估计与链梯法中的相同。第 5 行给出的是累计进展因子 $\prod_j^9\widehat{f_j}$（$0\leqslant j\leqslant 9$），其中不考虑尾部进展，令 $\widehat{f_9}=1.0000$。第 6 行给出的是 $\widehat{\beta_j}^{(\mathrm{CL})}=\widehat{\beta_j}=\frac{\prod_j^9 1}{\widehat{f_j}}$，用来描述索赔进展比例。

第二步：表 2.13 给出了 BF 法得到的最终损失和索赔准备金的估计值。

表 2.13　BF 法估计的最终损失和索赔准备金

事故年 i	$C_{i,9-i}$	$\widehat{\beta_{9-i}}^{(\mathrm{CL})}$	$\hat{\mu}_i$	$\widehat{C_{i,9}}^{\mathrm{BF}}$	$\widehat{R_i}^{\mathrm{BF}}$
0	11148124	100.00%	11653101	11148124	0
1	10648192	99.86%	11367306	10664316	16124
2	10635751	99.75%	10962965	10662749	26998
3	9724068	99.65%	10616762	9761643	37575
4	9786916	99.14%	11044881	9882350	95434
5	9935753	98.45%	11480700	10113777	178024
6	9282022	97.01%	11413572	9623328	341305
7	8256211	94.84%	11126527	8830301	574089
8	7648729	88.00%	10986548	8967375	1318646
9	5675568	58.96%	11618437	10443953	4768384
合计					**7356580**

其中，第 2 列为表 2.11 中的对角线累计赔款额 $C_{i,9-i}$，第 3 列为估计的事故年 i 的 $\widehat{\beta_{9-i}}^{(\mathrm{CL})}$（$0\leqslant i\leqslant 9$），第 4 列为最终损失的先验估计 $\hat{\mu}_i$，第 5 列为 BF 法估计的最终损失，其计算公式为：

$$\widehat{C_{i,9}}^{\mathrm{BF}}=C_{i,9-i}+\left(1-\widehat{\beta_{9-i}}^{(\mathrm{CL})}\right)\hat{\mu}_i$$

第 6 列的索赔准备金的估计值等于第 5 列减去第 2 列，其计算公式为：

$$\widehat{R_i}^{\mathrm{BF}}=\widehat{C_{i,9}}^{\mathrm{BF}}-C_{i,9-i}\quad（1\leqslant i\leqslant 9）$$

所有事故年总的索赔准备金的估计值的计算公式为：

$$\widehat{R}^{\mathrm{BF}}=\sum_{i=1}^{9}\widehat{R_i}^{\mathrm{BF}}$$

例 2.3（极大似然估计）

表 2.14 给出了已知的累计赔款流量三角形数据。

表 2.14　累计赔款数据（ $C_{i,j}$ ）

	0	1	2	3	4	5	6	7	8	9
0	5946975	9668212	10563929	10771690	10978394	11040518	11106331	11121181	11132310	11148124
1	6346756	9593162	10316383	10468180	10536004	10572608	10625360	10636546	10648192	
2	6269090	9245313	10092366	10355134	10507837	10573282	10626827	10635751		
3	5863015	8546239	9268771	9459424	9592399	9680740	9724068			
4	5778885	8524114	9178009	9451404	9681692	9786916				
5	6184793	9013132	9585897	9830796	9935753					
6	5600184	8493391	9056505	9282022						
7	5288066	7728169	8256211							
8	5290793	7648729								
9	5675568									

下面给出在泊松模型中，利用极大似然估计方法估计最终损失和索赔准备金的详细过程。

第一步：表 2.15 给出了泊松模型中参数 γ_j（$0 \leqslant j \leqslant 9$）的估计过程。

表 2.15　泊松模型中参数 γ_j 的估计

进展年 j	0	1	2	3	4	5	6	7	8	9
$\sum_{i=0}^{9-j} C_{i,j}$	58244126	78460461	76318071	69618650	61232079	51654063	42082586	32393478	21780502	11148124
$C_{9-j,j}$	5675568	7648729	8256211	9282022	9935753	9786916	9724068	10635751	10648192	11148124
$\widehat{f}_j$	1.4925	1.0778	1.0229	1.0148	1.0070	1.0051	1.0011	1.0010	1.0014	
$\prod_j^8 \widehat{f}_j$	1.6961	1.1364	1.0544	1.0308	1.0158	1.0087	1.0036	1.0025	1.0014	1.0000
$\widehat{\beta}_j^{(\mathrm{CL})}$	58.96%	88.00%	94.84%	97.01%	98.45%	99.14%	99.65%	99.75%	99.86%	100.00%
$\widehat{\gamma}_j$	58.96%	29.04%	6.84%	2.17%	1.44%	0.69%	0.51%	0.11%	0.10%	0.14%

其中，第 2 行给出的是截至对角线最近评估日历年，所有事故年在进展年 j 的累计赔款额之和，等于表 2.14 中上三角每列累计赔款额的求和值。第 3 行为对角线最近评估日历年的累计赔款额，对应于表 2.14 中的对角线赔款额。第 4 行给出的是泊松模型中，估计的各进展年的年度进展因子 $\widehat{f}_j$，其计算公式为：

$$\widehat{f}_j = \frac{\sum_{i=0}^{8-j} C_{i,j+1}}{\sum_{i=0}^{8-j} C_{i,j}} = \frac{\sum_{i=0}^{9-k} C_{i,k}}{\left(\sum_{i=0}^{9-k} C_{i,k} - C_{9-k,k}\right)} \quad (0 \leqslant j \leqslant 8,\ k = j+1)$$

因此，可以得出

$$\widehat{f}_0 = \frac{78460461}{(58244126 - 5675568)} = 1.4925$$

其他进展年的年度进展因子的计算可以类似处理。显然，泊松模型中年度进展因子的估计与链梯法中的相同。第 5 行给出的是累计进展因子 $\prod_{j}^{9}\widehat{f_j}$（$0\leqslant j\leqslant 9$），其中不考虑尾部进展，令 $\widehat{f_9}=1.0000$。第 6 行给出的是 $\widehat{\beta_j}^{(\mathrm{CL})}=\widehat{\beta_j}=\dfrac{\prod_{j}^{9}1}{\widehat{f_j}}$，用来描述索赔进展比例。第 7 行给出的是 γ_j 的估计结果，即 $\widehat{\gamma_0}=\widehat{\beta_0}^{(\mathrm{CL})}$，$\widehat{\gamma_j}=\widehat{\beta_j}^{(\mathrm{CL})}-\widehat{\beta_{j-1}}^{(\mathrm{CL})}$（$1\leqslant j\leqslant 9$）。

第二步：表 2.16 给出了在泊松模型假设下，增量赔款额的上三角观测值和下三角预测值。其中，上三角观测值的计算公式为：

$$X_{i,0}=C_{i,0}\qquad X_{i,j}=C_{i,j}-C_{i,j-1}\ (1\leqslant j\leqslant 9-i)$$

下三角预测值的计算公式为：

$$\widehat{X_{i,j}}^{\mathrm{Poi}}=\widehat{\mu_i}\widehat{\gamma_j}\ (i+j\geqslant 10)$$

其中，$\widehat{\mu_i}=\widehat{C_{i,9}}^{\mathrm{CL}}$。

表 2.16 泊松模型中增量赔款额（$X_{i,j}$）的观测值和预测值

	0	1	2	3	4	5	6	7	8	9	$\widehat{\mu_i}$
0	5946975	3721237	895717	207760	206704	62124	65813	14850	11130	15813	11148124
1	6346756	3246406	723222	151797	67824	36603	52752	11186	11646	15126	10663318
2	6269090	2976223	847053	262768	152703	65444	53545	8924	11133	15124	10662008
3	5863015	2683224	722532	190653	132976	88340	43329	10506	10190	13842	9758606
4	5778885	2745229	653894	273395	230288	105224	50361	10628	10308	14004	9872218
5	6184793	2828338	572765	244899	104957	69291	51484	10865	10538	14316	10092247
6	5600184	2893207	563114	225517	137754	65693	48810	10301	9991	13572	9568143
7	5288066	2440103	528043	188846	125332	59769	44409	9372	9090	12348	8705378
8	5290793	2357936	594767	188555	125139	59677	44341	9358	9076	12329	8691971
9	5675568	2795421	658706	208825	138592	66093	49107	10364	10052	13655	9626383

第三步：表 2.17 给出了泊松模型预测的最终损失和索赔准备金估计值。

表 2.17 泊松模型预测的最终损失和索赔准备金估计值

事故年 i	$C_{i,9-i}$	$\widehat{C_{i,9}}^{\mathrm{Poi}}$	$\widehat{R_i}^{\mathrm{Poi}}$
0	11148124	11148124	0
1	10648192	10663318	15126
2	10635751	10662008	26257
3	9724068	9758606	34538
4	9786916	9872218	85302
5	9935753	10092247	156494
6	9282022	9568143	286121
7	8256211	8705378	449167
8	7648729	8691971	1043242
9	5675568	9626383	3950815
合计			**6047061**

其中，第 2 列为表 2.14 中的对角线累计赔款额 $C_{i,9-i}$，第 3 列的最终损失估计值的计算公式为：

$$\widehat{C_{i,9}}^{\text{Poi}} = C_{i,9-i} + \sum_{j=10-i}^{9} \widehat{X_{i,j}}^{\text{Poi}}$$

第 4 列的索赔准备金的估计值等于第 3 列减去第 2 列，其计算公式为：

$$\widehat{R_i}^{\text{Poi}} = \widehat{C_{i,9}}^{\text{Poi}} - C_{i,9-i} = \sum_{j=10-i}^{9} \widehat{X_{i,j}}^{\text{Poi}} \quad (1 \leqslant i \leqslant 9)$$

所有事故年总的索赔准备金的估计值的计算公式为：

$$\widehat{R}^{\text{Poi}} = \sum_{i=1}^{9} \widehat{R_i}^{\text{Poi}} \quad (1 \leqslant i \leqslant 9)$$

第三章　链梯模型

3.1　预测均方误差

在第二章中，我们仅给出了关于最终索赔的均值/期望的估计。当然，我们也希望知道此估计在预测随机变量时的优劣程度。为了分析类似的问题，我们需要引入随机性模型。在第二章中，我们把准备金评估方法看成是估计准备金的简单的确定性算法。如果要度量这些估计的准确性，我们就需要有一个合适的随机性框架。

假设对某个非寿险公司，索赔准备金总额为 6047061，损益表类似于表 3.1 中所示。最终利润只有 60000。如果把索赔准备金减少 1%，那么税前收入就是原来的 2 倍，即 120000。因此，考虑到索赔准备金的额度较大，索赔准备金的微小的变动都可能会对收益产生巨大的影响。了解在索赔准备金估计中的不确定性是非常重要的。

表 3.1　收益状况

	在 12 月 31 日的收益状况
已赚保费	4 020 000
当前事故年的已发生索赔	−3 340 000
事故年之前的损失经验	−40 000
承保与其他费用	−1 090 000
投资收入	510 000
税前收入	60 000

为了度量估计出的索赔准备金（或预测出的未偿付索赔负债）的优劣程度，我们需要考虑二阶矩。为此我们要计算预测均方误差（MSEP）。

假设对随机变量 X，有观测集 $\mathcal{D}$。假设 $\hat{X}$ 是关于 $E(X\mid\mathcal{D})$ 的 $\mathcal{D}$ 可测的估计量，也是关于 X 的 $\mathcal{D}$ 可测的预测量。

定义 3.1（条件 MSEP）　设 $\hat{X}$ 是关于 X 的预测量，条件 MSEP 定义如下：

$$\mathrm{msep}_{X|\mathcal{D}}(\hat{X})=E[(\hat{X}-X)^2\mid\mathcal{D}]$$

对于一个 $\mathcal{D}$ 可测的估计量（或预测量）$\hat{X}$，有以下结论：

$$\mathrm{msep}_{X|\mathcal{D}}(\hat{X})=Var(X\mid\mathcal{D})+(\hat{X}-E[X\mid\mathcal{D}])^2 \tag{3.1}$$

式（3.1）右边第一项称为条件过程方差（随机误差），它描述了随机性模型内在的波动性（这是纯粹的随机项，不能够被消除）。式（3.1）右边的第二项称为参数估计误差，它反映了在参数和条件期望估计中的不确定性。一般来说，观测数目越多，估计误差就会变小，但是要注意到在许多实际情形下，它不会完全消失，这是因为我们要基于过去的信息来预测未来的可预期行为。

为了求解参数估计误差，我们需要具体计算式（3.1）右边的第二项。然而，只有在 $E(X\mid\mathcal{D})$ 已知时才可计算，但是这一项通常是不知道的，我们需要使用 $\hat{X}$ 来估计它。因此，关于参数估计误差的估计是很复杂的。评价 $\hat{X}$ 的优劣的一种方式就是，研究 $\hat{X}$ 围绕 $E[X|\mathcal{D}]$ 的可能的波动程度。

注记：

在下一节，我们要通过二阶矩（如条件 MSEP、条件变异系数）来度量最终赔案/未偿付负债的估计量或预测量的优劣。然而，随机性索赔准备金评估的最终目的是得到索赔准备金的完整预测分布。然而，在大多数情况下，我们无法计算解析的预测分布，而不得不采用数值算法（如第七章的 Bootstrap 方法和第四章提到的专门用于贝叶斯模型的 MCMC 方法），模拟得到索赔准备金的预测分布。得到模拟的预测分布之后，我们不仅能够计算索赔准备金的前两阶矩，还能够得到预测区间、分位数（如 VaR，即在险价值）和风险度量（如预期差值）。然而，在实际应用和偿付能力考虑中，二阶矩估计（如条件 MSEP 及其组成成分条件过程方差和估计误差），以及条件变异系数通常就足够了，这是因为在大多数情形下，我们可以用前两阶矩对整体分布进行拟合。在我们看来，解析解（同样仅限于前二阶矩）是重要的，因为它们可用所涉及的参数给出明确的解释。另外，这些估计都非常易于解释，并允许针对参数进行敏感性分析。

3.2　Mack 模型

我们已经在 2.1 节和 2.3 节描述了 CL 算法和方法。在精算文献里，链梯法经常被理解为一种纯粹的计算算法，至于何种概率模型会导致这种算法并未讨论。

一方面，已有的与链梯法相关的随机性模型是不同的，它们有不同的数学性质。另一方面，它们的共同点在于，由不同随机性模型得到的准备金估计与由链梯法算法得到的估计值相同。在本章中，我们考虑描述链梯法算法的与分布无关的模型。

链梯法可应用于累计赔付、已发生索赔等。由于它非常简单，因此它是在实务中最常用的方法。通过使用链梯因子的适当估计，就可得到较可靠的索赔准备金。链梯法的主要缺陷有以下几点：

- 需要满足齐次性假设。例如，在进展因子不应有某种趋势，否则就需要对数据进行转换，或者把流量三角形拆分为多个流量三角形，使得每个流量三角形满足其次性的要求。

- 在估计后面的进展因子（对应于较大的进展年 j 的 f_j）时，数据量很少，在实务中，这对于较近的事故年（即对应于较大的 i ）可能参考意义不大。

- 每个事故年的第一个观测值有时候对赔案进展不是很有代表性，这对较近的事故年产生的问题更大。更一般地，如果在最近的日历年（会计年）对角线上存在离群值，那么采用这个离群值估计最终索赔就不再合适。因此，对于较近的事故年，或者最后的对角线上存在异常值的情况下，通常会选择 B-F 法。
- 对长尾业务，链梯法分别应用于累计索赔和已发生索赔时，两种估计结果的差异会非常大。这主要是因为没有满足齐次性假设。关于这个问题，近年来已出现了 Munich 链梯法，它减少了基于累计索赔得到的准备金和基于已发生索赔得到的准备金之间的差异。

3.2.1　Mack 模型（与分布无关的 CL 模型）

在模型假设 2.1 中，我们已经定义了与分布无关的链梯法模型，这里把定义扩展，使得它包含二阶矩，从而我们也就能得到关于链梯法估计量的条件 MSEP 的估计。

模型假设 3.1　（与分布无关的 CL 模型）

- 对于不同事故年，累计索赔 $C_{i,j}$ 是独立的。
- $(C_{i,j})_{j\geqslant 0}$ 构成一个 Markov 链。存在因子 $f_0,f_1,\cdots,f_{J-1}>0$，方差参数 $\sigma_0^2,\sigma_1^2,\cdots,\sigma_{J-1}^2>0$，使得对于所有的 $0\leqslant i\leqslant I$ 和 $0\leqslant j\leqslant I$，以下两式满足：

$$E[C_{i,j}\mid C_{i,j-1}]=f_{j-1}\ C_{i,j-1}>0 \tag{3.2}$$

$$Var(C_{i,j}\mid C_{i,j-1})=\sigma_{j-1}^2\ C_{i,j-1} \tag{3.3}$$

回顾 2.1 节中的结论（见引理 2.2）：

- 参数 f_j 和 σ_j^2 估计如下：

$$\hat{f}_j=\frac{\sum_{i=0}^{I-j-1}C_{i,j+1}}{\sum_{i=0}^{I-j-1}C_{i,j}}=\sum_{i=0}^{I-j-1}\frac{C_{i,j}}{\sum_{k=0}^{I-j-1}C_{k,j}}\frac{C_{i,j+1}}{C_{i,j}} \tag{3.4}$$

$$\hat{\sigma}_j^2=\frac{1}{I-j-1}\sum_{i=0}^{I-j-1}C_{i,j}\left(\frac{C_{i,j+1}}{C_{i,j}}-\hat{f}_j\right)^2$$

- 给定 $\mathcal{B}_j$，$\hat{f}_j$ 是关于 f_j（条件）无偏估计。
- $f_0,f_1,\cdots,f_{J-1}$ 是不相关的。

定义单个进展因子为：

$$F_{i,j+1}=\frac{C_{i,j+1}}{C_{i,j}} \tag{3.5}$$

那么进展因子 f_j 为 $F_{i,j+1}$ 的加权平均值，即：

$$\hat{f}_j=\sum_{i=0}^{I-j-1}\frac{C_{i,j}}{\sum_{k=0}^{I-j-1}C_{k,j}}F_{i,j+1} \tag{3.6}$$

注意到在给定 $C_{i,j}$ 的条件下，$F_{i,j+1}$ 是关于 f_j 的条件无偏估计量。

引理 3.1　在模型假设 3.1 下，估计量 $\hat{f}_j$ 是关于 f_j 的 $\mathcal{B}_{j+1}$ 可测的无偏估计，它是关于 f_j 的无偏估计 $(F_{i,j+1})_{0\leqslant i\leqslant I-j-1}$ 所构成的线性组合无偏估计量中，条件方差最小的一个，即

$$Var(\hat{f}_j \mid \mathcal{B}_j) = \min_{\substack{\alpha_i \in R \\ \sum_i \alpha_i = 1}} Var\left(\sum_{i=0}^{I-j-1} \alpha_i F_{i,j+1} \mid \mathcal{B}_j \right)$$

$\hat{f}_j$ 的条件方差为

$$Var(\hat{f}_j \mid \mathcal{B}_j) = \frac{\sigma_j^2}{\sum_{i=0}^{I-j-1} C_{i,j}}$$

为证明引理 3.1，我们需要下面的引理。

引理 3.2　假设 $P_1, P_2, \cdots, P_H$ 是随机独立的关于 μ 的无偏估计量，方差为 $\sigma_1^2, \sigma_2^2, \cdots, \sigma_H^2 > 0$，那么关于 $P_1, P_2, \cdots, P_H$ 的线性组合最小方差无偏估计量如下所示：

$$P = \frac{\sum_{h=1}^{H} \frac{P_h}{\sigma_h^2}}{\sum_{h=1}^{H} \frac{1}{\sigma_h^2}}$$

而且，

$$Var(P) = \left(\sum_{h=1}^{H} \frac{1}{\sigma_h^2} \right)^{-1}$$

引理 3.2 表明，在 P 的线性表达式中，对应于 P_h 的系数与其方差成反比。引理 3.2 的证明用到拉格朗日方法，这里不再给出。

引理 3.1 的证明　考虑单个进展因子 $F_{i,j+1} = C_{i,j+1} / C_{i,j}$。在给定 $\mathcal{B}_j$ 的条件下，单个进展因子 $(F_{i,j+1})_{0 \le i \le I-j-1}$ 是关于 f_j 的独立的无偏估计量，而且

$$Var(F_{i,j+1} \mid \mathcal{B}_j) = Var(F_{i,j+1} \mid C_{i,j}) = \frac{\sigma_j^2}{C_{i,j}}$$

因此，由引理 3.2，即得

$$Var(\widehat{f_j} \mid \mathcal{B}_j) = \frac{\sigma_j^2}{\sum_{i=0}^{I-j-1} C_{i,j}}$$

引理 3.3　在模型假设 3.1 下，以下结论成立：

（a）在给定 $\mathcal{B}_j$ 的条件下，$\hat{\sigma}_j^2$ 为 σ_j^2 的无偏估计量，$E[\hat{\sigma}_j^2 \mid \mathcal{B}_j] = \sigma_j^2$；

（b）$\hat{\sigma}_j^2$ 为 σ_j^2 的无条件无偏估计量，$E[\hat{\sigma}_j^2] = \sigma_j^2$。

证明：（b）可以从（a）很容易推出。因此我们只需证明（a）即可。注意到：

$$E\left[\left(\frac{C_{i,j+1}}{C_{i,j}} - \hat{f}_j \right)^2 \middle| \mathcal{B}_j \right] = E\left[\left(\frac{C_{i,j+1}}{C_{i,j}} - f_j \right)^2 \middle| \mathcal{B}_j \right] - 2E\left[\left(\frac{C_{i,j+1}}{C_{i,j}} - f_j \right) \left(\hat{f}_j - f_j \right) \middle| \mathcal{B}_j \right]$$
$$+ E\left[\left(\hat{f}_j - f_j \right)^2 \middle| \mathcal{B}_j \right]$$

下一步，计算上式右边的每一项。首先，第一项为

$$E\left[\left(\frac{C_{i,j+1}}{C_{i,j}}-f_j\right)^2\middle|\mathcal{B}_j\right]=Var\left(\frac{C_{i,j+1}}{C_{i,j}}\middle|\mathcal{B}_j\right)=\frac{1}{C_{i,j}}\sigma_j^2$$

根据不同事故年之间的独立性，中间项变为：

$$E\left[\left(\frac{C_{i,j+1}}{C_{i,j}}-f_j\right)\left(\hat{f}_j-f_j\right)\middle|\mathcal{B}_j\right]=Cov\left(\frac{C_{i,j+1}}{C_{i,j}},\hat{f}_j\middle|\mathcal{B}_j\right)$$

$$=\frac{C_{i,j}}{\sum_{i=0}^{I-j-1}C_{i,j}}Var\left(\frac{C_{i,j+1}}{C_{i,j}}\middle|\mathcal{B}_j\right)=\frac{\sigma_j^2}{\sum_{i=0}^{I-j-1}C_{i,j}}$$

最后一项可以表示为

$$E\left[\left(\hat{f}_j-f_j\right)^2\middle|\mathcal{B}_j\right]=Var(\hat{f}_j|\mathcal{B}_j)=\frac{\sigma_j^2}{\sum_{i=0}^{I-j-1}C_{i,j}}$$

把以上各项都加在一起，就得到

$$E\left[\left(\frac{C_{i,j+1}}{C_{i,j}}-\hat{f}_j\right)^2\middle|\mathcal{B}_j\right]=\sigma_j^2\left(\frac{1}{C_{i,j}}-\frac{1}{\sum_{i=0}^{I-j-1}C_{i,j}}\right)$$

因此，最后得到引理 3.3（a）：

$$E[\hat{\sigma}_j^2\mid\mathcal{B}_j]=\frac{1}{I-j-1}\sum_{i=0}^{I-j-1}C_{i,j}E\left[\left(\frac{C_{i,j+1}}{C_{i,j}}-\hat{f}_j\right)^2\middle|\mathcal{B}_j\right]=\sigma_j^2$$

由引理 3.3（a）即得引理 3.3（b）。

下面的等式在推导条件估计误差的估计量时有重要的作用（见 3.2.3 节）。

$$E\left[\hat{f}_j^{\,2}\middle|\mathcal{B}_j\right]=Var\left(\hat{f}_j\middle|\mathcal{B}_j\right)+f_j^{\,2}=\frac{\sigma_j^2}{\sum_{i=0}^{I-j-1}C_{i,j}}+f_j^{\,2} \tag{3.7}$$

在第二章，我们已经知道在给定信息 $\mathcal{D}_I$ 下，如何应用链梯法预测最终索赔 $C_{i,J}$：

$$\widehat{C_{i,J}}^{\mathrm{CL}}=\hat{E}\left[C_{i,J}\middle|\mathcal{D}_I\right]=C_{i,I-i}\hat{f}_{I-i}\cdots\hat{f}_{J-1}$$

现在我们的目标是在与分布无关的链梯模型下，对于单个事故年 $i\in\{1,\ldots,I\}$，推导 $\widehat{C_{i,J}}^{\mathrm{CL}}$ 的条件 MSEP 的估计。

$$\mathrm{msep}_{C_{i,J}|\mathcal{D}_I}\left(\widehat{C_{i,J}}^{\mathrm{CL}}\right)=E\left[\left(\widehat{C_{i,J}}^{\mathrm{CL}}-C_{i,J}\right)^2\middle|\mathcal{D}_I\right]$$

$$=Var\left(C_{i,J}\middle|\mathcal{D}_I\right)+\left(\widehat{C_{i,J}}^{\mathrm{CL}}-E\left[C_{i,J}\middle|\mathcal{D}_I\right]\right)^2 \tag{3.8}$$

另外，对于各个事故年汇合后，考虑

$$\mathrm{msep}_{\sum_i C_{i,J}|\mathcal{D}_I}\left(\sum_{i=1}^{I}\widehat{C_{i,J}}^{\mathrm{CL}}\right)=E\left[\left(\sum_{i=1}^{I}\widehat{C_{i,J}}^{\mathrm{CL}}-\sum_{i=1}^{I}C_{i,J}\right)^2\middle|\mathcal{D}_I\right]$$

由式（3.8）可知，我们需要给出条件过程方差和条件估计误差（来自 f_j 由 $\hat{f}_j$ 估计的事实）的估计。

3.2.2　条件过程方差

考虑式（3.8）右边的第一项，即条件过程方差。假设 $i>0$，有

$$\begin{aligned}Var\left(C_{i,J}\middle|\mathcal{D}_I\right)&=Var\left(C_{i,J}\middle|C_{i,I-i}\right)\\&=E\left[Var\left(C_{i,J}\middle|C_{i,J-1}\right)\middle|C_{i,I-i}\right]+Var\left(E\left[C_{i,J}\middle|C_{i,J-1}\right]\middle|C_{i,I-i}\right)\\&=\sigma_{J-1}^2E\left[C_{i,J-1}\middle|C_{i,I-i}\right]+f_{J-1}^2Var\left(C_{i,J-1}\middle|C_{i,I-i}\right)\\&=\sigma_{J-1}^2C_{i,I-i}\prod_{m=I-i}^{J-2}f_m+f_{J-1}^2Var\left(C_{i,J-1}\middle|C_{i,I-i}\right)\end{aligned} \tag{3.9}$$

因此，对单个事故年 i 的条件过程方差，我们得到了递推公式。迭代上述步骤，得到：

$$\begin{aligned}Var\left(C_{i,J}\middle|C_{i,I-i}\right)&=C_{i,I-i}\sum_{j=I-i}^{J-1}\prod_{n=j+1}^{J-1}f_n^2\sigma_j^2\prod_{m=I-i}^{j-1}f_m\\&=\sum_{j\bullet I-i}^{J-1}\prod_{n=j+1}^{J-1}f_n^2\sigma_j^2E\left[C_{i,j}\middle|C_{i,I-i}\right]\\&=\left(E\left[C_{i,J}\middle|C_{i,I-i}\right]\right)^2\sum_{j=I-i}^{J-1}\frac{\sigma_j^2/f_j^2}{E\left[C_{i,j}\middle|C_{i,I-i}\right]}\end{aligned} \tag{3.10}$$

这就得到以下引理。

引理 3.4（单个事故年的过程方差）　在模型假设 3.1 下，单个事故年 $i\in\{1,\cdots,I\}$ 的最终索赔的条件过程方差由下式给出：

$$Var\left(C_{i,J}\middle|\mathcal{D}_I\right)=\left(E\left[C_{i,J}\middle|C_{i,I-i}\right]\right)^2\sum_{j=I-i}^{J-1}\frac{\sigma_j^2/f_j^2}{E\left[C_{i,j}\middle|C_{i,I-i}\right]} \tag{3.11}$$

由引理 3.4，我们给出单个事故年 i 的条件过程方差的估计：

$$\begin{aligned}\widehat{Var}\left(C_{i,J}\middle|\mathcal{D}_I\right)&=\hat{E}\left[\left(C_{i,J}-E\left[C_{i,J}\middle|\mathcal{D}_I\right]\right)^2\middle|\mathcal{D}_I\right]\\&=\left(\widehat{C_{i,J}}^{\mathrm{CL}}\right)^2\sum_{j=I-i}^{J-1}\frac{\widehat{\sigma}_j^2/\widehat{f_j}^2}{\widehat{C_{i,j}}^{\mathrm{CL}}}\end{aligned} \tag{3.12}$$

如式（3.9）所示，条件过程方差的估计量即式（3.12）可以写成递推形式。对于

$j \in \{I-i+1,\cdots,J\}$，就有：

$$\widehat{Var}\left(C_{i,j}\middle|\mathcal{D}_I\right)=\widehat{Var}\left(C_{i,j-1}\middle|\mathcal{D}_I\right)\widehat{f}_{j-1}^2+\widehat{\sigma}_{j-1}^2\widehat{C_{i,j-1}}^{CL}$$

其中假设 $\widehat{Var}\left(C_{i,I-i}\middle|\mathcal{D}_I\right)=0$，$\widehat{C_{i,I-i}}^{CL}=C_{i,I-i}$。

由于不同事故年之间的独立性，可得下面等式：

$$Var\left(\sum_{i=1}^{I}C_{i,J}\middle|\mathcal{D}_I\right)=\sum_{i=1}^{I}Var\left(C_{i,J}\middle|\mathcal{D}_I\right)$$

因此，各个事故年汇合后，条件过程方差的估计如下：

$$\widehat{Var}\left(\sum_{i=1}^{I}C_{i,J}\middle|\mathcal{D}_I\right)=\sum_{i=1}^{I}\widehat{Var}\left(C_{i,J}\middle|\mathcal{D}_I\right)$$

例 3.1（与分布无关的链梯法，条件过程方差）

回到表 2.2（见例 2.1）。由于数据不足（即并没有假设 $I>J$），也就不能给出最后的方差参数 σ_{J-1}^2 的估计 $\hat{\sigma}_{J-1}^2$（见式（3.4））。关于尾部因子和方差估计已有大量文献。这里不作进一步的讨论，仅简单地选取 Mack（1993）使用的外推法：

$$\hat{\sigma}_{J-1}^2=\min\left(\hat{\sigma}_{J-2}^4/\hat{\sigma}_{J-3}^2,\hat{\sigma}_{J-3}^2,\hat{\sigma}_{J-2}^2\right) \tag{3.13}$$

下面表 3.2 给出了观测到的单个链梯因子 $F_{i,j+1}$、估计的链梯因子 $\widehat{f}_j$ 及标准偏差 $\widehat{\sigma}_j$。表 3.3 给出了链梯法估计的索赔准备金和条件过程标准偏差。

表 3.2　单个 CL 因子 $F_{i,j+1}$、估计的 CL 因子 $\widehat{f}_j$ 及标准偏差 $\widehat{\sigma}_j$

	0	1	2	3	4	5	6	7	8
0	1.6257	1.0926	1.0197	1.0192	1.0057	1.0060	1.0013	1.0010	1.0014
1	1.5115	1.0754	1.0147	1.0065	1.0035	1.0050	1.0011	1.0011	
2	1.4747	1.0916	1.0260	1.0147	1.0062	1.0051	1.0008		
3	1.4577	1.0845	1.0206	1.0141	1.0092	1.0045			
4	1.4750	1.0767	1.0298	1.0244	1.0109				
5	1.4573	1.0635	1.0255	1.0107					
6	1.5166	1.0663	1.0249						
7	1.4614	1.0683							
8	1.4457								
9									
$\widehat{f}_j$	1.4925	1.0788	1.0229	1.0148	1.0070	1.0051	1.0011	1.0010	1.0014
$\widehat{\sigma}_j$	135.253	33.803	15.760	19.847	9.336	2.001	0.823	0.219	0.059

表 3.3　链梯法估计的索赔准备金和条件过程标准偏差

i	$C_{i,I-i}$	$\widehat{C_{i,J}}^{\mathrm{CL}}$	CL 准备金	$\widehat{Var}\left(C_{i,J}\middle|\mathcal{D}_I\right)^{1/2}$	$Vco_i(\%)$
0	11148124	11148124	0		
1	10648192	10663318	15126	191	1.3%
2	10635751	10662008	26257	742	2.8%
3	9724068	9758606	34538	2669	7.7%
4	9786916	9872218	85302	6832	8.0%
5	9935753	10092247	156494	30478	19.5%
6	9282022	9568143	286121	68212	23.8%
7	8256211	8705378	449167	80077	17.8%
8	7648729	8691971	1043242	126960	12.2%
9	5675568	9626383	3950815	389783	9.9%
合计			6047061	424379	7.0%

对事故年 i，索赔准备金的条件变异系数定义为：

$$Vco_i=\widehat{Vco}\left(C_{i,j}-C_{i,I-i}\middle|\mathcal{D}_I\right)=\frac{\widehat{Var}\left(C_{i,J}\middle|\mathcal{D}_I\right)^{1/2}}{\widehat{C_{i,J}}^{\mathrm{CL}}-C_{i,I-i}}$$

如果使用估计的变异系数作为不确定性的度量，则可得准备金总额的不确定性约 7%。注意到这是一个纯粹的过程不确定性。

3.2.3　单个事故年的估计误差

下面推导条件参数估计误差的估计，即希望得到关于因子估计值 $\widehat{f_j}$ 的准确度估计。由式（3.8）、式（2.2）和式（2.5）可知，对单个事故年，链梯法估计的参数误差由下式给出：

$$\begin{aligned}\left(\widehat{C_{i,J}}^{\mathrm{CL}}-E\left[C_{i,J}\middle|\mathcal{D}_I\right]\right)^2&=C_{i,I-i}^2\left(\widehat{f_{I-i}}\cdots\widehat{f_{J-1}}-f_{I-i}\cdots f_{J-1}\right)^2\\&=C_{i,I-i}^2\left(\prod_{j=I-i}^{J-1}\widehat{f_j}^2+\prod_{j=I-i}^{J-1}f_j^2-2\prod_{j=I-i}^{J-1}\widehat{f_j}f_j\right)\end{aligned}\tag{3.14}$$

因此，我们希望计算式（3.14）。注意到估计值 $\widehat{f_{I-i}},\cdots,\widehat{f_{J-1}}$ 在时刻 I 是已知的，但“真实的”因子 $f_{I-i},\cdots,f_{J-1}$ 是未知的（否则，就不需加以估计）。因此，不能直接计算式（3.14）。为了确定条件估计误差，需要分析因子估计 $\widehat{f_j}$ 在多大程度上围绕真实的因子 f_j 波动。已有的方法涉及贝叶斯方法或重复抽样技术，这些方法解决的问题为：$\widehat{f_j}$ 可以取哪些值？尽管在本章中我们考虑解析的计算，这里仍使用“重复抽样”这个术语。非参数 Bootstrap 方法和参数 Bootstrap 方法将在第七章讨论。

对 $\widehat{f_j}$ 的重复抽样有多种方法，包括条件抽样和无条件抽样。现对固定的事故年 $i\in\{1,2,\cdots,I\}$ 来对这些方法加以解释。从式（3.14）右边可以看出，确定准备金估计波动的最大困难来自估计的因子平方 $\widehat{f_j}^2$ 的计算。注意到式（3.14）的最后一项，由于 CL 因子估计量的不相关性和无偏性，从而可用平均值计算。

以下仅介绍条件重复抽样方法。定义：

$$\mathcal{D}_{I,i}^{O}=\{C_{k,j}\in\mathcal{D}_I;j>I-i\}\subseteq\mathcal{D}_I$$

注意到 $\widehat{f_j}$ 是关于 $\mathcal{B}_{j+1}$ 可测的。此时要计算下式：

$$E\left[\widehat{f_{I-i}^2}\middle|\mathcal{B}_{I-i}\right]E\left[\widehat{f_{I-i+1}^2}\middle|\mathcal{B}_{I-i+1}\right]\cdots E\left[\widehat{f_{J-1}^2}\middle|\mathcal{B}_{J-1}\right] \tag{3.15}$$

由于当 $j>I-i$ 时，$\mathcal{D}_{I,i}^{O}\cap\mathcal{B}_{I-i}=\varnothing$，因此 $\mathcal{D}_{I,i}^{O}$ 中的观测实现值对估计值有直接影响，式（3.15）依赖于 $\mathcal{D}_{I,i}^{O}$ 中的观测值。这种方法被称为条件重复抽样方法。

在条件重复抽样方法下，我们在条件结构下对因子 $\widehat{f_j}$ 重复抽样。为了更好地理解这种重复抽样，我们引入更强的模型假设，为此需要下面的时间序列模型。

模型假设 3.2（时间序列模型）

- 不同事故年 i 的累计索赔 $C_{i,j}$ 是相互独立的。
- 存在常数 $f_j>0,\ \sigma_j>0$，以及随机变量 $\varepsilon_{i,j+1}$，使得对于所有 $i\in\{0,\cdots,I\}$ 和 $j\in\{0,1,\cdots,J-1\}$，下式成立：

$$C_{i,j+1}=f_j\ C_{i,j}+\sigma_j\ \sqrt{C_{i,j}}\ \varepsilon_{i,j+1} \tag{3.16}$$

其中，对于所有的 $i\in\{1,2,\cdots,I\},j\in\{0,1,\cdots,J-1\}$，在给定 $\mathcal{B}_0$ 的条件下，$\varepsilon_{i,j+1}$ 是相互独立的。另外，$E\left[\varepsilon_{i,j+1}\middle|\mathcal{B}_0\right]=0$，$E\left[\varepsilon_{i,j+1}^2\middle|\mathcal{B}_0\right]=1$，$P\left[C_{i,j+1}>0\middle|\mathcal{B}_0\right]=1$。

以下我们应用条件重复抽样方法，即在时间序列模型下进行条件重复抽样。给定上三角 $\mathcal{D}_I$，要对观测值 $\widehat{f_{I-i}},\ldots,\widehat{f_{J-1}}$ 进行重复抽样。注意到在给定 $\mathcal{D}_I$ 的条件下，$\widehat{f_j}$ 的观测值可能不同于此前已观测的值。为考虑到这种不确定性，采用如下步骤。给定 $\mathcal{D}_I$，对于所有 $i\in\{1,2,\cdots,I\}$ 和 $j\in\{0,1,\cdots,J-1\}$，应用下面公式，产生一系列新的观测值 $\tilde{C}_{i,j+1}$：

$$\tilde{C}_{i,j+1}=f_j\ C_{i,j}+\sigma_j\ \sqrt{C_{i,j}}\ \tilde{\varepsilon}_{i,j+1} \tag{3.17}$$

此处 $\sigma_j>0$，在给定 $\mathcal{B}_0$ 的条件下，$\tilde{\varepsilon}_{i,j+1}$ 和 $\varepsilon_{i,j+1}$ 独立同分布（见模型假设 3.2）。这里为了清楚地说明在条件结构下重复抽样，我们选择不同的记号（$\tilde{C}_{i,j+1}$ 与 $C_{i,j+1}$），即在给定 $\mathcal{D}_I$ 时，$\tilde{C}_{i,j+1}$ 是随机变量，而 $C_{i,j}$ 是确定值。

按照上述方法的思路，对观测值 $\widehat{f_j}$ 进行重复抽样时，仅仅通过对进展年 $j+1$ 的观测值进行重复抽样得到。结合抽样假设即式（3.17），得到进展因子估计的如下抽样表示：

$$\widehat{f_j}=\frac{\sum_{i=0}^{I-j-1}\tilde{C}_{i,j+1}}{\sum_{i=0}^{I-j-1}C_{i,j}}=f_j+\frac{\sigma_j}{S_j^{[I-j-1]}}\sum_{i=0}^{I-j-1}\sqrt{C_{i,j}}\ \tilde{\varepsilon}_{i,j+1} \tag{3.18}$$

其中

$$S_j^{[I-j-1]}=\sum_{i=0}^{I-j-1}C_{i,j} \tag{3.19}$$

注意到为了避免符号复杂，在式（3.18）和下面的推导中，使用前面的记号 $\widehat{f_j}$ 来表示进展因子 f_j 的重复抽样估计。

记重复抽样对应的概率测度为 $P^*_{\mathcal{D}_I}$。给定 $\mathcal{B}_j$，进展因子 f_j 的重复抽样估计与原始的链梯因子估计有相同的分布。给定 $\mathcal{D}_I$ 时，观测值 $\{\tilde{C}_{i,j}; i+j\le I\}$ 以及 $\widehat{f_j}$ 都是随机变量。进一步，给定 $\mathcal{B}_0\subset\mathcal{D}_I$，随机变量 $\tilde{\varepsilon}_{i,j}$ 是相互独立的。

总结起来，我们得到如下结论：

（1）在概率测度 $P^*_{\mathcal{D}_I}$ 下，重复抽样估计量 $\widehat{f_0},\cdots,\widehat{f_{J-1}}$ 是相互独立的；

（2）$E^*_{\mathcal{D}_I}\left[\widehat{f_j}\right]=f_j,\ 0\leqslant j\leqslant J-1$；

（3）$E^*_{\mathcal{D}_I}\left[\left(\widehat{f_j}\right)^2\right]=f_j^2+\sigma_j^2\big/S_j^{[I-j-1]},\ 0\leqslant j\leqslant J-1$。

因此，在条件重复抽样方法中，条件估计误差用下式估计（应用上面的三条性质）：

$$
\begin{aligned}
&C_{i,I-i}^2\ E^*_{\mathcal{D}_I}\left[\left(\widehat{f_{I-i}}\cdots\widehat{f_{J-1}}-f_{I-i}\cdots f_{J-1}\right)^2\right]\\
&=C_{i,I-i}^2\ Var_{P^*_{\mathcal{D}_I}}\left(\widehat{f_{I-i}}\cdots\widehat{f_{J-1}}\right)\\
&=C_{i,I-i}^2\left(\prod_{j=I-i}^{J-1}E^*_{\mathcal{D}_I}\left[\left(\widehat{f_j}\right)^2\right]-\prod_{j=I-l}^{J-1}f_j^2\right)\\
&=C_{i,I-i}^2\left(\prod_{j=I-i}^{J-1}\left(f_j^2+\frac{\sigma_j^2}{S_j^{[I-j-1]}}\right)-\prod_{j=I-i}^{J-1}f_j^2\right)
\end{aligned}
\tag{3.20}
$$

下一步，把参数 $\sigma_{I-i}^2,\cdots,\sigma_{J-1}^2$ 和 $f_{I-i},\cdots,f_{J-1}$ 用估计值代替，得到事故年 $i\in\{1,2,\cdots,I\}$ 的条件估计误差的估计如下：

$$
\begin{aligned}
\widehat{Var}\left(\widehat{C_{i,J}}^{\mathrm{CL}}\middle|\mathcal{D}_I\right)&=\widehat{E^*_{\mathcal{D}_I}}\left[\left(\widehat{C_{i,J}}^{\mathrm{CL}}-E\left[C_{i,J}\middle|\mathcal{D}_I\right]\right)^2\right]\\
&=C_{i,I-i}^2\left(\prod_{j=I-i}^{J-1}\left(\widehat{f_j^2}+\frac{\hat{\sigma}_j^2}{S_j^{[I-j-1]}}\right)-\prod_{j=I-i}^{J-1}\widehat{f_j^2}\right)
\end{aligned}
\tag{3.21}
$$

上述估计值可以写成递推形式。对于 $j\in\{I-i+1,\cdots,J\}$，

$$
\begin{aligned}
\widehat{Var}\left(\widehat{C_{i,j}}^{\mathrm{CL}}\middle|\mathcal{D}_I\right)&=\widehat{Var}\left(\widehat{C_{i,j-1}}^{\mathrm{CL}}\middle|\mathcal{D}_I\right)\widehat{f_{j-1}^2}\\
&\quad+C_{i,I-i}^2\frac{\hat{\sigma}_{j-1}^2}{S_{j-1}^{[I-j]}}\left(\prod_{l=I-i}^{j-2}\left(\widehat{f_l^2}+\frac{\hat{\sigma}_l^2}{S_l^{[I-l-1]}}\right)\right)\\
&=\widehat{Var}\left(\widehat{C_{i,j-1}}^{\mathrm{CL}}\middle|\mathcal{D}_I\right)\left(\widehat{f_{j-1}^2}+\frac{\hat{\sigma}_{j-1}^2}{S_{j-1}^{[I-j]}}\right)\\
&\quad+C_{i,I-i}^2\frac{\hat{\sigma}_{j-1}^2}{S_{j-1}^{[I-j]}}\prod_{l=I-i}^{j-2}\widehat{f_l^2}
\end{aligned}
\tag{3.22}
$$

其中 $\widehat{Var}\left(\widehat{C_{i,I-i}}^{\mathrm{CL}}\middle|\mathcal{D}_I\right)=0$，而空项乘积等于 1。

估计量 3.1（条件情形，单个事故年的 MSEP） 在模型假设 3.2 下，单个事故年 $i\in\{1,2,\cdots,I\}$

的最终索赔的条件 MSEP 估计如下：

$$\widehat{\text{msep}}_{C_{i,J}|\mathcal{D}_I}\left(\widehat{C_{i,J}}^{\text{CL}}\right)=\widehat{E}\left[\left(\widehat{C_{i,J}}^{\text{CL}}-C_{i,J}\right)^2\middle|\mathcal{D}_I\right]$$

$$=\left(\widehat{C_{i,J}}^{\text{CL}}\right)^2\sum_{j=I-i}^{J-1}\frac{\hat{\sigma}_j^2\Big/\widehat{f_j^2}}{\widehat{C_{i,j}}^{\text{CL}}} \tag{3.23}$$

$$+C_{i,I-i}^2\left(\prod_{j=I-i}^{J-1}\left(\frac{\hat{\sigma}_j^2}{S_j^{[I-j-1]}}+\widehat{f_j^2}\right)-\prod_{j=I-i}^{J-1}\widehat{f_j^2}\right)$$

我们可把式（3.23）写成下面的形式：

$$\widehat{\text{msep}}_{C_{i,J}|\mathcal{D}_I}\left(\widehat{C_{i,J}}^{\text{CL}}\right)=\left(\widehat{C_{i,J}}^{\text{CL}}\right)^2\left(\sum_{j=I-i}^{J-1}\frac{\hat{\sigma}_j^2\Big/\widehat{f_j^2}}{\widehat{C_{i,j}}^{\text{CL}}}+\prod_{j=I-i}^{J-1}\left(\frac{\hat{\sigma}_j^2\Big/\widehat{f_j^2}}{S_j^{[I-j-1]}}+1\right)-1\right) \tag{3.24}$$

另外，还可以得到估计误差的如下线性近似：

$$C_{i,I-i}^2\left(\prod_{j=I-i}^{J-1}\left(\widehat{f_j^2}+\frac{\widehat{\sigma}_j^2}{S_j^{[I-j-1]}}\right)-\prod_{j=I-i}^{J-1}\widehat{f_j^2}\right)\approx C_{i,I-i}^2\prod_{j=I-i}^{J-1}\widehat{f_j^2}\sum_{j=I-i}^{J-1}\frac{\hat{\sigma}_j^2\Big/\widehat{f_j^2}}{S_j^{[I-j-1]}} \tag{3.25}$$

由此，即得如下估计量：

估计量 3.2（单个事故年的 MSEP） 在模型假设 3.2，单个事故年 $i\in\{1,2,\cdots,I\}$ 的最终索赔的条件 MSEP 有如下估计量：

$$\widehat{\widehat{\text{msep}}}_{C_{i,J}|\mathcal{D}_I}\left(\widehat{C_{i,J}}^{\text{CL}}\right)=\left(\widehat{C_{i,J}}^{\text{CL}}\right)^2\sum_{j=I-i}^{J-1}\frac{\widehat{\sigma}_j^2}{\widehat{f_j^2}}\left(\frac{1}{\widehat{C_{i,j}}^{\text{CL}}}+\frac{1}{S_j^{[I-j-1]}}\right) \tag{3.26}$$

Mack 方法

Mack（1993）给出了估计参数估计误差的另外一种方法。对 $j\in\{I-i,\cdots,J-1\}$，引入

$$T_j=\widehat{f_{I-i}}\cdots\widehat{f_{j-1}}(f_j-\widehat{f_j})f_{j+1}\cdots f_{J-1} \tag{3.27}$$

注意到

$$(\widehat{f_{I-i}}\cdots\widehat{f_{J-1}}-f_{I-i}\cdots f_{J-1})^2=\left(\sum_{j=I-i}^{J-1}T_j\right)^2 \tag{3.28}$$

这表明（见式（3.14））

$$\left(\widehat{C_{i,J}}^{\text{CL}}-E\left[C_{i,J}\middle|\mathcal{D}_I\right]\right)^2=C_{i,I-i}^2\left(\sum_{j=I-i}^{J-1}T_j^{\,2}+2\sum_{I-i\le j<k\le J-1}T_jT_k\right)$$

现对上式右边中的每一项进行估计。注意到 $E\left[T_k\middle|\mathcal{B}_k\right]=0$。另外对 $j<k$，T_j 是 $\mathcal{B}_k$ 可测的。因此 T_jT_k 的估计量可选为：

$$E\left[T_jT_k\middle|\mathcal{B}_k\right]=T_j\ E\left[T_k\middle|\mathcal{B}_k\right]=0$$

而 $T_j^{\,2}$ 的估计量可选为：

$$E\left[T_j^2\middle|\mathcal{B}_j\right]=\widehat{f_{I-i}^2}\cdots\widehat{f_{j-1}^2}\ E\left[\left(f_j-\widehat{f_j}\right)^2\middle|\mathcal{B}_j\right]f_{j+1}^2\cdots f_{J-1}^2$$

$$= \widehat{f_{I-i}^2} \cdots \widehat{f_{j-1}^2}\ Var\left(\widehat{f_j} \middle| \mathcal{B}_j\right) f_{j+1}^2 \cdots f_{J-1}^2$$

$$= \widehat{f_{I-i}^2} \cdots \widehat{f_{j-1}^2} \frac{\sigma_j^2}{S_j^{[I-j-1]}} f_{j+1}^2 \cdots f_{J-1}^2$$

因此，式（3.14）的一个估计量可选为：

$$C_{i,I-i}^2 \sum_{j=I-i}^{J-1} \widehat{f_{I-i}^2} \cdots \widehat{f_{j-1}^2} \frac{\sigma_j^2}{S_j^{[I-j-1]}} f_{j+1}^2 \cdots f_{J-1}^2 \tag{3.29}$$

在式（3.29）中用估计量 $\widehat{\sigma}_j^2$ 和 $\widehat{f}_j$ 代替未知参数 σ_j^2 和 f_j，就得到形如式（3.25）的估计量。

例 3.1（续）

回到例 3.1，这里计算误差估计。比较表 3.4 和表 3.5，可见分别由条件抽样方法（估计量 3.1）和 Mack 方法（估计量 3.2）得到的条件估计误差的差别可以忽略不计。

表 3.4 CL 准备金和由估计量 3.1 得到的估计误差

i	$\widehat{C_{i,J}}^{\text{CL}}$	CL 准备金	$\widehat{Var}\left(C_{i,J} \middle| \mathcal{D}_I\right)^{1/2}$		$\widehat{Var}\left(\widehat{C_{i,J}}^{\text{CL}} \middle| \mathcal{D}_I\right)^{1/2}$		$\widehat{\text{msep}}_{C_{i,J}\mid\mathcal{D}_I}\left(\widehat{C_{i,J}}^{\text{CL}}\right)^{1/2}$	
0	11148124							
1	10663318	15126	191	1.3%	187	1.2%	267	1.8%
2	10662008	26257	742	2.8%	535	2.0%	914	3.5%
3	9758606	34538	2669	7.7%	1493	4.3%	3058	8.9%
4	9872218	85302	6832	8.0%	3392	4.0%	7628	8.9%
5	10092247	156494	30478	19.5%	13517	8.6%	33341	21.3%
6	9563143	286121	68212	23.8%	27286	9.5%	73467	25.7%
7	8705378	449167	80077	17.8%	29675	6.6%	85398	19.0%
8	8691971	1043242	126960	12.2%	43903	4.2%	134337	12.9%
9	9626383	3950815	389783	9.9%	129770	3.3%	410817	10.4%

表 3.5 CL 准备金和由估计量 3.2 得到的估计误差

i	$\widehat{C_{i,J}}^{\text{CL}}$	CL 准备金	$\widehat{Var}\left(C_{i,J} \middle| \mathcal{D}_I\right)^{1/2}$		$\widehat{Var}\left(\widehat{C_{i,J}}^{\text{CL}} \middle| \mathcal{D}_I\right)^{1/2}$		$\widehat{\widehat{\text{msep}}}_{C_{i,J}\mid\mathcal{D}_I}(\widehat{C_{i,J}}^{\text{CL}})^{1/2}$	
0	11148124							
1	10663318	15126	191	1.3%	187	1.2%	267	1.8%
2	10662008	26257	742	2.8%	535	2.0%	914	3.5%
3	9758606	34538	2669	7.7%	1493	4.3%	3058	8.9%
4	9872218	85302	6832	8.0%	3392	4.0%	7628	8.9%
5	10092247	156494	30478	19.5%	13517	8.6%	33341	21.3%
6	9563143	286121	68212	23.8%	27286	9.5%	73467	25.7%
7	8705378	449167	80077	17.8%	29675	6.6%	85398	19.0%
8	8691971	1043242	126960	12.2%	43903	4.2%	134337	12.9%
9	9626383	3950815	389783	9.9%	129769	3.3%	410817	10.4%

3.2.4 条件 MSEP，各个事故年的汇合

考虑两个不同的事故年 $i < k$。从模型假设 3.1 中我们知道最终损失 $C_{i,J}$ 和 $C_{k,J}$ 是相互独立的。但是，在汇合 $\widehat{C_{i,J}}^{\text{CL}}$ 和 $\widehat{C_{k,J}}^{\text{CL}}$ 时要注意，它们是不独立的，这是因为在估计 f_j 时使用

了相同的观测值。按定义有

$$\mathrm{msep}_{C_{i,J}+C_{k,J}|\mathcal{D}_I}\left(\widehat{C_{i,J}}^{\mathrm{CL}}+\widehat{C_{k,J}}^{\mathrm{CL}}\right)=E\left[\left(\widehat{C_{i,J}}^{\mathrm{CL}}+\widehat{C_{k,J}}^{\mathrm{CL}}-\left(C_{i,J}+C_{k,J}\right)\right)^2\middle|\mathcal{D}_I\right]$$
$$=Var\left(C_{i,J}+C_{k,J}\middle|\mathcal{D}_I\right)$$
$$+\left(\widehat{C_{i,J}}^{\mathrm{CL}}+\widehat{C_{k,J}}^{\mathrm{CL}}-E\left[C_{i,J}+C_{k,J}\middle|\mathcal{D}_I\right]\right)^2$$

应用不同事故年的相互独立性，对于第一项，可得

$$Var\left(C_{i,J}+C_{k,J}\middle|\mathcal{D}_I\right)=Var\left(C_{i,J}\middle|\mathcal{D}_I\right)+Var\left(C_{k,J}\middle|\mathcal{D}_I\right)$$

而对于第二项，可得

$$\left(\widehat{C_{i,J}}^{\mathrm{CL}}+\widehat{C_{k,J}}^{\mathrm{CL}}-E\left[C_{i,J}+C_{k,J}\middle|\mathcal{D}_I\right]\right)^2$$
$$=\left(\widehat{C_{i,J}}^{\mathrm{CL}}-E\left[C_{i,J}\middle|\mathcal{D}_I\right]\right)^2+\left(\widehat{C_{k,J}}^{\mathrm{CL}}-E\left[C_{k,J}\middle|\mathcal{D}_I\right]\right)^2$$
$$+2\left(\widehat{C_{i,J}}^{\mathrm{CL}}-E\left[C_{i,J}\middle|\mathcal{D}_I\right]\right)\left(\widehat{C_{k,J}}^{\mathrm{CL}}-E\left[C_{k,J}\middle|\mathcal{D}_I\right]\right)$$

因此，两个事故年汇合后，条件 MSEP 有下面的分解形式：

$$\mathrm{msep}_{C_{i,J}+C_{k,J}|\mathcal{D}_I}\left(\widehat{C_{i,J}}^{\mathrm{CL}}+\widehat{C_{k,J}}^{\mathrm{CL}}\right)$$
$$=\mathrm{msep}_{C_{i,J}|\mathcal{D}_I}\left(\widehat{C_{i,J}}^{\mathrm{CL}}\right)+\mathrm{msep}_{C_{k,J}|\mathcal{D}_I}\left(\widehat{C_{k,J}}^{\mathrm{CL}}\right)$$
$$+2\left(\widehat{C_{i,J}}^{\mathrm{CL}}-E\left[C_{i,J}\middle|\mathcal{D}_I\right]\right)\left(\widehat{C_{k,J}}^{\mathrm{CL}}-E\left[C_{k,J}\middle|\mathcal{D}_I\right]\right) \tag{3.30}$$

观察上式，除了单个事故年的条件 MSEP 外，还有交叉乘积项

$$\left(\widehat{C_{i,J}}^{\mathrm{CL}}-E\left[C_{i,J}\middle|\mathcal{D}_I\right]\right)\left(\widehat{C_{k,J}}^{\mathrm{CL}}-E\left[C_{k,J}\middle|\mathcal{D}_I\right]\right)$$
$$=C_{i,I-i}(\widehat{f_{I-i}}\cdots\widehat{f_{J-1}}-f_{I-i}\cdots f_{J-1})\times C_{k,I-k}(\widehat{f_{I-k}}\cdots\widehat{f_{J-1}}-f_{I-k}\cdots f_{J-1})$$

在这里，仍使用条件重复抽样方法，即选择概率测度 $P^*_{\mathcal{D}_I}$。我们可以明确计算这些交叉乘积项。由式（3.20），交叉积的估计量为：

$$C_{i,J-i}\ C_{k,J-k}\ E^*_{\mathcal{D}_I}\left[\left(\prod_{j=I-i}^{J-1}\widehat{f}_j-\prod_{j=I-i}^{J-1}f_j\right)\left(\prod_{j=I-k}^{J-1}\widehat{f}_k-\prod_{j=I-k}^{J-1}f_k\right)\right]$$
$$=C_{i,I-i}\ C_{k,I-k}\ Cov_{P^*_{\mathcal{D}_I}}\left(\widehat{f_{I-i}}\cdots\widehat{f_{J-1}},\widehat{f_{I-k}}\cdots\widehat{f_{J-1}}\right)$$
$$=C_{i,I-i}\ C_{k,I-k}\ f_{I-k}\cdots f_{I-i-1}\ Var_{P^*_{\mathcal{D}_I}}\left(\widehat{f_{I-i}}\cdots\widehat{f_{J-1}}\right)$$
$$=C_{i,I-i}\ C_{k,I-k}\ f_{I-k}\cdots f_{I-i-1}\left(\prod_{j=I-i}^{J-1}E^*_{\mathcal{D}_I}\left[\left(\widehat{f}_j\right)^2\right]-\prod_{j=I-i}^{J-1}f_j^2\right)$$
$$=C_{i,I-i}\ E\left[C_{k,I-i}\middle|\mathcal{D}_I\right]\left(\prod_{j=I-i}^{J-1}\left(f_j^2+\frac{\sigma_j^2}{S_j^{[I-j-1]}}\right)-\prod_{j=I-i}^{J-1}f_j^2\right)$$

至此，协方差项的估计就可以由单个事故年的估计得到。

估计量 3.3（汇总事故年的条件 MSEP） 在模型假设 3.2 下，所有事故年的最终索赔的条件

MSEP，有如下估计量

$$\widehat{\mathrm{msep}}_{\sum_i C_{i,J}|\mathcal{D}_I}\left(\sum_{i=1}^{I}\widehat{C_{i,J}}^{\mathrm{CL}}\right)=\hat{E}\left[\left(\sum_{i=1}^{I}\widehat{C_{i,J}}^{\mathrm{CL}}-\sum_{i=1}^{I}C_{i,J}\right)^2\middle|\mathcal{D}_I\right]$$
$$=\sum_{i=1}^{I}\widehat{\mathrm{msep}}_{C_{i,J}|\mathcal{D}_I}\left(\widehat{C_{i,J}}^{\mathrm{CL}}\right)$$
$$+2\sum_{1\le i<k\le I}C_{i,I-i}\ \widehat{C_{k,I-i}}^{\mathrm{CL}}\left(\prod_{j=I-i}^{J-1}\left(\hat{f}_j^2+\frac{\hat{\sigma}_j^2}{S_j^{[I-j-1]}}\right)-\prod_{j=I-i}^{J-1}\hat{f}_j^2\right) \tag{3.31}$$

注记 3.1

- 注意到上述协方差项（式（3.31））的估计可写成如下形式

$$2\sum_{1\le i<k\le I}\frac{\widehat{C_{k,I-i}}^{\mathrm{CL}}}{C_{i,I-i}}\widehat{Var}\left(\widehat{C_{i,J}}^{\mathrm{CL}}\middle|\mathcal{D}_I\right)$$

其中，$\widehat{Var}\left(\widehat{C_{i,J}}^{\mathrm{CL}}\middle|\mathcal{D}_I\right)$是单个事故年 i 的条件估计误差（见式（3.21））。这种表达在编程方面较方便，可采用矩阵乘法。

- 对条件估计误差进行线性近似，得到下面的估计量。

估计量 3.4（汇总事故年的 MSEP，Mack 公式）　在模型假设 3.2 下，所有事故年的最终索赔的条件 MSEP，有下面的估计量

$$\widehat{\widehat{\mathrm{msep}}}_{\sum_i C_{i,J}|\mathcal{D}_I}\left(\sum_{i=1}^{I}\widehat{C_{i,J}}^{\mathrm{CL}}\right)=\sum_{i=1}^{I}\widehat{\widehat{\mathrm{msep}}}_{C_{i,J}|\mathcal{D}_I}\left(\widehat{C_{i,J}}^{\mathrm{CL}}\right)$$
$$+2\sum_{1\le i<k\le I}\widehat{C_{i,J}}^{\mathrm{CL}}\ \widehat{C_{k,J}}^{\mathrm{CL}}\sum_{j=I-i}^{J-1}\frac{\hat{\sigma}_j^2/\hat{f}_j^2}{S_j^{[I-j-1]}} \tag{3.32}$$

例 3.1（续）

这里应用本节的结论，估计所有事故年的最终索赔的条件 MSEP，从而完整地解决例 3.1。数值结果如表 3.6 所示。

表 3.6　CL 准备金和由估计量 3.3 得到的预测均方误差

i	$\widehat{C_{i,J}}^{CL}$	CL 准备金	$\mathrm{Var}\left(C_{i,J}\middle\|\mathcal{D}_I\right)^{1/2}$		$\widehat{Var}\left(\widehat{C_{i,J}}^{\mathrm{CL}}\middle\|\mathcal{D}_I\right)^{1/2}$		$\widehat{\mathrm{msep}}_{C_{i,J}\|\mathcal{D}_I}\left(\widehat{C_{i,J}}^{\mathrm{CL}}\right)^{1/2}$	
0	11148124							
1	10663318	15126	191	1.3%	187	1.2%	267	1.8%
2	10662008	26257	742	2.8%	535	2.0%	914	3.5%
3	9758606	34538	2669	7.7%	1493	4.3%	3058	8.9%
4	9872218	85302	6832	8.0%	3392	4.0%	7628	8.9%
5	10092247	156494	30478	19.5%	13517	8.6%	33341	21.3%
6	9563143	286121	68212	23.8%	27286	9.5%	73467	25.7%
7	8705378	449167	80077	17.8%	29675	6.6%	85398	19.0%
8	8691971	1043242	126960	12.2%	43903	4.2%	134337	12.9%
9	9626383	3950815	389783	9.9%	129770	3.3%	410817	10.4%
协方差项					116811		116811	
合计		6047061	424379	7.0%	185026	3.1%	462960	7.7%

附录 数值实例

例 3.1（与分布无关的链梯法，参数估计、最终损失和索赔准备金估计）

表 3.7 给出了已知的累计赔款流量三角形数据。

表 3.7 累计赔款数据（ $C_{i,j}$ ）

	0	1	2	3	4	5	6	7	8	9
0	5946975	9668212	10563929	10771690	10978394	11040518	11106331	11121181	11132310	11148124
1	6346756	9593162	10316383	10468180	10536004	10572608	10625360	10636546	10648192	
2	6269090	9245313	10092366	10355134	10507837	10573282	10626827	10635751		
3	5863015	8546239	9268771	9459424	9592399	9680740	9724068			
4	5778885	8524114	9178009	9451404	9681692	9786916				
5	6184793	9013132	9585897	9830796	9935753					
6	5600184	8493391	9056505	9282022						
7	5288066	7728169	8256211							
8	5290793	7648729								
9	5675568									

第一步：表 3.8 给出了链梯法中参数 σ_j 的估计过程。

表 3.8 链梯法中参数 σ_j 的估计

进展年 j	0	1	2	3	4	5	6	7	8	9
$\sum_{i=0}^{9-j} C_{i,j}$	58244126	78460461	76318071	69618650	61232079	51654063	42082586	32393478	21780502	11148124
$C_{9-j,j}$	5675568	7648729	8256211	9282022	9935753	9786916	9724068	10635751	10648192	11148124
$\widehat{f}_j$	1.4925	1.0778	1.0229	1.0148	1.0070	1.0051	1.0011	1.0010	1.0014	
$10-j$	10	9	8	7	6	5	4	3	2	1
$\widehat{\sigma}_j$	135.253	33.803	15.760	19.847	9.336	2.001	0.823	0.219	0.059	

其中，第 2 行给出的是截至对角线最近评估日历年，所有事故年在进展年 j 的累计赔款额之和，等于表 3.7 中上三角每列累计赔款额的求和值。第 3 行为对角线最近评估日历年的累计赔款额，对应于表 3.7 中的对角线赔款额。第 4 行给出的是链梯法估计的各进展年的年度进展因子 $\widehat{f}_j$ ，其计算公式为：

$$\widehat{f}_j = \frac{\sum_{i=0}^{8-j} C_{i,j+1}}{\sum_{i=0}^{8-j} C_{i,j}} = \frac{\sum_{i=0}^{9-k} C_{i,k}}{\left(\sum_{i=0}^{9-k} C_{i,k} - C_{9-k,k}\right)} \quad （0 \leqslant j \leqslant 8，\ k = j+1）$$

因此，可以得出 $\widehat{f_0} = \dfrac{78460461}{(58244126 - 5675568)} = 1.4925$，其他进展年的年度进展因子的计算可以类似处理。第 5 行给出的是进展年 j 的观测事故年数。第 6 行给出的是 σ_j 的估计值，其计算公式为：

$$\widehat{\sigma_j} = \sqrt{\frac{1}{9-j-1}\sum_{i=0}^{9-j-1} C_{i,j}\left(\frac{C_{i,j+1}}{C_{i,j}} - \widehat{f_j}\right)^2} \quad (0 \leqslant j \leqslant 7), \qquad \widehat{\sigma_8} = \min\left(\frac{\widehat{\sigma_7}^2}{\widehat{\sigma_6}}, \widehat{\sigma_6}, \widehat{\sigma_7}\right)$$

下面表 3.9 和表 3.10 给出了参数 σ_j 的辅助计算过程。其中，表 3.9 给出了单个链梯进展因子 $F_{i,j} = \dfrac{C_{i,j+1}}{C_{i,j}}$（$i+j \leqslant 8$）流量三角形，进而表 3.10 给出了中间结果 $C_{i,j}\left(F_{i,j} - \widehat{f_j}\right)^2$（$i+j \leqslant 8$）流量三角形。

表 3.9　单个链梯进展因子流量三角形

	0	1	2	3	4	5	6	7	8	9
0	1.6257	1.0926	1.0197	1.0192	1.0057	1.0060	1.0013	1.0010	1.0014	
1	1.5115	1.0754	1.0147	1.0065	1.0035	1.0050	1.0011	1.0011		
2	1.4747	1.0916	1.0260	1.0147	1.0062	1.0051	1.0008			
3	1.4577	1.0845	1.0206	1.0141	1.0092	1.0045				
4	1.4750	1.0767	1.0298	1.0244	1.0109					
5	1.4573	1.0635	1.0255	1.0107						
6	1.5166	1.0663	1.0249							
7	1.4614	1.0683								
8	1.4457									
9										

表 3.10　中间结果 $C_{i,j}\left(F_{i,j} - \widehat{f_j}\right)^2$ 的流量三角形

	0	1	2	3	4	5	6	7	8	9
0	105513	2142	109	204	19	7	1	0		
1	2284	54	687	732	129	0	0	0		
2	1984	1776	101	0	6	0	1			
3	7134	393	49	6	48	4				
4	1768	9	439	857	147					
5	7677	1821	69	171						
6	3250	1115	37							
7	5115	688								
8	11622									
9										

第二步：表 3.11 给出了链梯法得到的下三角累计赔款额的估计值$\widehat{C_{i,j}}^{CL}$（$i+j\geqslant10$）。其计算公式为：

$$\widehat{C_{i,10-i}}^{CL}=C_{i,9-i}\widehat{f_{9-i}}\ (1\leqslant i\leqslant9),\qquad \widehat{C_{i,j+1}}^{CL}=\widehat{C_{i,j}}\widehat{f_j}\ (i+j\geqslant10)$$

表 3.11　下三角累计赔款额的估计值

	0	1	2	3	4	5	6	7	8	9
0										11148124
1									10648192	10663318
2								10635751	10646884	10662008
3							9724068	9734574	9744764	9758606
4						9786916	9837277	9847906	9858214	9872218
5					9935753	10005044	10056528	10067393	10077931	10092247
6				9282022	9419776	9485469	9534279	9544580	9554571	9568143
7			8256211	8445057	8570389	8630159	8674568	8683940	8693030	8705378
8		7648729	8243496	8432051	8557190	8616868	8661208	8670566	8679642	8691971
9	5675568	8470989	9129696	9338521	9477113	9543206	9592313	9602676	9612728	9626383

第三步：表 3.12 给出了链梯法得到的最终损失和索赔准备金的估计值。

表 3.12　链梯法估计的最终损失和索赔准备金

事故年 i	$C_{i,9-i}$	$\widehat{C_{i,9}}^{CL}$	$\widehat{R_i}^{CL}$
0	11148124	11148124	0
1	10648192	10663318	15126
2	10635751	10662008	26257
3	9724068	9758606	34538
4	9786916	9872218	85302
5	9935753	10092247	156494
6	9282022	9568143	286121
7	8256211	8705378	449167
8	7648729	8691971	1043242
9	5675568	9626383	3950815
合计			**6047061**

其中，第 2 列为表 3.11 中的对角线累计赔款额$C_{i,9-i}$，第 3 列的最终损失估计值$\widehat{C_{i,9}}^{CL}$为表 3.11 中的最后一列，第 4 列的索赔准备金的估计值等于第 3 列减去第 2 列，其计算公式为：

$$\widehat{R_i}^{CL}=\widehat{C_{i,9}}^{CL}-C_{i,9-i}\ (1\leqslant i\leqslant9)$$

所有事故年总的索赔准备金的估计值的计算公式为：

$$\widehat{R}^{\mathrm{CL}}=\sum_{i=1}^{9}\widehat{R}_i^{\mathrm{CL}}$$

例 3.1（与分布无关的链梯法，条件过程方差）

表 3.13 给出了已知的累计赔款流量三角形数据，与表 3.7 相同。

表 3.13　累计赔款数据（ $C_{i,j}$ ）

	0	1	2	3	4	5	6	7	8	9
0	5946975	9668212	10563929	10771690	10978394	11040518	11106331	11121181	11132310	11148124
1	6346756	9593162	10316383	10468180	10536004	10572608	10625360	10636546	10648192	
2	6269090	9245313	10092366	10355134	10507837	10573282	10626827	10635751		
3	5863015	8546239	9268771	9459424	9592399	9680740	9724068			
4	5778885	8524114	9178009	9451404	9681692	9786916				
5	6184793	9013132	9585897	9830796	9935753					
6	5600184	8493391	9056505	9282022						
7	5288066	7728169	8256211							
8	5290793	7648729								
9	5675568									

第一步：由表 3.8 得到链梯进展因子 f_j 和参数 σ_j 的估计值，如表 3.14 所示。

表 3.14　链梯进展因子 f_j 和参数 σ_j 的估计

进展年 j	0	1	2	3	4	5	6	7	8	9
$\widehat{f}_j$	1.4925	1.0778	1.0229	1.0148	1.0070	1.0051	1.0011	1.0010	1.0014	
$\widehat{\sigma}_j$	135.253	33.803	15.760	19.847	9.336	2.001	0.823	0.219	0.059	

第二步：单个事故年 i（$1\leqslant i\leqslant 9$）的条件过程方差的计算公式为：

$$\widehat{Var}\left(C_{i,9}\middle|\mathcal{D}_I\right)=\left(\widehat{C_{i,9}}^{\mathrm{CL}}\right)^2\sum_{j=9-i}^{8}\frac{\widehat{\sigma}_j^2\big/\hat{f}_j^2}{\widehat{C_{i,j}}^{\mathrm{CL}}}\quad(1\leqslant i\leqslant 9)$$

所有事故年的条件过程方差的计算公式为：

$$\widehat{Var}\left(\sum\nolimits_{i=1}^{9}C_{i,9}\middle|\mathcal{D}_I\right)=\sum\nolimits_{i=1}^{9}\left(\widehat{C_{i,9}}^{\mathrm{CL}}\right)^2\sum_{j=9-i}^{8}\frac{\widehat{\sigma}_j^2\big/\hat{f}_j^2}{\widehat{C_{i,j}}^{\mathrm{CL}}}$$

下面表 3.15 给出了条件过程方差的辅助计算过程。其中，下三角流量三角形给出的是 $\dfrac{\widehat{\sigma}_j^2\big/\hat{f}_j^2}{\widehat{C_{i,j}}^{\mathrm{CL}}}$（$9-i\leqslant j\leqslant 8$）的估计结果，最后 1 列给出的是事故年 i（$1\leqslant i\leqslant 9$）的 $\sqrt{\sum_{j=9-i}^{8}\dfrac{\widehat{\sigma}_j^2\big/\hat{f}_j^2}{\widehat{C_{i,j}}^{\mathrm{CL}}}}$ 的估计结果。

表 3.15　条件过程方差的辅助计算过程

	0	1	2	3	4	5	6	7	8	9	$\sqrt{\sum_{j=9-i}^{8}\frac{\widehat{\sigma}_j^2/\widehat{f}_j^2}{\widehat{C}_{i,j}^{\mathrm{CL}}}}$
0											
1									3.205E-10		1.79E-05
2								4.518E-09	3.205E-10		6.96E-05
3							6.952E-08	4.936E-09	3.502E-10		2.74E-04
4						4.050E-07	6.872E-08	4.879E-09	3.462E-10		6.92E-04
5					8.652E-06	3.962E-07	6.722E-08	4.773E-09	3.386E-10		3.02E-03
6				4.120E-05	9.126E-06	4.179E-07	7.090E-08	5.034E-09	3.572E-10		7.13E-03
7			2.875E-05	4.529E-05	1.003E-05	4.593E-07	7.793E-08	5.533E-09	3.926E-10		9.20E-03
8		1.286E-04	2.880E-05	4.536E-05	1.005E-05	4.600E-07	7.805E-08	5.542E-09	3.932E-10		1.46E-02
9	1.447E-03	1.161E-04	2.600E-05	4.095E-05	9.071E-06	4.153E-07	7.047E-08	5.004E-09	3.550E-10		4.05E-02

第三步：表 3.16 给出了链梯法估计的条件过程标准差和相应的变异系数。其中，第 2～4 列与表 3.12 的第 2～4 列相同，第 5 列给出的单个事故年 i（$1 \leqslant i \leqslant 9$）的条件过程标准差是条件过程方差的平方根，等于第 3 列乘以表 3.15 中的最后 1 列，第 6 列为条件过程标准差的变异系数 CV_1，等于第 5 列除以第 4 列。

表 3.16　链梯法估计的条件过程标准差

事故年 i	$C_{i,9-i}$	$\widehat{C}_{i,9}^{\mathrm{CL}}$	$\widehat{R}_i^{\mathrm{CL}}$	$\sqrt{\widehat{Var}\left(C_{i,9}\middle\vert\mathcal{D}_I\right)}$	CV_1
0	11148124	11148124	0		
1	10648192	10663318	15126	191	1.3%
2	10635751	10662008	26257	742	2.8%
3	9724068	9758606	34538	2669	7.7%
4	9786916	9872218	85302	6832	8.0%
5	9935753	10092247	156494	30478	19.5%
6	9282022	9568143	286121	68212	23.8%
7	8256211	8705378	449167	80077	17.8%
8	7648729	8691971	1043242	126960	12.2%
9	5675568	9626383	3950815	389783	9.9%
合计			**6047061**	**424379**	**7.0%**

例 3.1（与分布无关的链梯法，估计误差，基于估计量 3.3）

表 3.17 给出了已知的累计赔款流量三角形数据，与表 3.7 相同。

表 3.17 累计赔款数据（$C_{i,j}$）

	0	1	2	3	4	5	6	7	8	9
0	5946975	9668212	10563929	10771690	10978394	11040518	11106331	11121181	11132310	11148124
1	6346756	9593162	10316383	10468180	10536004	10572608	10625360	10636546	10648192	
2	6269090	9245313	10092366	10355134	10507837	10573282	10626827	10635751		
3	5863015	8546239	9268771	9459424	9592399	9680740	9724068			
4	5778885	8524114	9178009	9451404	9681692	9786916				
5	6184793	9013132	9585897	9830796	9935753					
6	5600184	8493391	9056505	9282022						
7	5288066	7728169	8256211							
8	5290793	7648729								
9	5675568									

第一步：由表 3.8 得到链梯进展因子 f_j 和参数 σ_j 的估计，如表 3.18 所示。其中，第 3 行中，$\sum_{i=0}^{8-j} C_{i,j} = \sum_{i=0}^{9-k} C_{i,k} - C_{9-k,k}$（$k = j+1$），即等于表 3.8 中的第 2 行减去第 3 行。

表 3.18 链梯进展因子 f_j 和参数 σ_j 的估计

进展年 j	0	1	2	3	4	5	6	7	8	9
$\widehat{f}_j$	1.4925	1.0778	1.0229	1.0148	1.0070	1.0051	1.0011	1.0010	1.0014	
$\sum_{i=0}^{8-j} C_{i,j}$	52568558	70811732	68061860	60336628	51296326	41867147	32358518	21757727	11132310	
$\widehat{\sigma}_j$	135.253	33.803	15.760	19.847	9.336	2.001	0.823	0.219	0.059	

第二步：单个事故年 i（$1 \leqslant i \leqslant 9$）的估计误差的计算公式为：

$$\widehat{Var}\left(\widehat{C_{i,9}}^{\mathrm{CL}} \middle| \mathcal{D}_I\right) = \left(\widehat{C_{i,9}}^{\mathrm{CL}}\right)^2 \left(\prod_{j=9-i}^{8}\left(\frac{\widehat{\sigma}_j^2 / \hat{f}_j^2}{\sum_{i=0}^{8-j} C_{i,j}} + 1\right) - 1\right) \quad (1 \leqslant i \leqslant 9)$$

所有事故年的估计误差的计算公式为：

$$\sum_{i=1}^{9}\left(\widehat{C_{i,9}}^{\mathrm{CL}}\right)^2 \left(\prod_{j=9-i}^{8}\left(\frac{\widehat{\sigma}_j^2 / \hat{f}_j^2}{\sum_{i=0}^{8-j} C_{i,j}} + 1\right) - 1\right) + 2\sum_{1 \leq i < k \leq 9} \widehat{C_{i,9}}^{\mathrm{CL}} \widehat{C_{k,9}}^{\mathrm{CL}} \left(\prod_{j=9-i}^{8}\left(\frac{\widehat{\sigma}_j^2 / \hat{f}_j^2}{\sum_{i=0}^{8-j} C_{i,j}} + 1\right) - 1\right)$$

其中，第二项为估计误差的协方差项。

下面表 3.19 和表 3.20 给出了由估计量 3.3 得到的估计误差的辅助计算过程。其中，表 3.19 给出了单个事故年 i（$1 \leqslant i \leqslant 9$）的估计误差的中间计算过程。表 3.20 给出了所有事故年的估计误差的协方差项的中间计算过程，从中可以看出，协方差项的平方根的估计结果为：

$$\sqrt{2\sum_{1 \leqslant i < k \leqslant 9} \widehat{C_{i,9}}^{\mathrm{CL}} \widehat{C_{k,9}}^{\mathrm{CL}} \sum_{j=9-i}^{8} \frac{\widehat{\sigma}_j^2 / \hat{f}_j^2}{\sum_{i=0}^{8-j} C_{i,j}}} = 116811$$

表 3.19　由估计量 3.3 得到的估计误差的辅助计算过程 Ⅰ

进展年 j	0	1	2	3	4	5	6	7	8	9
$\frac{\hat{\sigma}_j^2/\hat{f}_j^2}{\sum_{i=0}^{8-j} C_{i,j}}+1$	1.0002	1.0000	1.0000	1.0000	1.0000	1.0000	1.0000	1.0000	1.0000	
$\prod_j^8\left(\frac{\hat{\sigma}_j^2/\hat{f}_j^2}{\sum_{i=0}^{8-j} C_{i,j}}+1\right)$	1.0002	1.0000	1.0000	1.0000	1.0000	1.0000	1.0000	1.0000	1.0000	1
常数 1	1.0000	1.0000	1.0000	1.0000	1.0000	1.0000	1.0000	1.0000	1.0000	1
$\prod_j^8\left(\frac{\hat{\sigma}_j^2/\hat{f}_j^2}{\sum_{i=0}^{8-j} C_{i,j}}+1\right)-1$	1.82E-04	2.55E-05	1.16E-05	8.13E-06	1.79E-06	1.18E-07	2.34E-08	2.51E-09	3.07E-10	
$\sqrt{\prod_j^8\left(\frac{\hat{\sigma}_j^2/\hat{f}_j^2}{\sum_{i=0}^{8-j} C_{i,j}}+1\right)-1}$	1.35E-02	5.05E-03	3.41E-03	2.85E-03	1.34E-03	3.44E-04	1.53E-04	5.01E-05	1.75E-05	

表 3.20　由估计量 3.3 得到的估计误差的辅助计算过程 Ⅱ（估计误差的协方差项）

事故年 i	0	1	2	3	4	5	6	7	8	9	$\widehat{C}_{i,9}^{\mathrm{CL}}$	$\prod_{j=9-i}^{8}\left(\frac{\hat{\sigma}_j^2/\hat{f}_j^2}{\sum_{i=0}^{8-j} C_{i,j}}+1\right)-1$
0												
1			3.49E+04	3.19E+04	3.23E+04	3.30E+04	3.13E+04	2.85E+04	2.84E+04	3.15E+04	10663318	3.07E-10
2				2.62E+05	2.65E+05	2.71E+05	2.57E+05	2.33E+05	2.33E+05	2.58E+05	10662008	2.51E-09
3					2.25E+06	2.31E+06	2.19E+06	1.99E+06	1.99E+06	2.20E+06	9758606	2.34E-08
4						1.18E+07	1.12E+07	1.01E+07	1.01E+07	1.12E+07	9872218	1.18E-07
5							1.73E+08	1.58E+08	1.57E+08	1.74E+08	10092247	1.79E-06
6								6.77E+08	6.76E+08	7.49E+08	9568143	8.13E-06
7									8.79E+08	9.74E+08	8705378	1.16E-05
8										2.13E+09	8691971	2.55E-05
9											9626383	1.82E-04
$\widehat{C}_{i,9}^{\mathrm{CL}}$		10663318	10662008	9758606	9872218	10092247	9568143	8705378	8691971	9626383		
协方差项												**116811**

第三步：表 3.21 给出了由估计量 3.3 得到的链梯法估计误差的平方根、预测均方误差的平方根，以及相应的变异系数。

表 3.21　由估计量 3.3 得到的链梯法估计误差和预测均方误差

事故年 i	$C_{i,9-i}$	$\widehat{C_{i,9}}^{CL}$	$\widehat{R_i}^{CL}$	$\sqrt{\widehat{Var}\left(\widehat{C_{i,9}}^{CL}\middle\|\mathcal{D}_I\right)}$	CV CV_2	$\sqrt{\widehat{\mathrm{MSEP}_{C_{i,J}\|\mathcal{D}_I}}(\widehat{C_{i,9}}^{CL})}$	CV
0	11148124	11148124	0				
1	10648192	10663318	15126	187	1.2%	267	1.8%
2	10635751	10662008	26257	535	2.0%	914	3.5%
3	9724068	9758606	34538	1493	4.3%	3058	8.9%
4	9786916	9872218	85302	3392	4.0%	7628	8.9%
5	9935753	10092247	156494	13517	8.6%	33341	21.3%
6	9282022	9568143	286121	27286	9.5%	73467	25.7%
7	8256211	8705378	449167	29675	6.6%	85398	19.0%
8	7648729	8691971	1043242	43903	4.2%	134337	12.9%
9	5675568	9626383	3950815	129770	3.3%	410817	10.4%
合计			**6047061**	**185026**	**3.1%**	**462960**	**7.7%**

其中，第 2～4 列与表 3.12 中的第 2～4 列相同。第 5 列给出的单个事故年 i（$1 \leqslant i \leqslant 9$）的估计误差的平方根等于表 3.20 中第 12 列与第 13 列的平方根的乘积，第 6 列等于第 5 列除以第 4 列。第 7 列给出的是预测均方误差的平方根，等于过程方差和估计误差之和的平方根，即等于第 5 列与表 3.16 中第 5 列的平方和，再开平方，第 8 列等于第 7 列除以第 4 列。

例 3.1（与分布无关的链梯法，估计误差，基于估计量 3.4）

表 3.22 给出了已知的累计赔款流量三角形数据。

表 3.22　累计赔款数据（$C_{i,j}$）

	0	1	2	3	4	5	6	7	8	9
0	5946975	9668212	10563929	10771690	10978394	11040518	11106331	11121181	11132310	11148124
1	6346756	9593162	10316383	10468180	10536004	10572608	10625360	10636546	10648192	
2	6269090	9245313	10092366	10355134	10507837	10573282	10626827	10635751		
3	5863015	8546239	9268771	9459424	9592399	9680740	9724068			
4	5778885	8524114	9178009	9451404	9681692	9786916				
5	6184793	9013132	9585897	9830796	9935753					
6	5600184	8493391	9056505	9282022						
7	5288066	7728169	8256211							
8	5290793	7648729								
9	5675568									

第一步：由表 3.8 得到链梯进展因子 f_j 和参数 σ_j 的估计，如表 3.23 所示。其中，第 3 行中，$\sum_{i=0}^{8-j} C_{i,j} = \sum_{i=0}^{9-j} C_{i,j} - C_{9-j,j}$，即等于表 3.8 中的第 2 行减去第 3 行。

表 3.23　链梯进展因子 f_j 和参数 σ_j 的估计

进展年 j	0	1	2	3	4	5	6	7	8	9
$\widehat{f_j}$	1.4925	1.0778	1.0229	1.0148	1.0070	1.0051	1.0011	1.0010	1.0014	1.4925
$\sum_{i=0}^{8-j} C_{i,j}$	52568558	70811732	68061860	60336628	51296326	41867147	32358518	21757727	11132310	52568558
$\widehat{\sigma_j}$	135.253	33.803	15.760	19.847	9.336	2.001	0.823	0.219	0.059	135.253

第二步：单个事故年 i（$1\leqslant i\leqslant 9$）的估计误差的计算公式为：

$$\widehat{Var}\left(\widehat{C_{i,9}}^{\mathrm{CL}}\middle|\mathcal{D}_I\right)=(\widehat{C_{i,9}}^{\mathrm{CL}})^2\left(\prod_{j=9-i}^{8}\left(\frac{\widehat{\sigma}_j^2\big/\hat{f}_j^2}{\sum_{i=0}^{8-j}C_{i,j}}+1\right)-1\right)\approx(\widehat{C_{i,9}}^{\mathrm{CL}})^2\sum_{j=9-i}^{8}\frac{\widehat{\sigma}_j^2\big/\hat{f}_j^2}{\sum_{i=0}^{8-j}C_{i,j}}\quad(1\leqslant i\leqslant 9)$$

所有事故年的估计误差的计算公式为：

$$\sum_{i=1}^{9}(\widehat{C_{i,9}}^{\mathrm{CL}})^2\sum_{j=9-i}^{8}\frac{\widehat{\sigma}_j^2\big/\hat{f}_j^2}{\sum_{i=0}^{8-j}C_{i,j}}+2\sum_{1\le i<k\le 9}\widehat{C_{i,9}}^{\mathrm{CL}}\widehat{C_{k,9}}^{\mathrm{CL}}\sum_{j=9-i}^{8}\frac{\widehat{\sigma}_j^2\big/\hat{f}_j^2}{\sum_{i=0}^{8-j}C_{i,j}}$$

其中，第二项为估计误差的协方差项。

下面表 3.24 和表 3.25 给出了由估计量 3.4 得到的估计误差的辅助计算过程。其中，表 3.24 给出了单个事故年 i 的估计误差的中间计算过程。表 3.25 给出了所有事故年的估计误差的协方差项的中间计算过程，从中可以看出，协方差项的平方根的估计结果为：

$$\sqrt{2\sum_{1\le i<k\le 9}\widehat{C_{i,9}}^{\mathrm{CL}}\widehat{C_{k,9}}^{\mathrm{CL}}\sum_{j=9-i}^{8}\frac{\widehat{\sigma}_j^2\big/\hat{f}_j^2}{\sum_{i=0}^{8-j}C_{i,j}}}=116810$$

表 3.24　由估计量 3.4 得到的估计误差的辅助计算过程 I

进展年 j	0	1	2	3	4	5	6	7	8	9
$\frac{\widehat{\sigma}_j^2/\hat{f}_j^2}{\sum_{i=0}^{8-j}C_{i,j}}$	1.56E-04	1.39E-05	3.49E-06	6.34E-06	1.68E-06	9.47E-08	2.09E-08	2.21E-09	3.07E-10	
$\sum_{j}^{8}\frac{\widehat{\sigma}_j^2/\hat{f}_j^2}{\sum_{i=0}^{8-j}C_{i,j}}$	1.82E-04	2.55E-05	1.16E-05	8.13E-06	1.79E-06	1.18E-07	2.34E-08	2.51E-09	3.07E-10	
$\sqrt{\sum_{j}^{8}\frac{\widehat{\sigma}_j^2/\hat{f}_j^2}{\sum_{i=0}^{8-j}C_{i,j}}}$	1.35E-02	5.05E-03	3.41E-03	2.85E-03	1.34E-03	3.44E-04	1.53E-04	5.01E-05	1.75E-05	

表 3.25　由估计量 3.4 得到的估计误差的辅助计算过程 Ⅱ（估计误差的协方差项）

事故年 i	0	1	2	3	4	5	6	7	8	9	$\widehat{C_{i,9}}^{CL}$	$\sum_j^8 \frac{\hat{\sigma}_j^2 / \hat{f}_j^2}{\sum_{i=0}^{8-j} C_{i,j}}$
0												
1			3.49E+04	3.19E+04	3.23E+04	3.30E+04	3.13E+04	2.85E+04	2.84E+04	3.15E+04	10663318	3.07E-10
2				2.62E+05	2.65E+05	2.71E+05	2.57E+05	2.33E+05	2.33E+05	2.58E+05	10662008	2.51E-09
3					2.25E+06	2.31E+06	2.19E+06	1.99E+06	1.99E+06	2.20E+06	9758606	2.34E-08
4						1.18E+07	1.12E+07	1.01E+07	1.01E+07	1.12E+07	9872218	1.18E-07
5							1.73E+08	1.58E+08	1.57E+08	1.74E+08	10092247	1.79E-06
6								6.77E+08	6.76E+08	7.49E+08	9568143	8.13E-06
7									8.79E+08	9.74E+08	8705378	1.16E-05
8										2.13E+09	8691971	2.55E-05
9											9626383	1.82E-04
$\widehat{C_{i,9}}^{CL}$		10663318	10662008	9758606	9872218	10092247	9568143	8705378	8691971	9626383		
协方差项												**116810**

第三步：表 3.26 给出了由估计量 3.4 得到的链梯法估计误差的平方根、预测均方误差的平方根，以及相应的变异系数。

表 3.26　由估计量 3.4 得到的链梯法估计误差和预测均方误差

事故年 i	$C_{i,9-i}$	$\widehat{C_{i,9}}^{CL}$	$\widehat{R_i}^{CL}$	$\sqrt{\widehat{Var}\left(\widehat{C_{i,9}}^{CL} \middle\vert \mathcal{D}_I\right)}$	CV CV_2	$\sqrt{\widehat{\mathrm{MSEP}}_{C_{i,9}\vert\mathcal{D}_I}(\widehat{C_{i,9}}^{CL})}$	CV
0	11148124	11148124	0				
1	10648192	10663318	15126	187	1.2%	267	1.8%
2	10635751	10662008	26257	535	2.0%	914	3.5%
3	9724068	9758606	34538	1493	4.3%	3058	8.9%
4	9786916	9872218	85302	3392	4.0%	7628	8.9%
5	9935753	10092247	156494	13517	8.6%	33341	21.3%
6	9282022	9568143	286121	27286	9.5%	73467	25.7%
7	8256211	8705378	449167	29675	6.6%	85398	19.0%
8	7648729	8691971	1043242	43903	4.2%	134337	12.9%
9	5675568	9626383	3950815	129769	3.3%	410817	10.4%
合计			**6047061**	**185024**	**3.1%**	**462960**	**7.7%**

其中，第 2～4 列与表 3.12 中的第 2～4 列相同。第 5 列给出的单个事故年 i（$1 \leqslant i \leqslant 9$）的估计误差的平方根等于表 3.25 中第 12 列与第 13 列的平方根的乘积，第 6 列等于第 5 列除以第 4 列。第 7 列给出的是预测均方误差的平方根，等于过程方差和估计误差之和的平方根，即等于第 5 列与表 3.16 中第 5 列的平方和，再开平方，第 8 列等于第 7 列除以第 4 列。

例 3.2（扩展的链梯模型——流量三角形中事故年数大于进展年数的情形）

下面的链梯分析，基于模型假设 3.1。

表 3.27 给出了已知的业务 A 的累计赔款流量三角形数据。

表 3.27　业务 A 的累计赔款数据（ $C_{i,j}$ ）

	0	1	2	3	4	5	6	7	8	9	10
0	111551	154622	156159	156759	157583	158666	160448	160552	160568	160617	160621
1	116163	171449	175502	176533	176989	177269	178488	178556	178620	178621	178644
2	127615	189682	193823	196324	198632	200299	202740	203848	204168	205560	205562
3	147659	217342	220123	222731	222916	223320	223447	223566	227103	227127	227276
4	157495	212770	219680	220978	221276	223724	223743	223765	223669	223601	223558
5	154969	213352	219201	220469	222751	223958	224005	224030	223975	224048	224036
6	152833	209969	214692	220040	223467	223754	223752	223593	223585	223688	223697
7	144223	207644	212443	214108	214661	214610	214564	214484	214459	214459	
8	145612	209604	214161	215982	217962	220783	221078	221614	221616		
9	196695	282621	288676	290036	292206	294531	294671	294705			
10	181381	260308	266497	269130	269404	269691	269720				
11	177168	263130	268848	270787	271624	271688					
12	156505	230607	237102	244847	245940						
13	157839	239723	261213	264755							
14	159429	233309	239800								
15	169990	246019									
16	173377										

链梯法中的参数估计

第一步：表 3.28 给出了链梯法中参数 σ_j 的估计过程。

表 3.28　链梯法中参数 σ_j 的估计

进展年 j	0	1	2	3	4	5	6	7	8	9	10
$\sum_{i=0}^{16-j} C_{i,j}$	2630506	3542150	3387920	3183478	2935412	2702294	2436658	2168712	1877763	1657720	1443394
$C_{16-j,j}$	173377	246019	239800	264755	245940	271688	269720	294705	221616	214459	223697
$\widehat{f}_j$	1.4416	1.0278	1.0112	1.0057	1.0048	1.0025	1.0008	1.0020	1.0010	1.0001	
$17-j$	17	16	15	14	13	12	11	10	9	8	7
$\widehat{\sigma}_j$	18.3478	8.7551	3.9082	2.2050	2.1491	2.0887	0.8302	2.4751	1.0757	0.1280	

其中，第 2 行给出的是截至最近评估日历年，所有事故年在进展年 j 的累计赔款额之和，等于表 3.27 中每列累计赔款额的求和值。第 3 行为最近评估日历年的累计赔款额，对应于表

3.27 中的对角线赔款额。第 4 行给出的是链梯法估计的各进展年的年度进展因子 $\widehat{f_j}$，其计算公式为：

$$\widehat{f_j}=\frac{\sum_{i=0}^{15-j}C_{i,j+1}}{\sum_{i=0}^{15-j}C_{i,j}}=\frac{\sum_{i=0}^{16-k}C_{i,k}}{\left(\sum_{i=0}^{16-k}C_{i,k}-C_{16-k,k}\right)}\quad（0\leqslant j\leqslant 9，\ k=j+1）$$

因此，可以得出 $\widehat{f_0}=\dfrac{3542150}{(2630506-173377)}=1.4416$，其他进展年的年度进展因子的计算可以类似处理。第 5 行给出的是进展年 j 的观测事故年数。第 6 行给出的是 σ_j 的估计值，其计算公式为：

$$\widehat{\sigma_j}=\sqrt{\frac{1}{16-j-1}\sum_{i=0}^{16-j-1}C_{i,j}\left(\frac{C_{i,j+1}}{C_{i,j}}-\widehat{f_j}\right)^2}\quad（0\leqslant j\leqslant 9）$$

下面表 3.29 和表 3.30 给出了参数 σ_j 的辅助计算过程。其中，表 3.29 给出了单个链梯进展因子 $F_{i,j}=\dfrac{C_{i,j+1}}{C_{i,j}}$（$i+j\leqslant 15$，$0\leqslant j\leqslant 9$）流量三角形，进而表 3.30 给出了中间结果 $C_{i,j}\left(F_{i,j}-\widehat{f_j}\right)^2$（$i+j\leqslant 15$，$0\leqslant j\leqslant 9$）流量三角形。

表 3.29　单个链梯进展因子流量三角形

	0	1	2	3	4	5	6	7	8	9	10
0	1.3861	1.0099	1.0038	1.0053	1.0069	1.0112	1.0006	1.0001	1.0003	1.0000	
1	1.4759	1.0236	1.0059	1.0026	1.0016	1.0069	1.0004	1.0004	1.0000	1.0001	
2	1.4864	1.0218	1.0129	1.0118	1.0084	1.0122	1.0055	1.0016	1.0068	1.0000	
3	1.4719	1.0128	1.0118	1.0008	1.0018	1.0006	1.0005	1.0158	1.0001	1.0007	
4	1.3510	1.0325	1.0059	1.0014	1.0111	1.0001	1.0001	0.9996	0.9997	0.9998	
5	1.3767	1.0274	1.0058	1.0104	1.0054	1.0002	1.0001	0.9998	1.0003	0.9999	
6	1.3738	1.0225	1.0249	1.0156	1.0013	1.0000	0.9993	1.0000	1.0005	1.0000	
7	1.4397	1.0231	1.0078	1.0026	0.9998	0.9998	0.9996	0.9999	1.0000		
8	1.4395	1.0217	1.0085	1.0092	1.0129	1.0013	1.0024	1.0000			
9	1.4368	1.0214	1.0047	1.0075	1.0080	1.0005	1.0001				
10	1.4351	1.0238	1.0099	1.0010	1.0011	1.0001					
11	1.4852	1.0217	1.0072	1.0031	1.0002						
12	1.4735	1.0282	1.0327	1.0045							
13	1.5188	1.0896	1.0136								
14	1.4634	1.0278									
15	1.4473										
16											

表 3.30　中间结果 $C_{i,j}\left(F_{i,j}-\widehat{f_j}\right)^2$ 的流量三角形

	0	1	2	3	4	5	6	7	8	9	10
0	343	50	9	0	1	12	0	1	0	0	
1	137	3	5	2	2	3	0	0	0	0	
2	256	7	1	7	3	19	4	0	7	0	
3	136	49	0	5	2	1	0	43	0	0	
4	1,293	5	6	4	9	1	0	1	0	0	
5	652	0	7	5	0	1	0	1	0	0	
6	701	6	40	21	3	1	1	1	0	0	
7	0	5	2	2	5	2	0	1	0		
8	1	8	2	3	15	0	1	1			
9	4	12	12	1	3	1	0				
10	8	4	0	6	4	2					
11	337	10	4	2	6						
12	159	0	109	0							
13	941	916	1								
14	76	0									
15	5										
16											

第二步：表 3.31 给出了链梯法得到的下三角累计赔款额的估计值$\widehat{C_{i,j}}^{CL}$（$i+j\geqslant 17$，$1\leqslant j\leqslant 10$）。其计算公式为：

$$\widehat{C_{i,17-i}}^{CL}=C_{i,16-i}\widehat{f_{16-i}}\quad（7\leqslant i\leqslant 16）$$

$$\widehat{C_{i,j+1}}^{CL}=\widehat{C_{i,j}}\widehat{f_j}\quad（i+j\geqslant 17，1\leqslant j\leqslant 10）$$

表 3.31　下三角累计赔款额的估计值

	0	1	2	3	4	5	6	7	8	9	10
0											
1											
2											
3											
4											
5											
6											223697
7										214459	214479
8									221616	221827	221847
9								294705	295296	295576	295603
10							269720	269941	270482	270739	270764
11						271688	272365	272588	273134	273394	273419
12					245940	247113	247728	247931	248428	248664	248687
13				264755	266269	267538	268205	268424	268962	269218	269242
14			239800	242493	243880	245043	245653	245854	246347	246581	246603
15		246019	252870	255710	257172	258398	259041	259253	259773	260020	260044
16	173377	249938	256898	259783	261269	262514	263168	263383	263911	264162	264186

第三步：表 3.32 给出了链梯法得到的最终损失和索赔准备金的估计值。

其中，第 2 列为表 3.31 中的对角线累计赔款额 $C_{i,16-i}$ （$7\leqslant i\leqslant 16$），第 3 列的最终损失估计值 $\widehat{C_{i,10}}^{\mathrm{CL}}$ （$7\leqslant i\leqslant 16$）为表 3.31 中的最后一列，第 4 列的索赔准备金估计值等于第 3 列减去第 2 列，其计算公式为：

$$\widehat{R_i}^{\mathrm{CL}}=\widehat{C_{i,10}}^{\mathrm{CL}}-C_{i,16-i}\quad(7\leqslant i\leqslant 16)$$

所有事故年总的索赔准备金的估计值的计算公式为：

$$\widehat{R}^{\mathrm{CL}}=\sum_{i=7}^{16}\widehat{R_i}^{\mathrm{CL}}$$

表 3.32　链梯法估计的最终损失和索赔准备金

事故年 i	$C_{i,16-i}$	$\widehat{C_{i,10}}^{\mathrm{CL}}$	$\widehat{R_i}^{\mathrm{CL}}$
0			
1			
2			
3			
4			
5			
6			
7	214459	214479	20
8	221616	221847	231
9	294705	295603	898
10	269720	270764	1044
11	271688	273419	1731
12	245940	248687	2747
13	264755	269242	4487
14	239800	246603	6803
15	246019	260044	14025
16	173377	264186	90809
总计			**122795**

第四章　贝叶斯模型

广义而言，索赔准备金评估的贝叶斯方法可被视为一种把专家意见或先验经验与观察结果相结合，从而得到最终索赔的估计的方法。在最简单的情形下，先验信息给定为单个值，如最终索赔的先验估计或平均损失率的先验估计。然而，在严格意义上讲，对索赔准备金评估的贝叶斯方法，先验信息是随机数量（如最终索赔或风险参数）的先验分布。贝叶斯推断可理解为把随机数量的先验分布与给定上三角的观测数据结合在一起的过程，这通过贝叶斯定理来实现。按这种方式，有时候可得到关于最终索赔的先验分布的解析表达式，它反映了由观察数据导致的不确定性的改变。最终索赔的后验期望称为最终索赔的贝叶斯估计，它在所有作为观测数据的平方可积函数估计量中，平方损失是最小的。

在有些情形，我们无法准确计算最终索赔的后验分布，此时有很多其他方法可供选择。一方面，我们可以应用数值算法生成经验的后验分布（如马尔科夫—蒙特卡罗方法 MCMC）。这些方法的优点在于它们能够在任意的分布模型下给出分布结果，而不仅限于在特定分布假设下的前二阶矩的估计。然而，难点在于解释数值结果，这是因为如果我们不能得到解析解，那么对参数敏感性进行分析是很难的。

另一方面，还有线性信度方法，它把最优估计的选择限制于一个较小的估计量类内，即观察数据的线性函数。由这些方法，借助于二阶矩如变异系数，仅得到不确定性估计的解析公式。在实际应用中，这往往就足够了，并考虑到了对所涉及的参数的解释。

在本章开始，我们先介绍两节入门知识，逐步引入贝叶斯推断。

4.1　BH 方法和 Cape-Cod 模型

作为本章的预备知识，我们首先介绍两种索赔准备金评估方法。以严格意义上来说，它们不属于贝叶斯模型，但可引导我们了解贝叶斯方法。

4.1.1　BH 方法

这种方法由 Benktander（1976）和 Hovinen（1981）分别独立提出。

对给定事故年 $i \geqslant 1$。假设已知 $E[C_{i,J}]$ 的先验估计 μ_i，以及索赔进展模式 $(\beta_j)_{0\leqslant j\leqslant J}$，使得 $E[C_{i,j}]=\mu_i \cdot \beta_j$ 成立。由于 BF 方法完全忽略了对角线观察值 $C_{i,I-i}$ 的影响，而 CL 法完全忽略了已有的先验估计值 μ_i，因此我们可以考虑这两种方法的信度混合：对于 $c \in [0,1]$，定义以下信度加权公式

$$u_i(c)=c\,\widehat{C_{i,J}}^{\mathrm{CL}}+(1-c)\mu_i \tag{4.1}$$

其中$\widehat{C_{i,J}}^{\mathrm{CL}}$是最终索赔的CL估计，$\mu_i$是最终索赔的先验点估计。随着时间$j$的推移，我们得到关于$C_{i,J}$的更多信息。因此，随着$C_{i,J}$的进展，权重参数$c$也会增大。Benktander（1976）建议$c=\beta_{I-i}$，即得下面的估计量。

估计量 4.1 BH 估计量为：

$$\widehat{C_{i,J}}^{\mathrm{BH}}=C_{i,I-i}+(1-\beta_{I-i})\cdot\left(\beta_{I-i}\cdot\widehat{C_{i,J}}^{\mathrm{CL}}+(1-\beta_{I-i})\cdot\mu_i\right)\qquad (1\leqslant i\leqslant I) \tag{4.2}$$

注意到，我们可用 CL 因子$(f_j)_{0\leqslant j\leqslant J}$表示索赔进展模式$(\beta_j)_{0\leqslant j\leqslant J}$。应用关于 BF 方法的模型假设 2.3，可得到所需结果。在本节中规定：

$$\beta_j=\prod_{k=j}^{J-1}f_k^{-1} \tag{4.3}$$

由于进展模式β_j是已知的，CL 因子也是已知的（见式（4.3）），因此可记

$$\widehat{f_j}=f_j,\ 0\leqslant j\leqslant J-1$$

那么 BH 估计量，即式（4.2）可表示为以下形式：

$$\begin{aligned}\widehat{C_{i,J}}^{\mathrm{BH}}&=\beta_{I-i}\cdot\widehat{C_{i,J}}^{\mathrm{CL}}+(1-\beta_{I-i})\cdot\widehat{C_{i,J}}^{\mathrm{BF}}\\&=C_{i,I-i}+(1-\beta_{I-i})\cdot\widehat{C_{i,J}}^{\mathrm{BF}}\end{aligned} \tag{4.4}$$

注记 4.1

- 式（4.4）表明 BH 估计量可视为迭代的 BF 估计，它用 BF 估计作为新的先验估计。
- 下一个引理表明，权重β_{I-i}并不是迭代的不动点，这是因为 BH 估计对应于$1-(1-\beta_{I-i})^2$。

引理 4.1 在已知索赔进展模式$(\beta_j)_{0\leqslant j\leqslant J}$的假设下，并由式（4.3）确定，那么就有

$$\widehat{C_{i,J}}^{\mathrm{BH}}=u_i\cdot\left(1-(1-\beta_{I-i})^2\right),\quad 1\leqslant i\leqslant I$$

其中函数$u_i(\cdot)$由式（4.1）给出。

证明：

$$\begin{aligned}\widehat{C_{i,J}}^{\mathrm{BH}}&=C_{i,I-i}+(1-\beta_{I-i})\cdot\left(\beta_{I-i}\cdot\widehat{C_{i,J}}^{\mathrm{CL}}+(1-\beta_{I-i})\cdot\mu_i\right)\\&=\beta_{I-i}\cdot\widehat{C_{i,J}}^{\mathrm{CL}}+(\beta_{I-i}-\beta_{I-i}^2)\cdot\widehat{C_{i,J}}^{\mathrm{CL}}+(1-\beta_{I-i})^2\cdot\mu_i\\&=\left(1-(1-\beta_{I-i})^2\right)\cdot\widehat{C_{i,J}}^{\mathrm{CL}}+(1-\beta_{I-i})^2\cdot\mu_i\\&=u_i\cdot\left(1-(1-\beta_{I-i})^2\right)\end{aligned}$$

例 4.1（BH 估计）

我们再看例 2.1 和例 2.2 中的数据。假设β_j是已知的（此处设它等于$\widehat{\beta_j}^{(\mathrm{CL})}$，见例 2.2），那么得到表 4.1 中的结论。观察到，BH 准备金介于 CL 准备金和 BF 准备金之间。因为对于所有的事故年，β_{I-i}大于 50%，所以 BH 估计值更接近于 CL 估计。

表 4.1 BH 方法的准备金

i	$C_{i,I-i}$	μ_i	$\beta_{I-i}(\%)$	$\widehat{C_{i,J}}^{CL}$	$\widehat{C_{i,J}}^{BH}$	索赔准备金		
						CL	BH	BF
0	11148124	11653101	100.0	11148124	11148124			
1	10648192	11367306	99.0	10663318	10663319	15126	15127	16124
2	10635751	10962965	99.8	10662008	10662010	26257	26259	26998
3	9724068	10616762	99.6	9758606	9758617	34538	34549	37575
4	9786916	11044881	99.1	9872218	9872305	85302	85389	95434
5	9935753	11480700	98.4	10092247	10092581	156494	156828	178024
6	9282022	11413572	97.0	9568143	9569793	286121	287771	341305
7	8256211	11126527	94.8	8705378	8700824	449167	455612	574089
8	7648729	10986548	88.0	8691971	8725026	1043242	1076297	1318646
9	5675568	11618437	59.0	9626383	9961926	3950815	4286358	4768384
合计						6047062	6424190	7356579

下面的定理 4.1 表明，如果我们重复迭代 BF 方法，就得到 CL 准备金。

定理 4.1 在索赔进展模式$(\beta_j)_{0\leqslant j\leqslant J}$已知的假设下，并由式（4.3）确定，而且$\beta_{I-i}>0$，那么就有

$$\lim_{m\to\infty}\widehat{C}^{(m)}=\widehat{C_{ij}}^{CL}$$

其中$\widehat{C}^{(0)}=\mu_i$，而且

$$\widehat{C}^{(m+1)}=C_{i,I-i}+(1-\beta_{I-i})\cdot\widehat{C}^{(m)}，\quad m\geqslant 0.$$

证明：

当$m\geqslant 1$时，我们有

$$\widehat{C}^{(m)}=\left(1-(1-\beta_{I-i})^m\right)\widehat{C_{i,J}}^{CL}+(1-\beta_{I-i})^m\mu_i \tag{4.5}$$

上式对$m=1$（BF 估计）和$m=2$（BH 估计）是成立的。下用归纳法证明结论。在归纳假设下，对$m+1$，我们有：

$$\begin{aligned}\widehat{C}^{(m+1)}&=C_{i,I-i}+(1-\beta_{I-i})\cdot\widehat{C}^{(m)}\\&=C_{i,I-i}+(1-\beta_{I-i})\cdot\left(\left(1-(1-\beta_{I-i})^m\right)\cdot\widehat{C_{i,J}}^{CL}+(1-\beta_{I-i})^m\cdot\mu_i\right)\\&=\beta_{I-i}\cdot\widehat{C_{i,J}}^{CL}+\left((1-\beta_{I-i})-(1-\beta_{I-i})^{m+1}\right)\cdot\widehat{C_{i,J}}^{CL}+(1-\beta_{I-i})^{m+1}\cdot\mu_i\end{aligned}$$

由此即证式（4.5）。由式（4.5）及$\beta_{I-i}>0$，可得定理 4.1 的结论。

例 4.1（续） 由定理 4.1，可得表 4.2：

表 4.2 BF/BH 方法的迭代

i	$\hat{C}^{(1)}=\widehat{C_{i,J}}^{BF}$	$\hat{C}^{(2)}=\widehat{C_{i,J}}^{BH}$	$\hat{C}^{(3)}$	$\hat{C}^{(4)}$	$\hat{C}^{(5)}$	…	$\hat{C}^{(\infty)}=\widehat{C_{i,J}}^{CL}$
0	11148124	11148124	11148124	11148124	11148124		11148124
1	10664316	10663319	10663318	10663318	10663318		10663318
2	10662749	10662010	10662008	10662008	10662008		10662008
3	9761643	9758617	9758606	9758606	9758606		9758606
4	9882350	9872305	9872218	9872218	9872218		9872218
5	10113777	10092581	10092252	10092247	10092247		10092247
6	9623328	9569793	9568192	9568144	9568143		9568143
7	8830301	8711824	8705711	8705395	8705379		8705378
8	8967735	8725026	8695938	8692447	8692028		8691971
9	10443953	9961926	9764095	9682902	9649579		9626383

4.1.2 Cape-Cod 模型

CL 模型的一个主要缺陷在于最终索赔估计完全依赖于最后对角线上的观察数据。如果最后观察值是一个离群点数据，那么它就影响到最终索赔估计。另外，很多情况下在长尾业务中，第一个观察值往往没有代表性。平滑最后对角线上异常值的一种可行性是把 BF 估计和 CL 估计结合起来，如 BH 估计；另一种可行性是使得对角线上的观察更稳健，这可以通过 Cape-Cod 模型来实现，它由 Bühlmann 在 1983 年提出。

模型假设 4.1 （Cape-Cod 方法）

- 不同事故年 i 的累计索赔 $C_{i,j}$ 是相互独立的。
- 存在参数 $\Pi_0,\cdots,\Pi_I,>0$，$\kappa>0$，和索赔进展模式 $(\beta_j)_{0\leqslant j\leqslant J}$，$\beta_J=1$，使得对于所有的 $i=0,1,\cdots,I$，下式成立

$$E[C_{i,j}]=\kappa\cdot\Pi_i\cdot\beta_j$$

注意到 Cape-Cod 模型假设与模型假设 2.3 是一致的，其中 $\mu_i=\kappa\cdot\Pi_i$。因此，在 Cape-Cod 模型假设下，Π_i 可理解为事故年 i 收取的保费，而 κ 反映了平均损失率。假设 κ 与事故年 i 无关，也就是说，κ 对所有的事故年都是相同的。由式（4.3），我们可用 CL 的最终索赔来估计每个事故年的损失率：

$$\widehat{\kappa_i}=\frac{\widehat{C_{i,J}}^{CL}}{\Pi_i}=\frac{C_{i,I-i}}{\prod_{j=I-i}^{J-1}f_j^{-1}\cdot\Pi_i}=\frac{C_{i,I-i}}{\beta_{I-i}\cdot\Pi_i}$$

$\hat{\kappa}_i$ 是 κ 的无偏估计。这是因为：

$$E[\widehat{\kappa_i}]=\frac{1}{\Pi_i}E\left[\widehat{C_{i,J}}^{CL}\right]=\frac{1}{\Pi_i\cdot\beta_{I-i}}E[C_{i,I-i}]=\frac{1}{\Pi_i}E[C_{i,J}]=\kappa$$

“稳健”的整体损失率的估计为如下加权平均：

$$\hat{\kappa}^{\mathrm{CC}}=\sum_{i=0}^{I}\frac{\beta_{I-i}\cdot\Pi_i}{\sum_{k=0}^{I}\beta_{I-k}\cdot\Pi_k}\widehat{\kappa_i}=\frac{\sum_{i=0}^{I}C_{i,I-i}}{\sum_{i=0}^{I}\beta_{I-i}\cdot\Pi_i} \tag{4.6}$$

注意到 $\hat{\kappa}^{\mathrm{CC}}$ 是 κ 的无偏估计。

$C_{i,I-i}$ 的“稳健”值为

$$\widehat{C_{i,I-i}}^{\mathrm{CC}}=\hat{\kappa}^{\mathrm{CC}}\Pi_i\beta_{I-i},\quad i>0$$

由此得到如下 Cape-Cod 估计。

估计量 4.2（Cape-Cod 估计量） Cape-Cod 估计量为

$$\widehat{C_{i,J}}^{\mathrm{CC}}=C_{i,I-i}-\widehat{C_{i,I-i}}^{\mathrm{CC}}+\prod_{j=I-i}^{J-1}f_j\widehat{C_{i,I-i}}^{\mathrm{CC}},\quad 1\leqslant i\leqslant I \tag{4.7}$$

我们有如下结论：

引理 4.2 在模型假设 4.1 和式（4.3）下，$\widehat{C_{i,J}}^{\mathrm{CC}}-C_{i,I-i}$ 是 $E[C_{i,J}-C_{i,I-i}]=\kappa\,\Pi_i\,(1-\beta_{I-i})$ 的无偏估计。

证明：注意到

$$E\left[\widehat{C_{i,J}}^{\mathrm{CC}}\right]=E[\hat{\kappa}^{\mathrm{CC}}]\,\Pi_i\,\beta_{I-i}=\kappa\,\Pi_i\,\beta_{I-i}=E[C_{i,I-i}]$$

另外，由式（4.3）可得：

$$\widehat{C_{i,J}}^{\mathrm{CC}}-C_{i,I-i}=\widehat{C_{i,I-i}}^{\mathrm{CC}}\left(\prod_{j=I-i}^{J-1}f_j-1\right)=\hat{\kappa}^{\mathrm{CC}}\,\Pi_i\,(1-\beta_{I-i}) \tag{4.8}$$

注记 4.2

• 在 Cape-Cod 方法中，CL 迭代计算应用于“稳健”的对角线的值 $\widehat{C_{i,I-i}}^{\mathrm{CC}}$，但是在评估最终索赔时，还要加上原始观察值 $C_{i,I-i}$ 和“稳健”对角线值之差。

如对 Cape-Cod 估计量修正（见式（4.8）)，可得：

$$\widehat{C_{i,J}}^{\mathrm{CC}}=C_{i,I-i}+(1-\beta_{I-i})\,\hat{\kappa}^{\mathrm{CC}}\,\Pi_i$$

上式是一个 BF 类型的估计量，修正后的先验估计为 $\hat{\kappa}^{\mathrm{CC}}\,\Pi_i$。

• 注意到

$$Var(\widehat{\kappa_i})=\frac{1}{\Pi_i^2\cdot\beta_{I-i}^2}Var\left(C_{i,I-i}\right)$$

根据 $C_{i,j}$ 的方差函数的选择，这表明“稳健性”可通过另外方式（方差较小）引入，见引理 3.2。

例 4.2 （Cape-Cod 方法）

再看例 2.1，例 2.2 和例 4.1 中的数据。

表 4.3 列出了“稳健”的对角线值 $\widehat{C_{i,I-i}}^{\mathrm{CC}}$ 和最终索赔的 Cape-Cod 估计 $\widehat{C_{i,J}}^{\mathrm{CC}}$。

表 4.3 Cape-Cod 方法索赔准备金

						索赔准备金		
i	Π_i	$\hat{\kappa}_i(\%)$	$\widehat{C_{i,I-i}}^{CC}$	$\widehat{C_{i,J}}^{CC}$		Cape-Cod	CL	BF
0	1543558	72.0	10411192	11148124		0	0	0
1	14882436	71.7	9999259	10662396		14204	15126	16124
2	14456039	73.8	9702614	10659704		23953	26257	26998
3	14054917	69.4	9423208	9757538		33469	34538	37575
4	14525373	68.0	9688771	9871362		84449	85302	95434
5	15025923	67.2	9953237	10092522		156769	156494	178024
6	14832965	64.5	9681735	9580464		298442	286121	341305
7	14550359	59.8	9284898	8761342		505131	449167	574089
8	14461781	60.1	8562549	8816611		1167882	1043242	1318646
9	15210363	63.3	6033871	9875801		4200233	3950815	4768384
	$\hat{\kappa}^{CC}$	67.3			合计	6484532	6047062	7356579

比较发现，Cape-Cod 估计 $\widehat{C_{i,J}}^{CC}$ 比相应的 BF 估计 $\widehat{C_{i,J}}^{BF}$ 小，这是因为 BF 方法中的先验参数 μ_i 较为保守。在 BF 方法下，损失率 μ_i / Π_i 都在 75%以上，而在 Cape-Cod 下，损失率 $\widehat{\kappa_i}$ 都小于 75%。

4.2 索赔准备金评估信度方法

本节仅重点介绍由 Gogol（1993）引入的 Lognormal 模型。为此先引入如下模型假设。

模型假设 4.2（Mack，2000）

• 对不同事故年 i，累计索赔 $C_{i,j}$ 是相互独立的。

• 存在序列 $(\beta_j)_{0\leqslant j\leqslant J}$，$\beta_J=1$ 和函数 $\alpha^2(\cdot)$，使得对 $i=0,1,\cdots,I$ 和 $j=0,1,\cdots,J$ 下式成立：

$$E\left[C_{i,j} \mid C_{i,J}\right]=\beta_j \cdot C_{i,J}$$

$$Var\left(C_{i,j} \mid C_{i,J}\right)=\beta_j \cdot (1-\beta_j)\cdot \alpha^2(C_{i,J})$$

注记 4.3

• 上述模型与 CL 模型假设 3.1 有本质区别。在 CL 模型中，我们有“向前”的迭代，即相继的累计索赔通过连接比率联在一起。而在上述模型中，我们有“向后”的考虑，即根据最终索赔 $C_{i,J}$，决定中间的累计索赔，即它仅是进展模式的随机定义。事实上，我们的目标在于根据观察值 $C_{i,I-i}$ 了解最终索赔 $C_{i,J}$ 的分布。

• 这个模型可视为贝叶斯方法，它决定了最终索赔 $C_{i,J}$。后面将对此进一步讨论。

• 注意到这个模型满足模型假设 2.3，其中 $\mu_i=E[C_{i,J}]$。一般来讲，CL 模型并不满足（见式（4.23））。

• 注意到方差条件表明当 $\beta_j \to 1$ 时，方差趋于 0，即如果预期未决索赔较少，那么不确定性也会相应降低。

4.2.3 对数正态模型

在这一小节，我们给出模型假设 4.2 的一个例子。

我们给出 $C_{i,J}$ 和 $C_{i,j}\mid C_{i,J}$ 的分布假设，使得它与模型假设 4.2 相一致。在这里，我们明确指定 $C_{i,J}$ 的分布（专家意见）。分布假设使得我们能够根据贝叶斯定理，确定 $C_{i,J}\mid C_{i,j}$ 的准确分布。结果表明，$E[C_{i,J}\mid C_{i,j}]$ 的最优估计是观察值 $C_{i,I-i}$ 和先验均值 $E[C_{i,J}]$ 的信度加权平均。Gogol（1993）提出了以下模型。

模型假设 4.3 （对数正态模型）

- 对不同事故年 i，累计索赔 $C_{i,j}$ 是相互独立的。
- $C_{i,J}$ 服从参数为 $\mu^{(i)}$ 和 σ_i^2 的对数正态分布，$i=0,1,\cdots,I$。
- 给定 $C_{i,J}$，$i=0,1,\cdots,I$ 和 $j=0,1,\cdots,J$，$C_{i,j}$ 服从参数为 $\nu_j=\nu_j(C_{i,J})$ 和 $\tau_j^2=\tau_j^2(C_{i,J})$ 的对数正态分布。

注意到 $C_{i,J}$ 的先验均值为：

$$\mu_i=E[C_{i,J}]=\exp\left\{\mu^{(i)}+\frac{1}{2}\sigma_i^2\right\} \tag{4.9}$$

如果 $(C_{i,j})_{0\leqslant j\leqslant J}$ 满足模型假设 4.2，就可以得到：

$$E\left[C_{i,j}\mid C_{i,J}\right]=\exp\left\{\nu_j+\frac{1}{2}\tau_j^2\right\}\triangleq\beta_j\cdot C_{i,J}$$

$$Var\left(C_{i,j}\mid C_{i,J}\right)=\exp\left\{2\nu_j+\tau_j^2\right\}\cdot\left(\exp\{\tau_j^2\}-1\right)\triangleq\beta_j\cdot(1-\beta_j)\cdot\alpha^2(C_{i,J})$$

为此我们必须选择：

$$\tau_j^2=\tau_j^2(C_{i,J})=\log\left(1+\frac{1-\beta_j}{\beta_j}\cdot\frac{\alpha^2(C_{i,J})}{C_{i,J}^2}\right) \tag{4.10}$$

$$\upsilon_j=\upsilon_j(C_{i,J})=\log\left(\beta_j\cdot C_{i,J}\right)-\frac{1}{2}\log\left(1+\frac{1-\beta_j}{\beta_j}\cdot\frac{\alpha^2(C_{i,J})}{C_{i,J}^2}\right) \tag{4.11}$$

而 $(C_{i,j},C_{i,J})$ 的联合密度函数为：

$$\begin{aligned}
f_{C_{i,j},C_{i,J}}(x,y)&=f_{C_{i,j}|C_{i,J}}(x\mid y)f_{C_{i,J}}(y)\\
&=\frac{1}{(2\pi)^{1/2}\cdot\tau_j(y)\cdot x}\cdot\frac{1}{x}\cdot\exp\left\{-\frac{1}{2}\left(\frac{\log(x)-\upsilon_j(y)}{\tau_j(y)}\right)^2\right\}\\
&\quad\times\frac{1}{(2\pi)^{1/2}\cdot\sigma_i}\cdot\frac{1}{y}\cdot\exp\left\{-\frac{1}{2}\left(\frac{\log(y)-\mu^{(i)}}{\sigma_i}\right)^2\right\}\\
&=\frac{1}{2\pi\cdot\sigma_i\cdot\tau_j(y)}\cdot\frac{1}{xy}\cdot\exp\left\{-\frac{1}{2}\left(\frac{\log(x)-\upsilon_j(y)}{\tau_j(y)}\right)^2-\frac{1}{2}\left(\frac{\log(y)-\mu^{(i)}}{\sigma_i}\right)^2\right\}
\end{aligned} \tag{4.12}$$

引理 4.3　综合模型假设 4.3 与模型假设 4.2，并取 $\alpha^2(c)=a^2c^2$，可得下面两个等式：

$$\tau_j^2(c)=\tau_j^2=\log\left(1+\frac{1-\beta_j}{\beta_j}a^2\right) \tag{4.13}$$

$$\upsilon_j(c)=\log(c)+\log(\beta_j)-\frac{1}{2}\tau_j^2 \tag{4.14}$$

另外，在给定 $C_{i,j}$ 的条件下，$C_{i,J}$ 的条件分布服从对数正态分布，参数分别为：

$$\mu_{post(i,j)}=\left(1-\frac{\tau_j^2}{\sigma_i^2+\tau_j^2}\right)\left(\frac{1}{2}\tau_j^2+\log\left(\frac{C_{i,j}}{\beta_j}\right)\right)+\frac{\tau_j^2}{\sigma_j^2+\tau_j^2}\mu^{(i)}$$

$$\sigma_{\text{post}(i,j)}^2=\frac{\tau_j^2}{\sigma_i^2+\tau_j^2}\cdot\sigma_i^2$$

注记 4.4

• 上面的模型显示了一个有用的贝叶斯和信度结论。在本例中，应用“共轭”分布，在给定 $C_{i,j}$ 的信息下，可明确计算最终索赔 $C_{i,J}$ 的后验分布。

• $C_{i,J}$ 的条件分布会根据观察值 $C_{i,I-i}$ 而变化。在这个意义下，在给定 $C_{i,I-i}$ 下，后验分布 $C_{i,J}\mid C_{i,I-i}$ 是“最优估计”分布。注意到我们能够用明确的解析形式计算后验分布。由此不仅能够计算后验均值，还可以计算其他一些关键度量（如 VAR）。

• 观察更新后的参数 $\mu^{(i)}$，它是先验参数 $\mu^{(i)}$ 和观察值变换 $\frac{1}{2}\tau_j^2+\log\frac{C_{i,j}}{\beta_j}$ 的加权平均，而信度权重由下式给出：

$$\alpha_{i,j}=\frac{\sigma_i^2}{\sigma_i^2+\tau_j^2},\qquad 1-\alpha_{i.j}=\frac{\tau_i^2}{\sigma_i^2+\tau_j^2} \tag{4.15}$$

最终索赔 $C_{i,J}$ 的先验均值为：

$$E[C_{i,J}]=\exp\left\{\mu^{(i)}+\frac{1}{2}\sigma_i^2\right\}$$

而 $C_{i,J}$ 的后验均值为：

$$\begin{aligned}E\left[C_{i,J}\mid C_{i,j}\right]&=\exp\left\{\mu_{\text{post}(i,j)}+\frac{1}{2}\sigma_{\text{post}(i,j)}^2\right\}\\&=\exp\left\{(1-\alpha_{i.j})\cdot\left(\mu^{(i)}+\frac{1}{2}\sigma_i^2\right)+\alpha_{i.j}\cdot\left(\log(\frac{C_{i,j}}{\beta_j})+\frac{1}{2}\tau_j^2\right)\right\}\\&=\exp\left\{(1-\alpha_{i.j})\cdot\left(\mu^{(i)}+\frac{1}{2}\sigma_i^2\right)+\alpha_{i.j}\cdot\left(-\log(\beta_j)+\frac{1}{2}\tau_j^2\right)\right\}\cdot C_{i,j}^{\sigma_i^2/(\sigma_i^2+\tau_j^2)}\end{aligned} \tag{4.16}$$

• 注意到上述模型并不满足 CL 模型假设（见式（4.16）的最后表达式），这点已经在注记 4.3 中有说明。

• 到目前为止，我们仅考虑了单个观测值 $C_{i,j}$。当考虑观测值序列 $C_{i,0},\ldots,C_{i,j}$ 时，$C_{i,J}$ 的后验分布仍然有对数正态分布，均值为：

$$\mu^*_{post(i,j)}=\frac{\sum_{k=0}^{j}[\log(C_{i,k})-\log(\beta_k)+\frac{1}{2}\tau_k^2]/\tau_k^2+\mu^{(i)}/\sigma_i^2}{\sum_{k=0}^{j}(1/\tau_k^2)+(1/\sigma_i^2)}$$

$$=\alpha^*_{i,j}\frac{1}{\sum_{k=0}^{j}(1/\tau_k^2)}\sum_{k=0}^{j}\frac{\log(C_{i,k})-\log(\beta_k)+\frac{1}{2}\tau_k^2}{\tau_k^2}+(1-\alpha^*_{i,j})\alpha^*_{i,j}$$

其中，

$$\alpha^*_{i,j}=\frac{\sum_{k=0}^{j}(1/\tau_k^2)}{\sum_{k=0}^{j}(1/\tau_k^2)+(1/\sigma_i^2)}$$

方差为

$$\sigma^{2,*}_{post(i,j)}=\left[\sum_{k=0}^{j}\frac{1}{\tau_k^2}+\frac{1}{\sigma_i^2}\right]^{-1}$$

注意到这仍然是先验估计 $\mu^{(i)}$ 和观测值 $C_{i,0},\ldots,C_{i,j}$ 的信度加权平均，信度权重为 $\alpha^*_{i,j}$。注意到该模型不满足马尔可夫性。

引理 4.3 的证明

方程（4.13）和式（4.14）可由式（4.10）和式（4.11）得到。因此我们只需要计算在给定 $C_{i,j}$ 下 $C_{i,J}$ 的条件分布。由式（4.12）和式（4.14）可见 $(C_{i,j},C_{i,J})$ 的联合密度函数：

$$f_{C_{i,j},C_{i,J}}(x,y)=\frac{1}{2\pi\sigma_i\tau_j}\frac{1}{x\,y}$$
$$\times\exp\left\{-\frac{1}{2}\left(\frac{\log(x)-\log(y)-\log(\beta_j)+\frac{1}{2}\tau_j^2}{\tau_j}\right)^2-\frac{1}{2}\left(\frac{\log(y)-\mu^{(i)}}{\sigma_i}\right)^2\right\}$$

由于

$$\left(\frac{z-c}{\tau}\right)^2+\left(\frac{z-\mu}{\sigma}\right)^2=\frac{(z-[(\sigma^2c+\tau^2\mu)/(\sigma^2+\tau^2)])^2}{(\sigma^2\tau^2)/(\sigma^2+\tau^2)}+\frac{(\mu-c)^2}{\sigma^2+\tau^2}$$

因此联合密度函数为：

$$f_{C_{i,j},C_{i,J}}(x,y)=\frac{1}{2\pi\sigma_i\tau_j xy}\exp\left\{-\frac{1}{2}\left(\frac{(\log(y)-[(\sigma_i^2c(x)+\tau_j^2\mu^{(i)})/(\sigma_i^2+\tau_j^2)])^2}{\sigma_i^2\tau_j^2/(\sigma_i^2+\tau_j^2)}+\frac{(\mu^{(i)}-c(x))^2}{\sigma_i^2+\tau_j^2}\right)\right\}$$

其中

$$c(x)=\log(x)-\log(\beta_j)+\frac{1}{2}\tau_j^2$$

由此可得：

$$f_{C_{i,J}|C_{i,j}}(y\,|\,x)=\frac{f_{C_{i,j},C_{i,J}}(x,y)}{f_{C_{i,j}}(x)}=\frac{f_{C_{i,j},C_{i,J}}(x,y)}{\int f_{C_{i,j},C_{i,J}}(x,y)dy}$$

是对数正态分布的密度函数，参数分别为：

$$\mu_{post(i,j)} = \frac{\sigma_i^2 \ c(C_{i,j}) + \tau_j^2 \ \mu^{(i)}}{\sigma_i^2 + \tau_j^2}, \qquad \sigma_{post(i,j)}^2 = \frac{\sigma_i^2 \ \tau_j^2}{\sigma_i^2 + \tau_j^2}$$

最后参数 $\mu_{\text{post}(i,j)}$ 可写为：

$$\mu_{post(i,j)} = \frac{\sigma_i^2 \left(\log(C_{i,j}) - \log(\beta_j) + \frac{1}{2}\tau_j^2 \right) + \tau_j^2 \ \mu^{(i)}}{\sigma_i^2 + \tau_j^2}$$

估计量 4.3 （对数正态模型） 在引理 4.3 的假设下，我们有最终索赔 $E[C_{i,J} \mid C_{i,I-i}]$ 的如下估计：

$$\begin{aligned}\widehat{C_{i,J}}^{\text{Go}} &= E[C_{i,J} \mid C_{i,I-i}] \\ &= \exp\left\{ \frac{\tau_{I-i}^2}{\sigma_i^2 + \tau_{I-i}^2} \mu^{(i)} + \frac{\sigma_i^2}{\sigma_i^2 + \tau_{I-i}^2} \log\left(\frac{C_{i,I-i}}{\beta_{I-i}} \right) + \frac{\sigma_i^2 \ \tau_{I-i}^2}{\sigma_i^2 + \tau_{I-i}^2} \right\}, 1 \leqslant i \leqslant I\end{aligned}$$

注意到我们仅以最后观测值 $C_{i,I-i}$ 为条件。

我们还可以考虑另外一种估计：

$$\widehat{C_{i,J}}^{\text{Go},2} = C_{i,I-i} + (1 - \beta_{I-i}) \widehat{C_{i,J}}^{\text{Go}}$$

从实务的角度，当对角线数据中存在离群点时，$\widehat{C_{i,J}}^{\text{Go},2}$ 是一个更有用的估计。但在实践中，由于每种估计都包含太多的参数，而这些参数又较难估计，因此这两种估计都是不易得到的。

例 4.3 （Gogol（1993）模型，引理 4.3 假设）

再次回到例 2.1 中的数据集。设 $a^2 = 1/(1+\alpha_i)$，且 $\alpha_i = 600$。根据式（4.13）和式（4.9），以及 $\sigma_i^2 = \log(Vco^2(C_{i,J}) + 1)$，可得表 4.4。信度权重和最终索赔的估计在表 4.5 给出。

表 4.4 对数正态模型的参数选择

i	$\mu_i = E[C_{i,J}]$	$Vco(C_{i,J})$	$\mu^{(i)}$	σ_i	β_{I-i}	a^2	τ_{I-i}
0	11653101	7.8%	16.27	7.80%	100.0%	0.17%	0.0%
1	11367306	7.8%	16.24	7.80%	99.9%	0.17%	0.0%
2	10962965	7.8%	16.21	7.80%	99.8%	0.17%	0.2%
3	10616762	7.8%	16.17	7.80%	99.6%	0.17%	0.2%
4	11044881	7.8%	16.21	7.80%	99.1%	0.17%	0.4%
5	11480700	7.8%	16.25	7.80%	98.4%	0.17%	0.5%
6	11431572	7.8%	16.25	7.80%	97.0%	0.17%	0.7%
7	11126527	7.8%	16.22	7.80%	94.8%	0.17%	1.0%
8	10986548	7.8%	16.21	7.80%	88.0%	0.17%	1.5%
9	11618437	7.8%	16.27	7.80%	59.0%	0.17%	3.4%

表 4.5　引理 4.3 模型的索赔准备金

						索赔准备金		
i	$C_{i,I-i}$	$1-\alpha_{i,I-i}$	$\mu_{\text{post}(i,I-i)}$	$\sigma_{\text{post}(i,I-i)}$	$\widehat{C_{i,J}}^{\text{Go}}$	Go	CL	BF
0	11148124	0.0%	16.23	0%	11148124			
1	10648192	0.0%	16.18	0.15%	10663595	15403	15126	16124
2	10635751	0.1%	16.18	0.2%	10662230	26479	26257	26998
3	9724068	0.1%	16.09	0.24%	9759434	35365	34538	37575
4	9786916	0.2%	16.11	0.38%	9874925	88009	85302	95434
5	9935753	0.4%	16.13	0.51%	10097962	162209	156494	178024
6	9282022	0.8%	16.08	0.71%	9582510	300487	286121	341305
7	8256211	0.5%	15.98	0.94%	8737154	480942	449167	574089
8	7648729	3.6%	15.99	1.48%	8766487	1117758	1043242	1318646
9	5675568	16.0%	16.11	3.12%	9925132	4249564	3950815	4768384
合计						6476216	6047062	7356579

估计量 $\widehat{C_{i,J}}^{\text{Go}}$ 的性质：

应用式（4.15）、式（4.9），以及 $\widehat{C_{i,J}}^{\text{CL}}=C_{i,I-i}/\beta_{I-i}$，可得估计量 4.3 的如下表示：

$$\begin{aligned}\widehat{C_{i,J}}^{\text{Go}}&=\exp\left\{(1-\alpha_{i,I-i})\mu^{(i)}+\alpha_{i,I-i}\log\left(\frac{C_{i,I-i}}{\beta_{I-i}}\right)+\alpha_{i,I-i}\tau_{I-i}^2\right\}\\&=\mu_i^{1-\alpha_{i,I-i}}\exp\left\{\log(\widehat{C_{i,J}}^{CL})+\frac{1}{2}\tau_{I-i}^2\right\}^{\alpha_{i,I-i}}\end{aligned}\tag{4.17}$$

因此，在对数标度下，我们得到先验估计 $\mu^{(i)}$ 和 CL 估计 $\widehat{C_{i,J}}^{\text{CL}}$ 的加权平均。这导致乘积信度公式。在例 4.3 和表 4.5 中，先验均值 $\mu^{(i)}$ 的权重 $1-\alpha_{i,I-i}$ 都很低。

注意到在此模型中，由引理 4.3 我们可以计算完整的后验分布。这也就能够得到 MSEP 的解析表示。

对条件 MSEP 来说，我们有

$$\begin{aligned}\text{msep}_{C_{i,J}|C_{i,I-i}}(\widehat{C_{i,J}}^{\text{Go}})&=Var(C_{i,J}\mid C_{i,I-i})\\&=\exp\left\{2\mu_{post(i,I-i)}+\sigma_{post(i,I-i)}^2\right\}\left(\exp\left\{\sigma_{post(i,I-i)}^2\right\}-1\right)\\&=(E[C_{i,J}\mid C_{i,I-i}])^2\left(\exp\left\{\sigma_{post(i,I-i)}^2\right\}-1\right)\\&=\left(\widehat{C_{i,J}}^{\text{Go}}\right)^2\left(\exp\left\{\sigma_{post(i,I-i)}^2\right\}-1\right)\end{aligned}$$

上述结论基于如下假设：参数 β_j，$\mu^{(i)}$，σ_i 和 a^2 都是已知的。因此，它不能与 CL 模型中的条件 MSEP 直接比较。这是因为我们没有估计这些参数的模型，也就不能对来自参数估计的估计误差进行度量。

而对于无条件 MSEP 来说，则有

$$\begin{aligned}\mathrm{msep}_{C_{i,J}}\left(\widehat{C_{i,J}}^{\mathrm{Go}}\right)&=E\left[\left(C_{i,J}-\widehat{C_{i,J}}^{\mathrm{Go}}\right)^2\right]\\&=E[Var(C_{i,J}\mid C_{i,I-i})]\\&=E\left[\left(\widehat{C_{i,J}}^{\mathrm{Go}}\right)^2\right]\left(\exp\left\{\sigma^2_{post(i,I-i)}\right\}-1\right)\end{aligned}$$

为计算上式，需要用到 $\widehat{C_{i,J}}^{CL}=C_{i,I-i}/\beta_{I-i}$ 的分布。注意到：

$$\begin{aligned}f_{C_{i,I-i}}(x)&=\int_{\mathbb{R}_+}f_{C_{i,I-i},C_{i,J}}(x,y)dy\\&=\underbrace{\int_{\mathbb{R}_+}\frac{1}{\sqrt{2\pi}\left(\sigma_i\tau_{I-i}/\sqrt{\sigma_i^2+\tau_{I-i}^2}\right)}\frac{1}{y}\exp\left\{-\frac{1}{2}\frac{(\log(y)-[(\sigma_i^2c(x)+\tau_{I-i}^2\mu^{(i)})/(\sigma_i^2+\tau_{I-i}^2)])^2}{(\sigma_i^2\tau_{I-i}^2/\sigma_i^2+\tau_{I-i}^2)}\right\}dy}_{=1}\\&\quad\times\frac{1}{\sqrt{2\pi(\sigma_i^2+\tau_{I-i}^2)}}\frac{1}{x}\exp\left\{-\frac{1}{2}\frac{\left(\log(x/\beta_{I-i})+\frac{1}{2}\tau_{I-i}^2-\mu^{(i)}\right)^2}{\sigma_i^2+\tau_{I-i}^2}\right\}\end{aligned}$$

因此，估计量 $\widehat{C_{i,J}}^{CL}$ 服从参数为 $\mu^{(i)}-\frac{1}{2}\tau_{I-i}^2$ 和 $\sigma_i^2+\tau_{I-i}^2$ 的对数正态分布。另外，由对数正态分布的乘积自生性，可得，对 $\gamma>0$，

$$\left(\widehat{C_{i,J}}^{CL}\right)^{\gamma}\overset{(d)}{\sim}LN\left(\gamma\,\mu^{(i)}-\gamma\,\tau_{I-i}^2/2,\ \gamma^2(\sigma_i^2+\tau_{I-i}^2)\right)\tag{4.18}$$

由式（4.17）和式（4.9）可得：

$$\begin{aligned}&\mathrm{msep}_{Ci,J}\left(\widehat{C_{i,J}}^{\mathrm{Go}}\right)\\&=E\left[\left(\widehat{C_{i,J}}^{\mathrm{Go}}\right)^2\right]\left(\exp\left\{\sigma^2_{post(i,I-i)}\right\}-1\right)\\&=\mu_i^{2(1-\alpha_{i,I-i})}\exp\left\{\alpha_{i,I-i}\tau_{I-i}^2\right\}\left(\exp\left\{\sigma^2_{post(i,I-i)}\right\}-1\right)E\left[\left(\widehat{C_{i,J}}^{CL}\right)^{2\alpha_{i,I-i}}\right]\\&=\exp\left\{2\mu^{(i)}+(1-\alpha_{i,I-i})\sigma_i^2+\alpha_{i,I-i}\tau_{I-i}^2\right\}\\&\quad\times\exp\left\{-\alpha_{i,I-i}\tau_{I-i}^2+2\alpha_{i,I-i}^2(\sigma_i^2+\tau_{I-i}^2)\right\}\left(\exp\left\{\sigma^2_{post(i,I-i)}\right\}-1\right)\end{aligned}$$

注意到（见式（4.15））：

$$\alpha_{i,I-i}(\sigma_i^2+\tau_{I-i}^2)=\sigma_i^2$$

最后即得如下推论。

推论 4.1 在引理 4.3 假设下，我们有：

$$\mathrm{msep}_{C_{i,J}}\left(\widehat{C_{i,J}}^{\mathrm{Go}}\right)=\exp\{2\mu^{(i)}+(1+\alpha_{i,I-i})\sigma_i^2\}\left(\exp\left\{\sigma^2_{post(i,I-i)}\right\}-1\right),\qquad 1\leqslant i\leqslant I$$

注记 4.5

注意到在上例中我们不仅能够计算 MSEP，而且还能明确计算后验分布。在给定 $C_{i,I-i}$ 的条件下，$C_{i,J}$ 的后验分布仍然是对数正态分布，而参数有了更新（见引理 4.3）。此外，式（4.17）和式（4.18）给出了关于最终索赔估计 $\widehat{C_{i,J}}^{\mathrm{Go}}$ 的明确分布。因此，在本例中，我们可以在模型参数 $\mu^{(i)}$，σ_i，a 和 β_j 都是已知的假设下，给出其他估计量（如 VAR）。

例 4.3（续）

表 4.6 给出了例 4.3 的 MSEP 估计。

表 4.6　在引理 4.3 和模型假设 4.2 下的 MSEP 估计

i	$\mathrm{msep}^{1/2}_{C_{i,J}\mid C_{i,I-i}}(\widehat{C_{i,J}}^{\mathrm{Go}})$	$\mathrm{msep}^{1/2}_{C_{i,J}}(\widehat{C_{i,J}}^{\mathrm{Go}})$
0		
1	16391	17526
2	21602	22279
3	23714	25875
4	37561	45139
5	51584	58825
6	68339	81644
7	82516	105397
8	129667	162982
9	309586	363331
合计	359869	427850

4.3　严格的贝叶斯模型

在本节中，我们进一步探讨上一节的结论（先验分布和后验分布的关系）。为此首先简要介绍贝叶斯理论，然后给出在准备金评估中具体的模型和例子。

准备金评估中的贝叶斯方法把先验信息或专家意见与上三角 D_I 的观察值联系在一起。已有的先验信息或专家意见包含于关于标的量（例如最终索赔或风险参数）的先验分布里。此先验分布通过贝叶斯定理与似然函数联系起来。如果我们选择较好的观察值分布和先验分布，那么就会得到标的量（如最终索赔）的后验分布的解析表达式。由此就可计算最终索赔 $C_{i,J}$ 的后验均值 $E[C_{i,J}\,|D_I]$，称为在给定 D_I 下最终索赔 $C_{i,J}$ 的贝叶斯估计。贝叶斯估计之所以被称为严格的，就在于它是关于 $C_{i,J}$ 的估计量类 $L^2_{C_{i,J}}(D_I)$ 中平方损失最小的估计，即：

$$E[C_{i,J}\mid D_I]=\underset{Y\in L^2_{C_{i,J}}(D_I)}{\arg\min}\,E\left[(C_{i,J}-Y)^2\mid D_I\right]$$

此时条件 MSEP 为：

$$\mathrm{msep}_{C_{i,J}|D_I}(E[C_{i,J} \mid D_I]) = Var(C_{i,J} \mid D_I)$$

当然，如果在概率模型中存在未知参数，那就不能准确计算 $E[C_{i,J} | D_I]$。这些参数需要通过 D_I 可测估计量来估计。因此，我们得到关于 $E[C_{i,J} | D_I]$ 的估计量 $\hat{E}[C_{i,J} | D_I]$（相应地 $C_{i,J} | D_I$ 的预测量），而相应的条件 MSEP 为：

$$\mathrm{msep}_{C_{i,J}|D_I}(\widehat{E}[C_{i,J} \mid D_I]) = Var(C_{i,J} \mid D_I) + \left(\widehat{E}[C_{i,J} \mid D_I] - E[C_{i,J} \mid D_I]\right)^2$$

此时的情形与 CL 模型相似，见式（3.8）。

注记 4.6

在实务中，贝叶斯思路和方法已广泛应用于保险定价中。而在准备金评估中，贝叶斯方法还未得到广泛使用，尽管贝叶斯方法在综合专家建议和外部信息方面非常有用。

4.3.1 Gamma 先验分布下的过度分散 Poisson 模型

模型假设 4.4 （过度分散 Poisson 模型）

设存在随机变量 Θ_i 和 $Z_{i,j}$，以及常数 $\phi_i > 0$，$\gamma_0, \gamma_1, \ldots, \gamma_J > 0$，$\sum_{j=0}^{J} \gamma_j = 1$，使得对于所有的 $i \in \{0,1,\cdots,I\}$ 和 $j \in \{0,1,\cdots,J\}$，满足：

- 在给定 Θ_i 的条件下，$Z_{i,j}$ 是独立的 Poisson 变量，增量 $X_{i,j} = \phi_i Z_{i,j}$ 满足：

$$E[X_{i,j} \mid \Theta_i] = \Theta_i \gamma_j, \qquad Var[X_{i,j} \mid \Theta_i] = \phi_i\ \Theta_i\ \gamma_j \tag{4.19}$$

- 变量对 $\left(\Theta_i, (X_{i,0}, \ldots, X_{i,J})\right)$（$i = 0,1,\cdots,I$）是独立的，而且变量 Θ_i 有 Gamma 分布，形状参数为 a_i，标度参数为 b_i。

注记 4.7

- 参数 ϕ_i 表示过度分散性。当 $\phi_i = 1$ 时，即为 Poisson 分布。
- 注意到给定 Θ_i 时，$Z_{i,j}$ 的均值和方差满足：

$$E[Z_{i,j} \mid \Theta_i] = Var(Z_{i,j} \mid \Theta_i) = \frac{\Theta_i\ \gamma_j}{\phi_i} \tag{4.20}$$

增量 $X_{i,j}$ 的先验期望为：

$$E[X_{i,j}] = E[E[X_{i,j} \mid \Theta_i]] = \gamma_j\ E[\Theta_i] = \gamma_j \frac{a_i}{b_i} \tag{4.21}$$

- 累计损失 $C_{i,J}$ 为

$$C_{i,J} = \phi_i \sum_{j=0}^{J} Z_{i,j}$$

这表明，给定 Θ_i 时，

$$\frac{C_{i,J}}{\phi_i} \overset{(d)}{\sim} \mathrm{Poisson}(\Theta_i / \phi_i), \qquad E[C_{i,J} \mid \Theta_i] = \Theta_i$$

因此，Θ_i 可视为事故年 i 的（未知）期望最终索赔。贝叶斯方法说明如何把先验期望 $E[C_{i,J}] = a_i / b_i$ 与观察信息 D_I 结合在一起。

• 在实际应用中，上述模型有时会存在一些问题。在模型假设中，增量 $X_{i,j}$ 是非负的。如果 $X_{i,j}$ 表示已报告索赔次数，这个假设是成立的。但是，如果 $X_{i,j}$ 表示增量赔付额，那么有可能在观察值中出现负数。例如，在机动车保险车损险中，在保单后期保险公司通过代位追偿收到的会大于其支出。

• 在模型假设中，γ_j 是已知的。

• 注意到过度分散 Poisson 模型中，$C_{i,J}$ 不是整数。因此，如果把过度分散 Poisson 模型用于索赔次数，当 $\phi_i \neq 1$ 时，该模型没有自然的解释。

引理 4.4　在模型假设 4.4 下，给定 $(X_{i,0},\ldots,X_{i,j})$ 时，Θ_i 的后验分布有 Gamma 分布，更新后的参数分别为：

$$a_{i,j}^{\text{post}} = a_i + \frac{C_{i,j}}{\phi_i}$$

$$b_{i,j}^{\text{post}} = b_i + \sum_{k=0}^{j} \frac{\gamma_k}{\phi_i} = b_i + \frac{\beta_j}{\phi_i}$$

其中，$\beta_j = \sum_{k=0}^{j} \gamma_k$。

证明：由式（4.20），给定 Θ_i 时，$(X_{i,0},\ldots,X_{i,j})$ 的条件概率密度函数为：

$$f_{X_{i,0},\ldots,X_{i,j}|\Theta_i}(x_0,\ldots,x_j \mid \theta) = \prod_{k=0}^{j} \exp\left\{-\theta \frac{\gamma_k}{\phi_i}\right\} \frac{(\theta\gamma_k / \phi_i)^{x_k/\phi_i}}{x_k / \phi_i\,!}$$

因此，Θ_i 和 $(X_{i,0},\ldots,X_{i,j})$ 的联合密度函数为：

$$\begin{aligned} f_{\Theta_i,X_{i,0},\ldots,X_{i,j}}(\theta,x_0,\ldots,x_j) &= f_{X_{i,0},\ldots,X_{i,j}|\Theta_i}(x_0,\ldots,x_j \mid \theta) f_{\Theta_i}(\theta) \\ &= \prod_{k=0}^{j} \exp\left\{-\theta \frac{\gamma_k}{\phi_i}\right\} \frac{(\theta\gamma_k / \phi_i)^{x_k/\phi_i}}{x_k / \phi_i\,!} \frac{b_i^{a_i}}{\Gamma(a_i)} \theta^{a_i - 1} \exp(-b_i\theta) \end{aligned}$$

所以，Θ_i 的后验分布有 Gamma 分布，参数分别为：

$$a_{i,j}^{\text{post}} = a_i + \frac{C_{i,j}}{\phi_i}, \qquad b_{i,j}^{\text{post}} = b_i + \sum_{k=0}^{j} \frac{\gamma_k}{\phi_i}$$

注记 4.8

• 由于事故年是独立的，因此为了计算 Θ_i 的后验分布，只需考虑事故年 i 的观察值 $(X_{i,0},\ldots,X_{i,j})$。即在此阶段，事故年之间没有联结，但是它们有共同的索赔进展因子 γ_j。

• 在先验假设中，Θ_i 是独立同分布的。但是，有了观察值 D_I 后，后验风险参数是不同的。

• 由引理 4.4，可得后验期望：

$$\begin{aligned} E[\Theta_i \mid D_I] &= \frac{a_{i,I-i}^{post}}{b_{i,I-i}^{post}} = \frac{a_i + C_{i,I-i} / \phi_i}{b_i + \beta_{I-i} / \phi_i} \\ &= \frac{b_i}{b_i + \beta_{I-i} / \phi_i} \frac{a_i}{b_i} + \left(1 - \frac{b_i}{b_i + \beta_{I-i} / \phi_i}\right) \frac{C_{i,I-i}}{\beta_{I-i}} \end{aligned} \tag{4.22}$$

它是先验期望 $E[\Theta_i]=\dfrac{a_i}{b_i}$ 和观察值 $\dfrac{C_{i,I-i}}{\beta_{i,I-i}}$ 的信度加权平均。

- 在给定 D_I 下，我们还可得到 $(C_{i,J}-C_{i,I-i})/\phi_i$ 的后验分布。对 $k\in\{0,1,\ldots\}$，

$$
\begin{aligned}
&P[(C_{i,J}-C_{i,I-i})/\phi_i=k\mid D_I]\\
&=\int_{\mathbb{R}_+}\exp\left(-(1-\beta_{I-i})\frac{\theta}{\phi_i}\right)\frac{\left((1-\beta_{I-i})\dfrac{\theta}{\phi_i}\right)^k}{k!}\frac{(b_{i,I-i}^{post})^{a_{i,I-i}^{post}}}{\Gamma(a_{i,I-i}^{post})}\theta^{a_{i,I-i}^{post}-1}\exp(-b_{i,I-i}^{post}\theta)d\theta\\
&=\frac{(b_{i,I-i}^{post})^{a_{i,I-i}^{post}}((1-\beta_{I-i})/\phi_i)^k}{\Gamma(a_{i,I-i}^{post})k!}\underbrace{\int_{\mathbb{R}_+}\theta^{k+a_{i,I-i}^{post}-1}\exp(-(b_{i,I-i}^{post}+(1-\beta_{I-i})/\phi_i)\theta)d\theta}_{\propto\ \text{density of }\Gamma(k+a_{i,I-i}^{post},\,b_{i,I-i}^{post}+(1-\beta_{I-i})/\phi_i)}\\
&=\frac{(b_{i,I-i}^{post})^{a_{i,I-i}^{post}}((1-\beta_{I-i})/\phi_i)^k}{\Gamma(a_{i,I-i}^{post})k!}\frac{\Gamma(k+a_{i,I-i}^{post})}{(b_{i,I-i}^{post}+(1-\beta_{I-i})/\phi_i)^{k+a_{i,I-i}^{post}}}\\
&=\frac{\Gamma(k+a_{i,I-i}^{post})}{k!\Gamma(a_{i,I-i}^{post})}\left(\frac{b_{i,I-i}^{post}}{b_{i,I-i}^{post}+(1-\beta_{I-i})/\phi_i}\right)^{a_{i,I-i}^{post}}\left(\frac{(1-\beta_{I-i})/\phi_i}{b_{i,I-i}^{post}+(1-\beta_{I-i})/\phi_i}\right)^k\\
&=\binom{k+a_{i,I-i}^{post}-1}{k}\left(\frac{b_{i,I-i}^{post}}{b_{i,I-i}^{post}+(1-\beta_{I-i})/\phi_i}\right)^{a_{i,I-i}^{post}}\left(\frac{(1-\beta_{I-i})/\phi_i}{b_{i,I-i}^{post}+(1-\beta_{I-i})/\phi_i}\right)^k
\end{aligned}
\tag{4.23}
$$

它正是负二项分布，参数为 $r=a_{i,I-i}^{post}$ 和 $p=b_{i,I-i}^{post}/(b_{i,I-i}^{post}+(1-\beta_{I-i})/\phi_i)$。

此推论的重要性在于在给定 $C_{i,I-i}$ 时，我们能够明确计算未决负债的条件分布，这与对数正态模型相似（Gogol（1993），见注记 4.5）。因此，我们不仅能够计算 MSEP 的估计，而且还能计算从风险管理的角度来看感兴趣的量，如 VAR。

在给定 Θ_i 时，应用 $X_{i,j}$ 的条件独立性，以及式（4.19），可得：

$$
\begin{aligned}
E\left[C_{i,J}\middle|D_I\right]&=E\left[E\left[C_{i,J}\middle|\Theta_i,D_I\right]\middle|D_I\right]\\
&=C_{i,J}+E\left[E\left[\sum_{j=I-i+1}^{J}X_{i,j}\right]\middle|D_I\right]\\
&=C_{i,J}+(1-\beta_{I-i})E\left[\Theta_i\middle|\mathfrak{D}_I\right]
\end{aligned}
\tag{4.24}
$$

结合式（4.22），可定义如下估计量：

估计量 4.4（Poisson-Gamma 模型） 在模型假设 4.4 下，我们有关于最终索赔 $E[C_{i,J}|D_I]$ 的如下估计。对 $1\leqslant i\leqslant I$，

$$
\widehat{C_{i,J}}^{\text{PoiGa}}=C_{i,I-i}+(1-\beta_{I-i})\left[\frac{b_i}{b_i+(\beta_{I-i}/\phi_i)}\frac{a_i}{b_i}+\left(1-\frac{b_i}{b_i+(\beta_{I-i}/\phi_i)}\right)\frac{C_{i,I-i}}{\beta_{I-i}}\right]
\tag{4.25}
$$

例 4.4（Poisson-Gamma 模型）

再次应用例 2.1 中的数据集。对先验参数的选择，采用表 4.7 中的数据。

注意到当 Θ_i 有 Gamma 分布时，形状参数为 a_i，标度参数为 b_i，那么：

$$E[\Theta_i]=\frac{a_i}{b_i},\quad Vco(\Theta_i)=a_i^{-1/2}$$

应用式（4.19），可得：

$$\begin{aligned}Var(C_{i,J})&=E\left[Var(C_{i,J}\middle|\Theta_i)\right]+Var\left(E[C_{i,J}\middle|\Theta_i]\right)\\&=\phi_i E[\Theta_i]+Var(\Theta_i)\\&=\frac{a_i}{b_i}(\phi_i+b_i^{-1})\end{aligned}$$

表 4.7　Poisson-Gamma 模型的参数选择

i	$E[\Theta_i]$	$Vco(\Theta_i)$(%)	$Vco(C_{i,J})$(%)	a_i	b_i(%)	ϕ_i
0	11653101	5.00	7.8	400	0.00343	41951
1	11367306	5.00	7.8	400	0.00352	40922
2	10962965	5.00	7.8	400	0.00365	39467
3	10616762	5.00	7.8	400	0.00377	38220
4	11044881	5.00	7.8	400	0.00362	39762
5	11480700	5.00	7.8	400	0.00348	41331
6	11413572	5.00	7.8	400	0.00350	41089
7	11126527	5.00	7.8	400	0.00360	40055
8	10986548	5.00	7.8	400	0.00364	39552
9	11618437	5.00	7.8	400	0.00344	41826

定义信度权重$\alpha_{i,I-i}$为：

$$\alpha_{i,I-i}=\frac{\beta_{I-i}/\phi_i}{b_i+\beta_{I-i}/\phi_i}$$

它是给予观察值$C_{i,I-i}/\beta_{i,I-i}$的信度权重。信度权重和最终值的估计见表 4.8。从表 4.8 中可以看出，Poisson-Gamma 模型的准备金与 BF 准备金较为接近。

注意到信度权重可写为：

$$\alpha_{i,I-i}=\frac{\beta_{I-i}}{\beta_{I-i}+\phi_i\ b_i}=\frac{\beta_{I-i}}{\beta_{I-i}+\dfrac{E[Var(X_{i,I-i}|\Theta_i)]}{\gamma_{I-i}\ Var(\Theta_i)}}\tag{4.26}$$

其中，$E[Var(X_{i,I-i}|\Theta_i)]/(\gamma_{I-i}\ Var(\Theta_i))$称为信度系数。

条件 MSEP 为（参考式（4.24）和式（4.25））：

$$\begin{aligned}\text{msep}_{C_{i,J}|D_I}\left(\widehat{C_{i,J}}^{\text{PoiGa}}\right)&=E\left[\left(C_{i,J}-\widehat{C_{i,J}}^{\text{PoiGa}}\right)^2\middle|D_I\right]\\&=E\left[\left(\sum_{j=I-i+1}^{J}X_{i,j}-(1-\beta_{I-i})E(\Theta_i|D_I)\right)^2\middle|D_I\right]\\&=E\left[\left(\sum_{j=I-i+1}^{J}(X_{i,j}-\gamma_j E[\Theta_i|D_I])\right)^2\middle|D_I\right]\end{aligned}$$

表 4.8　Poisson-Gamma 模型的索赔准备金

						索赔准备金		
i	$C_{i,I-i}$	$\beta_{i,I-i}(\%)$	$\alpha_{i,I-i}(\%)$	$\frac{a_{i,I-i}^{post}}{b_{i,I-i}^{post}}$	$\widehat{C_{i,J}}^{\text{PoiGa}}$	PoiGa	CL	BF
0	11148124	100.0	41.0	11446143	11148124	0	0	0
1	10648192	99.9	40.9	11079028	10663907	15715	15126	16124
2	10635751	99.9	40.9	10839802	10662446	26695	26257	26998
3	9724068	99.6	40.9	10265794	9760401	36333	34538	37575
4	9786916	99.1	40.8	10566741	9878219	91303	85302	95434
5	9935753	98.4	40.6	10916902	10105034	169281	156494	178024
6	9282022	97.0	40.3	10670762	9601115	319093	286121	341305
7	8256211	94.8	39.7	10165120	8780696	524484	449167	574089
8	7648729	88.0	37.9	10116206	8862913	1214184	1043242	1318646
9	5675568	59.0	29.0	11039755	10206452	4530884	3950815	4768384
合计						6927972	6047062	7356579

由于在贝叶斯估计中，对于 $j>I-i$ ，下式成立：

$$\begin{aligned} E\left[X_{i,j}\middle|D_I\right] &= E\left[E\left[X_{i,j}\middle|\Theta_i,D_I\right]\middle|D_I\right] \\ &= E\left[E\left[X_{i,j}\middle|\Theta_i\right]\middle|D_I\right]=\gamma_j E\left[\Theta_i\middle|D_I\right] \end{aligned} \tag{4.27}$$

因此，

$$\text{msep}_{C_{i,J}|D_I}\left(\widehat{C_{i,J}}^{\text{PoiGa}}\right)=Var\left(\sum_{j=I-i+1}^{J}X_{i,j}\middle|D_I\right)$$

最后这个式子是可以计算的。给定 Θ_i 时， $X_{i,j}$ 是条件独立的，并应用式（4.19），可得：

$$\begin{aligned} &Var\left(\sum_{j=I-i+1}^{J}X_{i,j}\middle|D_I\right) \\ &=E\left[Var\left(\sum_{j=I-i+1}^{J}X_{i,j}\middle|\Theta_i\right)\middle|D_I\right]+Var\left(E\left[\sum_{j=I-i+1}^{J}X_{i,j}\middle|\Theta_i\right]\middle|D_I\right) \\ &=E\left[\sum_{j=I-i+1}^{J}\phi_i\Theta_i\gamma_j\middle|D_I\right]+Var\left(\sum_{j=I-i+1}^{J}\Theta_i\gamma_j\middle|D_I\right) \\ &=\phi_i(1-\beta_{I-i})E[\Theta_i|D_I]+(1-\beta_{I-i})^2Var(\Theta_i|D_I) \end{aligned} \tag{4.28}$$

联合引理 4.4，可得如下推论。

推论 4.2　在模型假设 4.4 下，对单个事故年 i ，条件 MSEP 为：

$$\mathrm{msep}_{C_{i,J}|D_I}(\widehat{C_{i,J}}^{\mathrm{PoiGa}})=\phi_i(1-\beta_{I-i})\frac{a_{i,I-i}^{\mathrm{post}}}{b_{i,I-i}^{\mathrm{post}}}+(1-\beta_{I-i})^2\frac{a_{i,I-i}^{\mathrm{post}}}{(b_{i,I-i}^{\mathrm{post}})^2}$$

注意到，在上述公式中，我们假设参数 a_i，b_i，ϕ_i 和 γ_j 都是已知的。当这些参数未知时，需要对参数进行估计，这就会产生估计误差。

无条件 MSEP 也很容易计算。我们有

$$\begin{aligned}\mathrm{msep}_{C_{i,J}}(\widehat{C_{i,J}}^{\mathrm{PoiGa}})&=E\left[\mathrm{msep}_{C_{i,J}|D_I}(\widehat{C_{i,J}}^{\mathrm{PoiGa}})\right]\\&=\phi_i(1-\beta_{I-i})\frac{E[a_{i,I-i}^{post}]}{b_{i,I-i}^{post}}+(1-\beta_{I-i})^2\frac{E[a_{i,I-i}^{post}]}{(b_{i,I-i}^{post})^2}\end{aligned}\tag{4.29}$$

另外应用 $E[C_{i,I-i}]=\beta_{I-i}(a_i/b_i)$（见式（4.21）），可得：

$$\mathrm{msep}_{C_{i,J}}(\widehat{C_{i,J}}^{\mathrm{PoiGa}})=\phi_i(1-\beta_{I-i})\frac{a_i}{b_i}\frac{1+\phi_i b_i}{\phi_i b_i+\beta_{I-i}}$$

例 4.4（续）

表 4.9 给出了条件预测误差和无条件预测误差。

表 4.9　Poisson–Gamma 模型的 MSEP

	$\mathrm{msep}^{1/2}_{C_{i,J}\|C_{i,I-i}}(\cdot)$			$\mathrm{msep}^{1/2}_{C_{i,J}}(\cdot)$	
	$\widehat{C_{i,J}}^{\mathrm{PoiGa}}$	$\widehat{C_{i,J}}^{\mathrm{Go}}$		$\widehat{C_{i,J}}^{\mathrm{PoiGa}}$	$\widehat{C_{i,J}}^{\mathrm{Go}}$
0					
1	25367	16391		25695	18832
2	32475	21602		32659	23940
3	37292	23714		37924	27804
4	60359	37561		61710	45276
5	83912	51584		86052	63200
6	115212	68339		119155	87704
7	146500	82516		153272	113195
8	224738	129667		234207	174906
9	477318	309586		489668	388179
合计	571707	359869		588809	457739

附录　数值实例

例 4.1（BH 方法）

表 4.10 给出了已知的累计赔款流量三角形数据。

表 4.10　累计赔款数据（ $C_{i,j}$ ）

	0	1	2	3	4	5	6	7	8	9
0	5946975	9668212	10563929	10771690	10978394	11040518	11106331	11121181	11132310	11148124
1	6346756	9593162	10316383	10468180	10536004	10572608	10625360	10636546	10648192	
2	6269090	9245313	10092366	10355134	10507837	10573282	10626827	10635751		
3	5863015	8546239	9268771	9459424	9592399	9680740	9724068			
4	5778885	8524114	9178009	9451404	9681692	9786916				
5	6184793	9013132	9585897	9830796	9935753					
6	5600184	8493391	9056505	9282022						
7	5288066	7728169	8256211							
8	5290793	7648729								
9	5675568									

一、BH 方法估计最终损失和索赔准备金

下面给出 BH 方法估计最终损失和索赔准备金的详细过程。

第一步：表 4.11 给出了 BH 方法中参数 β_j （$0\leqslant j\leqslant 9$）的估计过程。

其中，第 2 行给出的是截至对角线最近评估日历年，所有事故年在进展年 j 的累计赔款额之和，等于表 4.10 中上三角每列累计赔款额的求和值。第 3 行为对角线最近评估日历年的累计赔款额，对应于表 4.10 中的对角线赔款额。第 4 行给出的是估计的各进展年的年度进展因子 $\widehat{f_j}$ ，其计算公式为：

$$\widehat{f_j}=\frac{\sum_{i=0}^{8-j}C_{i,j+1}}{\sum_{i=0}^{8-j}C_{i,j}}=\frac{\sum_{i=0}^{9-k}C_{i,k}}{\left(\sum_{i=0}^{9-k}C_{i,k}-C_{9-k,k}\right)}\quad（0\leqslant j\leqslant 8,\ k=j+1）$$

因此，可以得出 $\widehat{f_0}=\dfrac{78460461}{(58244126-5675568)}=1.4925$ ，其他进展年的年度进展因子的计算可以类似处理。显然，BH 方法中年度进展因子的估计与链梯法相同。第 5 行给出的是累计进展因子 $\prod_j^9\widehat{f_j}$ （$0\leqslant j\leqslant 9$），其中，不考虑尾部进展，令 $\widehat{f_9}=1.0000$ 。第 6 行给出的是 $\widehat{\beta_j}^{(\mathrm{CL})}=\widehat{\beta_j}=\prod_j^9 1/\widehat{f_j}$ ，用来描述索赔进展比例。

表 4.11　BH 方法中参数 β_j 的估计

进展年 j	0	1	2	3	4	5	6	7	8	9
$\sum_{i=0}^{9-j}C_{i,j}$	58244126	78460461	76318071	69618650	61232079	51654063	42082586	32393478	21780502	11148124
$C_{9-j,j}$	5675568	7648729	8256211	9282022	9935753	9786916	9724068	10635751	10648192	11148124
$\widehat{f_j}$	1.4925	1.0778	1.0229	1.0148	1.0070	1.0051	1.0011	1.0010	1.0014	
$\prod_j^8\widehat{f_j}$	1.6961	1.1364	1.0544	1.0308	1.0158	1.0087	1.0036	1.0025	1.0014	1.0000
$\widehat{\beta_j}^{(\mathrm{CL})}$	58.96%	88.00%	94.84%	97.01%	98.45%	99.14%	99.65%	99.75%	99.86%	100.00%

第二步：表 4.12 给出了 BH 方法得到的最终损失和索赔准备金的估计值。为了便于比较，表 4.12 中也给出了 BF 法和链梯法的估计结果。

表 4.12　BF、CL、BH 三种方法估计的最终损失和索赔准备金

事故年 i	$C_{i,9-i}$	$\widehat{\beta_{9-i}}^{(CL)}$	$\hat{\mu}_i$	$\widehat{C_{i,9}}^{BF}$	$\widehat{C_{i,9}}^{CL}$	$\widehat{C_{i,9}}^{BH}$	$\widehat{R_i}^{BF}$	$\widehat{R_i}^{CL}$	$\widehat{R_i}^{BH}$
0	11148124	100.00%	11653101	11148124	11148124	11148124	0	0	0
1	10648192	99.86%	11367306	10664316	10663318	10663319	16124	15126	15127
2	10635751	99.75%	10962965	10662749	10662008	10662010	26998	26257	26259
3	9724068	99.65%	10616762	9761643	9758606	9758617	37575	34538	34549
4	9786916	99.14%	11044881	9882350	9872218	9872305	95434	85302	85389
5	9935753	98.45%	11480700	10113777	10092247	10092581	178024	156494	156828
6	9282022	97.01%	11413572	9623328	9568143	9569793	341305	286121	287771
7	8256211	94.84%	11126527	8830301	8705378	8711824	574089	449167	455612
8	7648729	88.00%	10986548	8967375	8691971	8725026	1318646	1043242	1076297
9	5675568	58.96%	11618437	10443953	9626383	9961926	4768384	3950815	4286358
合计							**7356580**	**6047061**	**6424190**

其中，第 2 列为表 4.10 中的对角线累计赔款额 $C_{i,9-i}$，第 3 列为估计的事故年 i（$0 \leqslant i \leqslant 9$）的 $\widehat{\beta_{9-i}}^{(CL)}$，第 4 列为最终损失的先验估计 $\hat{\mu}_i$，第 5、6 列分别为 BF 法、链梯法估计的最终损失，其计算公式分别为：

$$\widehat{C_{i,9}}^{BF} = C_{i,9-i} + \left(1 - \widehat{\beta_{9-i}}^{(CL)}\right)\hat{\mu}_i \qquad \widehat{C_{i,9}}^{CL} = C_{i,9-i} \Big/ \widehat{\beta_{9-i}}^{(CL)}$$

第 7 列为 BH 方法估计的事故年 i（$0 \leqslant i \leqslant 9$）的最终损失，其计算公式为：

$$\widehat{C_{i,9}}^{BH} = \widehat{\beta_{9-i}}^{(CL)} \widehat{C_{i,9}}^{CL} + \left(1 - \widehat{\beta_{9-i}}^{(CL)}\right)\widehat{C_{i,9}}^{BF} = C_{i,9-i} + \left(1 - \widehat{\beta_{9-i}}^{(CL)}\right)\widehat{C_{i,9}}^{BF}$$

第 8～10 列为三种方法估计的事故年 i（$0 \leqslant i \leqslant 9$）的索赔准备金，其计算公式分别为：

$$\widehat{R_i}^{BF} = \widehat{C_{i,9}}^{BF} - C_{i,9-i} \quad \widehat{R_i}^{CL} = \widehat{C_{i,9}}^{CL} - C_{i,9-i} \quad \widehat{R_i}^{BH} = \widehat{C_{i,9}}^{BH} - C_{i,9-i} \quad (1 \leqslant i \leqslant 9)$$

相应的所有事故年总的索赔准备金的估计值的计算公式分别为：

$$\widehat{R}^{BF} = \sum_{i=1}^{9} \widehat{R_i}^{BF} \qquad \widehat{R}^{CL} = \sum_{i=1}^{9} \widehat{R_i}^{CL} \qquad \widehat{R}^{BH} = \sum_{i=1}^{9} \widehat{R_i}^{BH}$$

二、BF/BH 方法的迭代

表 4.13 给出了 BF/BH 方法的迭代收敛过程。

表 4.13　BF/BH 方法的迭代过程

事故年 i	$\hat{C}^{(1)}=\widehat{C_{i,9}}^{\mathrm{BF}}$	$\hat{C}^{(2)}=\widehat{C_{i,9}}^{\mathrm{BH}}$	$\hat{C}^{(3)}$	$\hat{C}^{(4)}$	$\hat{C}^{(5)}$	…	$\hat{C}^{(\infty)}=\widehat{C_{i,9}}^{\mathrm{CL}}$
0	11148124	11148124	11148124	11148124	11148124		11148124
1	10664316	10663319	10663318	10663318	10663318		10663318
2	10662749	10662010	10662008	10662008	10662008		10662008
3	9761643	9758617	9758606	9758606	9758606		9758606
4	9882350	9872305	9872218	9872218	9872218		9872218
5	10113777	10092581	10092252	10092247	10092247		10092247
6	9623328	9569793	9568192	9568144	9568143		9568143
7	8830301	8711824	8705711	8705395	8705379		8705378
8	8967375	8725026	8695938	8692447	8692028		8691971
9	10443953	9961926	9764095	9682902	9649579		9626383
$\widehat{R}$	**7356580**	**6424190**	**6189128**	**6104075**	**6070315**		**6047061**

其中，第 2 列等于表 4.4.3 中的第 5 列。第 3 列的计算公式为：

$$\hat{C}^{(2)}=\widehat{C_{i,9}}^{\mathrm{BH}}=\widehat{\beta_{9-i}}^{(\mathrm{CL})}\widehat{C_{i,9}}^{\mathrm{CL}}+\left(1-\widehat{\beta_{9-i}}^{(\mathrm{CL})}\right)\widehat{C_{i,9}}^{\mathrm{BF}}=C_{i,9-i}+\left(1-\widehat{\beta_{9-i}}^{(\mathrm{CL})}\right)\hat{C}^{(1)}$$

第 4 列的计算公式为：

$$\hat{C}^{(3)}=C_{i,9-i}+\left(1-\widehat{\beta_{9-i}}^{(\mathrm{CL})}\right)\hat{C}^{(2)}$$

依次迭代下去，可以看出最终损失和索赔准备金的估计值收敛到链梯法的相应估计值。

例 4.2（Cape-Cod 方法）

表 4.14 给出了已知的累计赔款流量三角形数据。

表 4.14　累计赔款数据（$C_{i,j}$）

	0	1	2	3	4	5	6	7	8	9
0	5946975	9668212	10563929	10771690	10978394	11040518	11106331	11121181	11132310	11148124
1	6346756	9593162	10316383	10468180	10536004	10572608	10625360	10636546	10648192	
2	6269090	9245313	10092366	10355134	10507837	10573282	10626827	10635751		
3	5863015	8546239	9268771	9459424	9592399	9680740	9724068			
4	5778885	8524114	9178009	9451404	9681692	9786916				
5	6184793	9013132	9585897	9830796	9935753					
6	5600184	8493391	9056505	9282022						
7	5288066	7728169	8256211							
8	5290793	7648729								
9	5675568									

下面给出 Cape-Cod 方法估计最终损失和索赔准备金的详细过程。

第一步：表 4.15 给出了 Cape-Cod 方法中参数 β_j（$0 \leqslant j \leqslant 9$）的估计过程。

表 4.15　Cape-Cod 方法中参数 β_j 的估计

进展年 j	0	1	2	3	4	5	6	7	8	9
$\sum_{i=0}^{9-j} C_{i,j}$	58244126	78460461	76318071	69618650	61232079	51654063	42082586	32393478	21780502	11148124
$C_{9-j,j}$	5675568	7648729	8256211	9282022	9935753	9786916	9724068	10635751	10648192	11148124
$\widehat{f}_j$	1.4925	1.0778	1.0229	1.0148	1.0070	1.0051	1.0011	1.0010	1.0014	
$\prod_j^8 \widehat{f}_j$	1.6961	1.1364	1.0544	1.0308	1.0158	1.0087	1.0036	1.0025	1.0014	1.0000
$\widehat{\beta}_j$	58.96%	88.00%	94.84%	97.01%	98.45%	99.14%	99.65%	99.75%	99.86%	100.00%

其中，第 2 行给出的是截至对角线最近评估日历年，所有事故年在进展年 j 的累计赔款额之和，等于表 4.14 中上三角每列累计赔款额的求和值。第 3 行为对角线最近评估日历年的累计赔款额，对应于表 4.14 中的对角线赔款额。第 4 行给出的是估计的各进展年的年度进展因子 $\widehat{f}_j$，其计算公式为：

$$\widehat{f}_j = \frac{\sum_{i=0}^{8-j} C_{i,j+1}}{\sum_{i=0}^{8-j} C_{i,j}} = \frac{\sum_{i=0}^{9-k} C_{i,k}}{\left(\sum_{i=0}^{9-k} C_{i,k} - C_{9-k,k}\right)} \quad （0 \leqslant j \leqslant 8，\ k = j+1）$$

因此，可以得出 $\widehat{f}_0 = \dfrac{78460461}{(58244126 - 5675568)} = 1.4925$，其他进展年的年度进展因子的计算可以类似处理。显然，Cape-Cod 方法中年度进展因子的估计与链梯法相同。第 5 行给出的是累计进展因子 $\prod_j^9 \widehat{f}_j$（$0 \leqslant j \leqslant 9$），其中不考虑尾部进展，令 $\widehat{f}_9 = 1.0000$。第 6 行给出的是 $\widehat{\beta}_j = \prod_j^9 1/\widehat{f}_j$，用来描述索赔进展比例。

第二步：表 4.16 给出了 Cape-Cod 方法得到的最终损失和索赔准备金的估计值。

表 4.16　Cape-Cod 方法估计的最终损失和索赔准备金

事故年 i	$C_{i,9-i}$	$\widehat{\beta_{9-i}}$	$\widehat{C_{i,9}}^{CL}$	Π_i	$\hat{\kappa}_i$	$\widehat{C_{i,9-i}}^{CC}$	$\widehat{C_{i,9}}^{CC}$	$\widehat{R_i}^{CC}$
0	11148124	100.00%	11148124	15473558	72.0%	10411192	11148124	0
1	10648192	99.86%	10663318	14882436	71.7%	9999259	10662396	14204
2	10635751	99.75%	10662008	14456039	73.8%	9702614	10659704	23953
3	9724068	99.65%	9758606	14054917	69.4%	9423208	9757538	33469
4	9786916	99.14%	9872218	14525373	68.0%	9688771	9871362	84446
5	9935753	98.45%	10092247	15025923	67.2%	9953237	10092522	156769
6	9282022	97.01%	9568143	14832965	64.5%	9681735	9580464	298442
7	8256211	94.84%	8705378	14550359	59.8%	9284898	8761342	505131
8	7648729	88.00%	8691971	14461781	60.1%	8562549	8816611	1167882
9	5675568	58.96%	9626383	15210363	63.3%	6033871	9875801	4200233
合计					67.3%			**6484530**

其中，第 2 列为表 4.14 中的对角线累计赔款额 $C_{i,9-i}$。第 3 列为估计的事故年 i（$0 \leqslant i \leqslant 9$）的 $\widehat{\beta_{9-i}}$。第 4 列为链梯法估计的最终损失，计算公式为 $\widehat{C_{i,9}}^{\text{CL}} = \dfrac{C_{i,9-i}}{\widehat{\beta_{9-i}}}$。第 5 列为已知的事故年 i（$0 \leqslant i \leqslant 9$）的保费 Π_i。第 6 列为事故年 i 的损失率，计算公式为 $\hat{\kappa}_i = \widehat{C_{i,9}}^{\text{CL}} \big/ \Pi_i$，且最后一行给出的是所有事故年的平均损失率，计算公式为 $\hat{\kappa}^{\text{CC}} = \dfrac{\sum_{i=0}^{9} C_{i,9-i}}{\sum_{i=0}^{9} \widehat{\beta_{9-i}} \cdot \Pi_i}$。第 7 列为 Cape-Cod 方法得到的对角线稳健估计，计算公式为 $\widehat{C_{i,9-i}}^{\text{CC}} = \hat{\kappa}^{\text{CC}} \Pi_i \widehat{\beta_{9-i}}$。第 8 列为 Cape-Cod 方法估计的最终损失，计算公式为 $\widehat{C_{i,9}}^{\text{CC}} = C_{i,9-i} - \widehat{C_{i,9-i}}^{\text{CC}} + \widehat{C_{i,9-i}}^{\text{CC}} \big/ \widehat{\beta_{9-i}}$。第 9 列为 Cape-Cod 方法估计的索赔准备金，计算公式为 $\widehat{R_i}^{\text{CC}} = \widehat{C_{i,9}}^{\text{CC}} - C_{i,9-i}$。

例 4.3（Gogol（1993）模型　引理 4.3 假设）

表 4.17 给出了已知的累计赔款流量三角形数据。

表 4.17　累计赔款数据（$C_{i,j}$）

	0	1	2	3	4	5	6	7	8	9
0	5946975	9668212	10563929	10771690	10978394	11040518	11106331	11121181	11132310	11148124
1	6346756	9593162	10316383	10468180	10536004	10572608	10625360	10636546	10648192	
2	6269090	9245313	10092366	10355134	10507837	10573282	10626827	10635751		
3	5863015	8546239	9268771	9459424	9592399	9680740	9724068			
4	5778885	8524114	9178009	9451404	9681692	9786916				
5	6184793	9013132	9585897	9830796	9935753					
6	5600184	8493391	9056505	9282022						
7	5288066	7728169	8256211							
8	5290793	7648729								
9	5675568									

基于引理 4.3，下面给出估计最终损失、索赔准备金，以及最终损失的 MSEP 的详细过程。

第一步：类似于前面例题的讨论，表 4.18 给出了引理 4.3 中的参数 β_j（$0 \leqslant j \leqslant 9$）的估计过程。

表 4.18　引理 4.3 中参数 β_j 的估计

进展年 j	0	1	2	3	4	5	6	7	8	9
$\sum_{i=0}^{9-j} C_{i,j}$	58244126	78460461	76318071	69618650	61232079	51654063	42082586	32393478	21780502	11148124
$C_{9-j,j}$	5675568	7648729	8256211	9282022	9935753	9786916	9724068	10635751	10648192	11148124
$\widehat{f_j}$	1.4925	1.0778	1.0229	1.0148	1.0070	1.0051	1.0011	1.0010	1.0014	
$\prod_j^8 \widehat{f_j}$	1.6961	1.1364	1.0544	1.0308	1.0158	1.0087	1.0036	1.0025	1.0014	1.0000
$\widehat{\beta_j}$	58.96%	88.00%	94.84%	97.01%	98.45%	99.14%	99.65%	99.75%	99.86%	100.00%

第二步：Gogol（1993）给出的对数正态模型的参数选择如表 4.19 所示。

表 4.19　对数正态模型的参数选择

事故年 i	$C_{i,9-i}$	$\widehat{\beta_{9-i}}$	$\hat{\mu}_i$	$V_{co}(C_{i,9})$	a^2	σ_i	$\mu^{(i)}$	τ_{9-i}
0	11148124	100.00%	11653101	7.81%	0.17%	7.80%	16.27	0.0%
1	10648192	99.86%	11367306	7.81%	0.17%	7.80%	16.24	0.2%
2	10635751	99.75%	10962965	7.81%	0.17%	7.80%	16.21	0.2%
3	9724068	99.65%	10616762	7.81%	0.17%	7.80%	16.17	0.2%
4	9786916	99.14%	11044881	7.81%	0.17%	7.80%	16.21	0.4%
5	9935753	98.45%	11480700	7.81%	0.17%	7.80%	16.25	0.5%
6	9282022	97.01%	11413572	7.81%	0.17%	7.80%	16.25	0.7%
7	8256211	94.84%	11126527	7.81%	0.17%	7.80%	16.22	1.0%
8	7648729	88.00%	10986548	7.81%	0.17%	7.80%	16.21	1.5%
9	5675568	58.96%	11618437	7.81%	0.17%	7.80%	16.27	3.4%

其中，对于事故年 i（$0 \leqslant i \leqslant 9$），假设 $V_{co}^2(C_{i,9}) = V_{co}^2(U_i) + r^2$，$\sigma_i^2 = \log\left(V_{co}^2(C_{i,9}) + 1\right)$，$a^2 = 1/(1+\alpha_i)$，且 $V_{co}(U_i) = 5\%$，$r = 6\%$，$\alpha_i = 600$。

另外，第 8、9 列的计算公式分别为：

$$\mu^{(i)} = \log(\hat{\mu}_i) - \frac{1}{2}\sigma_i^2,\quad \tau_{9-i} = \log\left(1 + \frac{1-\widehat{\beta_{9-i}}}{\widehat{\beta_{9-i}}} a^2\right)\quad (0 \leqslant i \leqslant 9)$$

第三步：计算信度权重和模型参数的后验估计，如表 4.20 所示。

表 4.20　信度权重和模型参数的后验估计结果

事故年 i	$1-\alpha_{i,9-i}$	$\mu_{post(i,9-i)}$	$\sigma_{post(i,9-i)}$
0	0.0%	16.23	0.00%
1	0.0%	16.18	0.15%
2	0.1%	16.18	0.20%
3	0.1%	16.09	0.24%
4	0.2%	16.11	0.38%
5	0.4%	16.13	0.51%
6	0.8%	16.08	0.71%
7	1.5%	15.98	0.94%
8	3.6%	15.99	1.48%
9	16.0%	16.11	3.12%

结合表 4.19 中的模型参数选择，相应的计算公式分别为：

$$1-\alpha_{i,9-i}=\frac{\tau_{9-i}^2}{\sigma_i^2+\tau_{9-i}^2},\qquad \sigma_{post(i,9-i)}=\sqrt{1-\alpha_{i,9-i}}\,\sigma_i\ (0\leqslant i\leqslant 9)$$

$$\mu_{post(i,9-i)}=(1-\alpha_{i,9-i})\left(\log(C_{i,9-i})-\log(\widehat{\beta_{9-i}})+\frac{1}{2}\tau_{9-i}^2\right)+\alpha_{i,9-i}\mu^{(i)}\ (0\leqslant i\leqslant 9)$$

第四步：表 4.21 给出了 Gogol（1993）模型的最终损失、索赔准备金，以及最终损失的 MSEP 的估计结果。

表 4.21　Gogol（1993）模型的最终损失、索赔准备金及 MSEP 的估计结果

事故年 i	$\widehat{C_{i,9}}^{\text{Go}}$	$\widehat{R_i}^{\text{Go}}$	$\sqrt{\text{MSEP}_{C_{i,9}\mid C_{i,9-i}}\left(\widehat{C_{i,9}}^{\text{Go}}\right)}$	$\sqrt{\text{MSEP}_{C_{i,9}}\left(\widehat{C_{i,9}}^{\text{Go}}\right)}$
0	11148124	0		
1	10663595	15403	16391	17526
2	10662230	26479	21602	22279
3	9759434	35365	23714	25875
4	9874925	88009	37561	42139
5	10097962	162209	51584	58825
6	9582510	300487	68339	81644
7	8737154	480942	82516	105397
8	8766487	1117758	129667	162982
9	9925132	4249564	309586	363331
合计		**6476218**	**359869**	**427850**

其中，事故年 i（$1\leqslant i\leqslant 9$）的条件最终损失和索赔准备金的估计公式为：

$$\widehat{C_{i,9}}^{\text{Go}}=\exp\left\{\mu_{post(i,9-i)}+\frac{1}{2}\sigma_{post(i,9-i)}^2\right\},\quad \widehat{R_i}^{\text{Go}}=\widehat{C_{i,9}}^{\text{Go}}-C_{i,9-i}\ (1\leqslant i\leqslant 9)$$

相应的事故年 i（$1\leqslant i\leqslant 9$）最终损失的条件 MSEP 的估计公式为：

$$\begin{aligned}\text{MSEP}_{C_{i,9}\mid C_{i,9-i}}\left(\widehat{C_{i,9}}^{\text{Go}}\right)&=Var\left(C_{i,9}\mid C_{i,9-i}\right)=\exp\left\{2\mu_{post(i,9-i)}+\sigma_{post(i,9-i)}^2\right\}\left(\exp\left\{\sigma_{post(i,9-i)}^2\right\}-1\right)\\&=\left(E\left(C_{i,9}\mid C_{i,9-i}\right)\right)^2\left(\exp\left\{\sigma_{post(i,9-i)}^2\right\}-1\right)=\left(\widehat{C_{i,9}}^{\text{Go}}\right)^2\left(\exp\left\{\sigma_{post(i,9-i)}^2\right\}-1\right)\end{aligned}$$

所有事故年总的最终损失的条件 MSEP 的估计公式为：

$$\text{MSEP}_{\sum_i C_{i,9}\mid\mathcal{D}_I}\left(\sum_{i=1}^{9}\widehat{C_{i,9}}^{\text{Go}}\right)=\sum_{i=1}^{9}\text{MSEP}_{C_{i,9}\mid C_{i,9-i}}\left(\widehat{C_{i,9}}^{\text{Go}}\right)$$

进一步在引理 4.3 假设下，可以得出事故年 i（$1\leqslant i\leqslant 9$）最终损失的无条件 MSEP 的估计公式（$1\leqslant i\leqslant 9$）为：

$$\text{MSEP}_{C_{i,9}}\left(\widehat{C_{i,9}}^{\text{Go}}\right)=\exp\left\{2\mu^{(i)}+(1+\alpha_{i,9-i})\sigma_i^2\right\}\left(\exp\left\{\sigma_{post(i,9-i)}^2\right\}-1\right)$$

所有事故年总的最终损失的无条件 MSEP 的估计公式为：

$$\text{MSEP}_{\sum_i C_{i,9}}\left(\sum_{i=1}^{9}\widehat{C_{i,9}}^{\text{Go}}\right)=\sum_{i=1}^{9}\text{MSEP}_{C_{i,9}}\left(\widehat{C_{i,9}}^{\text{Go}}\right)$$

例 4.4（Poisson-Gamma 模型）

表 4.22 给出了已知的累计赔款流量三角形数据。

表 4.22　累计赔款数据（ $C_{i,j}$ ）

	0	1	2	3	4	5	6	7	8	9
0	5946975	9668212	10563929	10771690	10978394	11040518	11106331	11121181	11132310	11148124
1	6346756	9593162	10316383	10468180	10536004	10572608	10625360	10636546	10648192	
2	6269090	9245313	10092366	10355134	10507837	10573282	10626827	10635751		
3	5863015	8546239	9268771	9459424	9592399	9680740	9724068			
4	5778885	8524114	9178009	9451404	9681692	9786916				
5	6184793	9013132	9585897	9830796	9935753					
6	5600184	8493391	9056505	9282022						
7	5288066	7728169	8256211							
8	5290793	7648729								
9	5675568									

下面给出估计最终损失、索赔准备金，以及最终损失的 MSEP 的详细过程。

第一步：类似于前面例题的讨论，表 4.23 给出了 Poisson-Gamma 模型中参数 β_j（$0 \leqslant j \leqslant 9$）的估计过程。

表 4.23　Poisson-Gamma 模型中参数 β_j 的估计

进展年 j	0	1	2	3	4	5	6	7	8	9
$\sum_{i=0}^{9-j} C_{i,j}$	58244126	78460461	76318071	69618650	61232079	51654063	42082586	32393478	21780502	11148124
$C_{9-j,j}$	5675568	7648729	8256211	9282022	9935753	9786916	9724068	10635751	10648192	11148124
$\widehat{f}_j$	1.4925	1.0778	1.0229	1.0148	1.0070	1.0051	1.0011	1.0010	1.0014	
$\prod_j^8 \widehat{f}_j$	1.6961	1.1364	1.0544	1.0308	1.0158	1.0087	1.0036	1.0025	1.0014	1.0000
$\widehat{\beta}_j$	58.96%	88.00%	94.84%	97.01%	98.45%	99.14%	99.65%	99.75%	99.86%	100.00%

第二步：Poisson-Gamma 模型的参数选择如表 4.24 所示。

表 4.24　Poisson-Gamma 模型的参数选择

事故年 i	$C_{i,9-i}$	$\widehat{\beta_{9-i}}$	$\hat{\mu}_i$	$\mathrm{V_{co}}(\Theta_i)$	$\mathrm{V_{co}}(C_{i,9})$	a_i	b_i	ϕ_i
0	11148124	100.00%	11653101	5.00%	7.81%	400	0.00343%	41951
1	10648192	99.86%	11367306	5.00%	7.81%	400	0.00352%	40922
2	10635751	99.75%	10962965	5.00%	7.81%	400	0.00365%	39467
3	9724068	99.65%	10616762	5.00%	7.81%	400	0.00377%	38220
4	9786916	99.14%	11044881	5.00%	7.81%	400	0.00362%	39762
5	9935753	98.45%	11480700	5.00%	7.81%	400	0.00348%	41331
6	9282022	97.01%	11413572	5.00%	7.81%	400	0.00350%	41089
7	8256211	94.84%	11126527	5.00%	7.81%	400	0.00360%	40055
8	7648729	88.00%	10986548	5.00%	7.81%	400	0.00364%	39552
9	5675568	58.96%	11618437	5.00%	7.81%	400	0.00344%	41826

其中，对于事故年 i（$0 \leqslant i \leqslant 9$），假设 $\mathrm{V_{co}^2}(C_{i,9}) = \mathrm{V_{co}^2}(\Theta_i) + r^2$，且 $\mathrm{V_{co}}(\Theta_i) = 5\%$，$r = 6\%$。进而可以得出 $a_i = 1/\mathrm{V_{co}^2}(\Theta_i) = 400$，$b_i = a_i/\hat{\mu}_i$。另外，有：

$$Var(C_{i,9}) = \mathrm{V}_{\mathrm{CO}}^2\left(C_{i,9}\right)\hat{\mu}_i^2 = E\left[Var(C_{i,9}|\Theta_i)\right] + Var\left(E[C_{i,9}|\Theta_i]\right)$$

$$= \phi_i E[\Theta_i] + Var(\Theta_i) = \frac{a_i}{b_i}(\phi_i + b_i^{-1})$$

因此，可以得出 $\phi_i = \mathrm{V}_{\mathrm{CO}}^2\left(C_{i,9}\right)\hat{\mu}_i^2 \frac{b_i}{a_i} - \frac{1}{b_i}$。

第三步：表 4.25 中第 2、3 列给出了 Poisson-Gamma 模型的信度权重和模型参数的后验估计结果，相应的计算公式为：

$$\alpha_{i,9-i} = \frac{\widehat{\beta_{9-i}}/\phi_i}{b_i + \widehat{\beta_{9-i}}/\phi_i}, \qquad \frac{a_{i,9-i}^{\mathrm{post}}}{b_{i,9-i}^{\mathrm{post}}} = \left(1-\alpha_{i,9-i}\right)\frac{a_i}{b_i} + \alpha_{i,9-i}\frac{C_{i,9-i}}{\widehat{\beta_{9-i}}}$$

第 4、5 列给出了 Poisson-Gamma 模型估计的事故年 i（$1 \leqslant i \leqslant 9$）的最终损失和索赔准备金，相应的估计公式为：

$$\widehat{C_{i,9}}^{\mathrm{PoiGa}} = C_{i,9-i} + \left(1-\widehat{\beta_{9-i}}\right)\frac{a_{i,9-i}^{\mathrm{post}}}{b_{i,9-i}^{\mathrm{post}}}, \qquad \widehat{R_i}^{\mathrm{PoiGa}} = \widehat{C_{i,9}}^{\mathrm{PoiGa}} - C_{i,9-i} \quad (1 \leqslant i \leqslant 9)$$

第 6 列给出了事故年 i（$1 \leqslant i \leqslant 9$）最终损失的条件 MSEP 的估计公式为：

$$\mathrm{MSEP}_{C_{i,9}|\mathcal{D}_I}\left(\widehat{C_{i,9}}^{\mathrm{PoiGa}}\right) = \phi_i\left(1-\widehat{\beta_{9-i}}\right)\frac{a_{i,9-i}^{\mathrm{post}}}{b_{i,9-i}^{\mathrm{post}}} + \left(1-\widehat{\beta_{9-i}}\right)^2 \frac{a_{i,9-i}^{\mathrm{post}}}{\left(b_{i,9-i}^{\mathrm{post}}\right)^2}$$

所有事故年总的最终损失的条件 MSEP 的估计公式为：

$$\mathrm{MSEP}_{\sum_i C_{i,9}|\mathcal{D}_I}\left(\sum_{i=1}^{9}\widehat{C_{i,9}}^{\mathrm{PoiGa}}\right) = \sum_{i=1}^{9}\mathrm{MSEP}_{C_{i,9}|\mathcal{D}_I}\left(\widehat{C_{i,9}}^{\mathrm{PoiGa}}\right)$$

第 7 列给出了事故年 i（$1 \leqslant i \leqslant 9$）最终损失的无条件 MSEP 的估计公式为：

$$\mathrm{MSEP}_{C_{i,9}}\left(\widehat{C_{i,9}}^{\mathrm{PoiGa}}\right) = \phi_i\left(1-\widehat{\beta_{9-i}}\right)\frac{a_i}{b_i}\frac{1+\phi_i b_i}{\phi_i b_i + \widehat{\beta_{9-i}}}$$

所有事故年总的最终损失的无条件 MSEP 的估计公式为：

$$\mathrm{MSEP}_{\sum_i C_{i,9}}\left(\sum_{i=1}^{9}\widehat{C_{i,9}}^{\mathrm{PoiGa}}\right) = \sum_{i=1}^{9}\mathrm{MSEP}_{C_{i,9}}\left(\widehat{C_{i,9}}^{\mathrm{PoiGa}}\right)$$

表 4.25　Poisson-Gamma 模型的最终损失、索赔准备金及 MSEP 的估计结果

事故年 i	$\alpha_{i,9-i}$	$a_{i,9-i}^{\mathrm{post}}/b_{i,9-i}^{\mathrm{post}}$	$\widehat{C_{i,9}}^{\mathrm{PoiGa}}$	$\widehat{R_i}^{\mathrm{PoiGa}}$	$\sqrt{\mathrm{MSEP}_{C_{i,9}\mid\mathcal{D}_I}\left(\widehat{C_{i,9}}^{\mathrm{PoiGa}}\right)}$	$\sqrt{\mathrm{MSEP}_{C_{i,9}}\left(\widehat{C_{i,9}}^{\mathrm{PoiGa}}\right)}$
0	41.0%	11446143	11148124	0		
1	40.9%	11079028	10663907	15715	25367	25695
2	40.9%	10839802	10662446	26695	32475	32659
3	40.9%	10265794	9760401	36333	37292	37924
4	40.8%	10566741	9878219	91303	60359	61710
5	40.6%	10916902	10105034	169281	83912	86052
6	40.3%	10670762	9601115	319093	115212	119155
7	39.7%	10165120	8780696	524484	146500	153272
8	37.9%	10116206	8862913	1214184	224738	234207
9	29.0%	11039755	10206452	4530884	477318	489668
合计				**6927973**	**571707**	**588809**

第五章　分布模型

在前面各章中，我们所考虑的许多模型都是与分布无关的模型，也就是说，我们并没有给出明确的概率分布（如第 3 章的 CL 模型），但应用矩方法是我们给出了估计量。在本章中我们要给出的模型将依赖于明确的概率分布（关于增量索赔或累计索赔）。

从这个意义上来说，本章有三个目的：（1）给出明确的分布模型，用于随机模拟；（2）为第 6 章的广义线性模型（GLM）做一些准备工作；（3）在学习 GLM 方法之前，先学习一些简单的内容。

但是，我们要强调的是第一个目的。有了明确的分布模型，才使得随机模拟有可行性。在大多数分布模型中，解析计算一般不超过二阶矩。因此，当我们感兴趣的是高阶矩、分位数、或风险度量时，我们就需要使用明确的分布假设，应用数值算法。

另一方面，我们也应指出，实务人员很多情况下知道二阶矩就足够了。通常来说，他们对变异系数的合理范围有“较好的感觉或经验”。然后，使用矩方法他们就对整体准备金进行分布拟合（如 Gamma 分布或 Lognormal 分布）。从数学的角度讲，这种方法可能不具有一致性，但是，它在很多时候可以导致非常合理的结果。

5.1　累计索赔的对数正态模型

在该模型中，我们考虑累计索赔和对数正态分布。假设个体进展因子 $F_{i,j}=C_{i,j}/C_{i,j-1}$ 服从对数正态分布。取决于方差参数 σ^2 是否已知，我们得到不同的无偏和有偏估计量。

模型假设 5.1　（对数正态模型，累计索赔）

- 个体进展因子 $F_{i,j}=C_{i,j}/C_{i,j-1}$ 服从对数正态分布，确定性的参数为 ξ_j 和 σ_j^2，即

$$\eta_{i,j}=\log(F_{i,j})\sim N(\xi_j,\sigma_j^2) \tag{5.1}$$

其中 $i\in\{0,1,\cdots,I\}, j\in\{0,1,\cdots,J\}$。假设 $C_{i,-1}=1$。

- 对 $i\in\{0,1,\cdots,I\}, j\in\{0,1,\cdots,J\}$，$\eta_{i,j}$ 相互独立。

设 $(F_{i,j})_{0\leqslant j\leqslant J}$ 满足模型假设 5.1，那么可得

$$E[F_{i,j}]=\exp\left\{\xi_i+\frac{1}{2}\sigma_j^2\right\}$$

$$Var(F_{i,j})=\exp\{2\xi_j+\sigma_j^2\}\left(\exp\{\sigma_j^2\}-1\right)$$

引理 5.1　在模型假设 5.1 下，链梯法模型假设 3.1 中式（3.2）是成立的，CL 进展因子为

$$f_{j-1} = \exp\left\{\xi_j + \frac{1}{2}\sigma_j^2\right\}$$

证明：由模型假设 5.1 得

$$E[C_{i,j} \mid C_{i,j-1}] = C_{i,j-1}\ E[F_{i,j} \mid C_{i,j-1}] = C_{i,j-1}\ \exp\left\{\xi_j + \frac{1}{2}\sigma_j^2\right\}$$

但是，方差函数与关于分布无关的 CL 模型 3.2 的方差函数不同。这里的方差

$$\begin{aligned} Var(C_{i,j} \mid C_{i,j-1}) &= C_{i,j-1}^2\ Var(F_{i,j} \mid C_{i,j-1}) \\ &= C_{i,j-1}^2\ \exp\{2\xi_j + \sigma_j^2\}(\exp\{\sigma_j^2\} - 1) \end{aligned}$$

因此，模型假设 5.1 表明 CL 进展因子为 $f_{j-1} = \exp\left\{\xi_j + \frac{1}{2}\sigma_j^2\right\}$ 的 CL 连接比率模型，但与模型假设 3.1 相比，方差函数不同。另外，注意到个体进展因子 $F_{i,j}$ 的分布不依赖于 $C_{i,j-1}$，这在计算 MSEP 时有直接的影响。

参数估计

我们给出参数 ξ_j 和 σ_j^2 的估计如下：

$$\widehat{\xi}_j = \frac{1}{I-j+1}\sum_{i=0}^{I-j}\log\left(\frac{C_{i,j}}{C_{i,j-1}}\right) \tag{5.2}$$

$$\widehat{\sigma}_j^2 = \frac{1}{I-j}\sum_{i=0}^{I-j}\left(\log\left(\frac{C_{i,j}}{C_{i,j-1}}\right) - \widehat{\xi}_j\right)^2 \tag{5.3}$$

对于这些估计量，我们有如下引理。

引理 5.2　在模型假设 5.1 下，我们有

$$\widehat{\xi}_j \sim \mathcal{N}\left(\xi_j, \frac{\sigma_j^2}{I-j+1}\right) \tag{5.4}$$

$$\frac{I-j}{\sigma_j^2}\widehat{\sigma}_j^2 \sim \chi_{I-j}^2 \tag{5.5}$$

这里，χ_{I-j}^2 是自由度为 $I-j$ 的 χ^2 分布，而且 $\widehat{\xi}_j$ 和 $\widehat{\sigma}_j^2$ 是随机独立的。

证明：式（5.4）很容易从模型假设 5.1 得到。式（5.5）是著名的 Cochran 定理的特殊情形。

首先，考虑在对数标度（可加模型）下的随机变量。定义

$$Z_{i,j} = \log(C_{i,j}) \tag{5.6}$$

注意到

$$Z_{i,J} = Z_{i,I-i} + \sum_{j=I-i+1}^{J}\log\left(\frac{C_{i,j}}{C_{i,j-1}}\right) = Z_{i,I-i} + \sum_{j=I-i+1}^{J}\eta_{i,j} \tag{5.7}$$

因此，由式（5.1）和式（5.4），可得

$$E[Z_{i,J} \mid \mathcal{D}_I] = Z_{i,I-i} + \sum_{j=I-i+1}^{J}\xi_j$$

它的估计量可取为

$$\widehat{Z_{i,J}} = \hat{E}\left[Z_{i,J}\left|\mathcal{D}_I\right.\right] = Z_{i,I-i} + \sum_{j=I-i+1}^{J} \widehat{\xi}_j \tag{5.8}$$

引理 5.3　在模型假设 5.1 下，我们有如下结论

（a）给定 $Z_{i,I-i}$，$\widehat{Z_{i,J}}$ 是 $E[Z_{i,J} \mid \mathcal{D}_I] = E[Z_{i,J} \mid Z_{i,I-i}]$ 的无偏估计；

（b）$\widehat{Z_{i,J}}$ 是 $E[Z_{i,J}]$ 的（无条件）无偏估计；

（c）条件 MSEP 为

$$\mathrm{msep}_{Z_{i,J}|\mathcal{D}_I}\left(\widehat{Z_{i,J}}\right) = \sum_{j=I-i+1}^{J} \sigma_j^2 + \left(\sum_{j=I-i+1}^{J} (\widehat{\xi}_j - \xi_j)\right)^2$$

（d）无条件 MSEP 为

$$\mathrm{msep}_{Z_{i,J}}\left(\widehat{Z_{i,J}}\right) = \mathrm{msep}_{Z_{i,J}|Z_{i,I-i}}\left(\widehat{Z_{i,J}}\right) = \sum_{j=I-i+1}^{J} \sigma_j^2\left(1 + \frac{1}{I-j+1}\right)$$

证明：

（a）由式（5.1）和式（5.4），可得

$$E\left[\widehat{Z_{i,J}} - Z_{i,J}\left|Z_{i,I-i}\right.\right] = E\left[\sum_{j=I-i+1}^{J} \widehat{\xi}_j\right] - E\left[\sum_{j=I-i+1}^{J} \eta_{i,j}\right] = 0 \tag{5.9}$$

（b）由（a）可直接得到。

（c）由模型假设 5.1，我们得到条件 MSEP

$$\begin{aligned}
\mathrm{msep}_{Z_{i,J}|\mathcal{D}_I}\left(\widehat{Z_{i,J}}\right) &= E\left[(\widehat{Z_{i,J}} - Z_{i,J})^2\left|\mathcal{D}_I\right.\right] \\
&= E\left[\left(\sum_{j=I-i+1}^{J} \widehat{\xi}_j - \sum_{j=I-i+1}^{J} \eta_{i,j}\right)^2\middle|\mathcal{D}_I\right] \\
&= Var\left(\sum_{j=I-i+1}^{J} \eta_{i,j}\right) + \left(\sum_{j=I-i+1}^{J} (\widehat{\xi}_j - \xi_j)\right)^2 \\
&= \sum_{j=I-i+1}^{J} \sigma_j^2 + \left(\sum_{j=I-i+1}^{J} (\widehat{\xi}_j - \xi_j)\right)^2
\end{aligned}$$

（d）注意到 $\widehat{Z_{i,J}} - Z_{i,J}$ 与 $Z_{i,I-i}$ 独立。由引理 5.2，可得

$$\begin{aligned}
\mathrm{msep}_{Z_{i,J}|Z_{i,I-i}}\left(\widehat{Z_{i,J}}\right) = \mathrm{msep}_{Z_{i,J}}\left(\widehat{Z_{i,J}}\right) &= E\left[\mathrm{msep}_{Z_{i,J}|\mathcal{D}_I}\left(\widehat{Z_{i,J}}\right)\right] \\
&= Var\left(\sum_{j=I-i+1}^{J} \eta_{i,j}\right) + Var\left(\sum_{j=I-i+1}^{J} \widehat{\xi}_j\right) \\
&= \sum_{j=I-i+1}^{J} \sigma_j^2\left(1 + \frac{1}{I-j+1}\right)
\end{aligned} \tag{5.10}$$

5.2 方差参数估计与准备金估计

下面分两种情形讨论准备金的估计量。

5.2.1 方差 σ_j^2 已知

在这一小节，我们假设方差 $\sigma_0^2,\ldots,\sigma_J^2$ 是已知的。注意到

$$
\begin{aligned}
E\left[C_{i,J}\middle|C_{i,I-i}\right] &= E\left[\exp\{Z_{i,J}\}\middle|C_{i,I-i}\right] \\
&= \exp\{Z_{i,I-i}\}\ \exp\left\{\sum_{j=I-i+1}^{J}\xi_j + \sum_{j=I-i+1}^{J}\sigma_j^2/2\right\} \\
&= C_{i,I-i}\exp\left\{\sum_{j=I-i+1}^{J}\xi_j + \frac{1}{2}\sum_{j=I-i+1}^{J}\sigma_j^2\right\}
\end{aligned}
\tag{5.11}
$$

另外，

$$
\begin{aligned}
E\left[\exp\{\widehat{Z_{i,J}}\}\middle|C_{i,I-i}\right] &= \exp\{Z_{i,I-i}\}\,E\left[\exp\left\{\sum_{j=I-i+1}^{J}\widehat{\xi_j}\right\}\right] \\
&= C_{i,I-i}\ \exp\left\{\sum_{j=I-i+1}^{J}\xi_j + \frac{1}{2}\sum_{j=I-i+1}^{J}\frac{\sigma_j^2}{I-j+1}\right\}
\end{aligned}
\tag{5.12}
$$

注意到由于 $Z_{i,J}$ 和 $\widehat{Z_{i,J}}$ 条件方差不同，我们得到了关于对数正态分布的不同的条件期望值。因此，由式（5.11）和式（5.12），可直接得到如下估计量。

估计量 5.1 （无偏估计，σ_j^2 已知） 在模型假设 5.1 下，我们定义如下估计量

$$
\widehat{C_{i,J}}^{\mathrm{LN}} = \hat{E}\left[C_{i,J}\middle|\mathcal{D}_I\right] = \exp\left\{\widehat{Z_{i,J}} + \frac{1}{2}\sum_{j=I-i+1}^{J}\sigma_j^2\left(1-\frac{1}{I-j+1}\right)\right\}
\tag{5.13}
$$

其中 $i=1,2,\cdots,I$ 。

关于此估计量，我们有下列结论：

引理 5.4 （无偏性，σ_j^2 已知） 在模型假设 5.1 下，我们有

（a）给定 $C_{i,I-i}$，$\widehat{C_{i,J}}^{\mathrm{LN}}$ 是 $E\left[C_{i,J}\middle|C_{i,I-i}\right]=E\left[C_{i,J}\middle|\mathcal{D}_I\right]$ 的无偏估计；

（b）$\widehat{C_{i,J}}^{\mathrm{LN}}$ 是 $E\left[C_{i,J}\right]$ 的（无条件）无偏估计；

（c）MSEP 为

$$
\mathrm{msep}_{C_{i,J}|C_{i,I-i}}\left(\widehat{C_{i,J}}^{\mathrm{LN}}\right) = E[C_{i,J}\mid C_{i,I-i}]^2\times\left(\exp\left\{\sum_{j=I-i+1}^{J}\sigma_j^2\right\}+\exp\left\{\sum_{j=I-i+1}^{J}\frac{\sigma_j^2}{I-j+1}\right\}-2\right)
$$

注记 5.1

- 条件 MSEP 由下式给出

$$\text{msep}_{C_{i,J}|\mathcal{D}_I}\left(\widehat{C_{i,J}}^{\text{LN}}\right)=E\left[\left(C_{i,J}-\widehat{C_{i,J}}^{\text{LN}}\right)^2\middle|\mathcal{D}_I\right]$$

$$=C_{i,I-i}^2\,Var\left(\exp\left\{\sum_{j=I-i+1}^{J}\eta_{i,j}\right\}\right)+\left(E\left[C_{i,J}\middle|C_{i,I-i}\right]-\widehat{C_{i,J}}^{\text{LN}}\right)^2 \tag{5.14}$$

- 引理 5.4 表明

$$\text{msep}_{C_{i,J}|C_{i,I-i}}\left(\widehat{C_{i,J}}^{\text{LN}}\right)=E[C_{i,J}\mid C_{i,I-i}]^2$$

$$\times\left(\exp\left\{\sum_{j=I-i+1}^{J}\sigma_j^2\right\}-1+\exp\left\{\sum_{j=I-i+1}^{J}\frac{\sigma_j^2}{I-j+1}\right\}-1\right)$$

过程方差相应于如下项

$$\exp\left\{\sum_{j=I-i+1}^{J}\sigma_j^2\right\}-1$$

参数估计误差相应于如下项

$$\left\{\sum_{j=I-i+1}^{J}\frac{\sigma_j^2}{I-j+1}\right\}-1 \tag{5.15}$$

引理 5.4 的证明

（a）我们有

$$E\left[\widehat{C_{i,J}}^{\text{LN}}\middle|C_{i,I-i}\right]=E\left[\exp\{\widehat{C_{i,J}}\}\middle|C_{i,I-i}\right]\exp\left\{\frac{1}{2}\sum_{j=I-i+1}^{J}\left(\sigma_j^2-\frac{\sigma_j^2}{I-j+1}\right)\right\}$$

$$=E\left[C_{i,J}\middle|C_{i,I-i}\right]=E\left[C_{i,J}\middle|\mathcal{D}_I\right]$$

（b）由（a）可直接得到。

（c）应用不相关性

$$E\left[C_{i,J}\,\widehat{C_{i,J}}^{\text{LN}}\middle|C_{i,I-i}\right]=E\left[C_{i,J}\middle|C_{i,I-i}\right]E\left[\widehat{C_{i,J}}^{\text{LN}}\middle|C_{i,I-i}\right]$$

和估计量 $\widehat{C_{i,J}}^{\text{LN}}$ 的无偏性，我们得到条件 MSEP

$$\text{msep}_{C_{i,J}|C_{i,I-i}}\left(\widehat{C_{i,J}}^{\text{LN}}\right)=E\left[\left(C_{i,J}-\widehat{C_{i,J}}^{\text{LN}}\right)^2\middle|C_{i,I-i}\right]$$

$$=Var\left(C_{i,J}-\widehat{C_{i,J}}^{\text{LN}}\middle|C_{i,I-i}\right)$$

$$=Var\left(C_{i,J}\middle|C_{i,I-i}\right)+Var\left(\widehat{C_{i,J}}^{\text{LN}}\middle|C_{i,I-i}\right)$$

$$=C_{i,I-i}^2\,Var\left(\exp\left\{\sum_{j=I-i+1}^{J}\eta_{i,j}\right\}\right)$$

$$+C_{i,I-i}^2\exp\left\{\sum_{j=I-i+1}^{J}\sigma_j^2\left(1-\frac{1}{I-j+1}\right)\right\}\times Var\left(\exp\left\{\sum_{j=I-i+1}^{J}\widehat{\xi}_j\right\}\right) \tag{5.16}$$

上式表明

$$E\left[\left(\widehat{C_{i,J}}^{\mathrm{LN}}-C_{i,J}\right)^2\middle|C_{i,I-i}\right]$$
$$=\underbrace{C_{i,I-i}^2\exp\left\{\sum_{j=I-i+1}^{J}(2\xi_j+\sigma_j^2)\right\}}_{E[C_{i,J}|C_{i,I-i}]^2}\left[\exp\left(\sum_{j=I-i+1}^{J}\sigma_j^2\right)+\exp\left(\sum_{j=I-i+1}^{J}\frac{\sigma_j^2}{I-j+1}\right)-2\right]$$

上式最后用到式（5.11）。

事故年的聚合

累计索赔的 MSEP 由下式估计

$$\widehat{\mathrm{msep}}_{\sum_i C_{i,J}|\cdot}\left(\sum_{i=1}^{I}\widehat{C_{i,J}}^{\mathrm{LN}}\right)=\sum_{i=1}^{I}\mathrm{msep}_{C_{i,J}|C_{i,I-i}}\left(\widehat{C_{i,J}}^{\mathrm{LN}}\right)+2\sum_{1\le i<k\le I}E\left[C_{i,J}\middle|C_{i,I-i}\right]$$
$$\times E\left[C_{k,J}\middle|C_{k,I-k}\right]\left(\exp\left\{\sum_{j=I-i+1}^{J}\frac{\sigma_j^2}{I-j+1}\right\}-1\right) \tag{5.17}$$

式（5.17）的最后一项基于事实：对不同的事故年我们使用了相同的估计量 $\widehat{\xi_j}$ 。注意到，在条件 $\widehat{\mathrm{msep}}_{\sum_i C_{i,J}|\cdot}\left(\sum_{i=1}^{I}\widehat{C_{i,J}}^{\mathrm{LN}}\right)$ 中，我们使用了符号“·”。它用来说明我们基于最近的容量 $C_{i,I-i}$ 为条件来计算 MSEP。但是，另一方面，在估计 ξ_{I-i} 时，我们把 $C_{i,I-i}$ 视为随机变量。

例 5.1 （对数正态模型，σ_j 已知）

我们使用例 3.1 给出的数据，并把结果与表 3.6 进行比较。计算得到表 5.1 中的参数估计（假设 σ_j^2 是已知的，它由表 5.1 的 $\widehat{\sigma_j^2}$ 给出）。

表 5.1 观测的 $\eta_{i,j}$ 和估计的参数 $\widehat{\xi_j}$ 及 $\widehat{\sigma_j}$

	0	1	2	3	4	5	6	7	8	9
0		0.4860	0.0886	0.0195	0.0190	0.0056	0.0059	0.0013	0.0010	0.0014
1		0.4131	0.0727	0.0146	0.0065	0.0035	0.0050	0.0011	0.0011	
2		0.3885	0.0877	0.0257	0.0146	0.0062	0.0051	0.0008		
3		0.3768	0.0812	0.0204	0.0140	0.0092	0.0045			
4		0.3887	0.0739	0.0294	0.0241	0.0108				
5		0.3766	0.0616	0.0252	0.0106					
6		0.4165	0.0642	0.0246						
7		0.3794	0.0661							
8		0.3686								
9										
$\widehat{\xi_j}$		0.3993	0.0745	0.0228	0.0148	0.0071	0.0051	0.0011	0.0010	0.0014
$\widehat{\sigma_j}$		0.0364	0.0104	0.0049	0.0062	0.0029	0.0006	0.0002	0.0001	0.0001

在表 5.2 中，我们得到了典型的结果。在很多情况下，由 CL 法得到的估计，与由关于累计索赔的对数正态模型得到的估计相比，两者是非常接近的。

表 5.2　索赔准备金和预测误差

i	$C_{i,I-i}$	链梯法准备金	对数正态模型准备金	过程标准差	估计误差平方根	$\widehat{\text{msep}}^{1/2}_{C_{i,J}\mid C_{i,I-i}}$
0	11148124	0	0			
1	10648192	15126	15126	709	709	1002
2	10635751	26257	26268	1002	868	1326
3	9724068	34538	34511	2599	1613	3059
4	9786916	85302	85046	6606	3442	7449
5	9935753	156494	157374	30249	13648	33185
6	9282022	286121	287692	65803	27423	71288
7	8256211	449167	451948	73574	29728	79353
8	7648729	1043242	1042996	116745	43703	124657
9	5675568	3950851	3945346	373209	126296	394000
合计		**6047061**	**6046308**	**404505**	**182755**	**443874**

从 $\widehat{Z_{i,J}}$ 到 $\widehat{C_{i,J}}$ 的逆向变换，还有其他不同的方法。

估计量 5.2　（中心预测量，σ_j^2 已知）　在模型假设 5.1 下，定义下面的估计量

$$\begin{aligned}\widehat{C_{i,J}}^{\text{cp}} &= \hat{E}\left[C_{i,J}\middle|\mathcal{D}_I\right] = \exp\left\{\widehat{Z_{i,J}} + \frac{1}{2}\sum_{j=I-i+1}^{J}\sigma_j^2\left(1+\frac{1}{I-j+1}\right)\right\} \\ &= \widehat{C_{i,J}}^{\text{LN}}\exp\left(\sum_{j=I-i+1}^{J}\frac{\sigma_j^2}{I-j+1}\right) > \widehat{C_{i,J}}^{\text{LN}}\end{aligned} \tag{5.18}$$

其中 $i=1,2,\cdots,I$，而 $\widehat{C_{i,J}}^{\text{LN}}$ 由式（5.13）定义。

引理 5.5　（中心预测量，σ_j^2 已知）　在模型假设 5.1 下，我们有

（a）$\widehat{C_{i,J}}^{\text{cp}}$ 满足

$$E\left[\frac{C_{i,J}}{\widehat{C_{i,J}}^{cp}}\middle|C_{i,I-i}\right]=1 \tag{5.19}$$

（b）MSPE 由下式给出

$$\begin{aligned}&\text{msep}_{C_{i,J}|C_{i,I-i}}\left(\widehat{C_{i,J}}^{\text{cp}}\right) = E[C_{i,J}\mid C_{i,I-i}]^2 \\ &\times\left(\exp\left\{\sum_{j=I-i+1}^{J}\frac{3\sigma_j^2}{I-j+1}\right\}+\exp\left\{\sum_{j=I-i+1}^{J}\sigma_j^2\right\}-2\exp\left\{\sum_{j=I-i+1}^{J}\frac{\sigma_j^2}{I-j+1}\right\}\right) \\ &>\text{msep}_{C_{i,J}|C_{i,I-i}}\left(\widehat{C_{i,J}}^{\text{LN}}\right)\end{aligned}$$

证明　（a）应用式（5.6）～式（5.8）、式（5.13）和式（5.18），我们得到

$$E\left[\frac{C_{i,J}}{\widehat{C_{i,J}}^{\text{cp}}}\middle|C_{i,I-i}\right]$$

$$=E\left[\exp\left\{\sum_{j=I-i+1}^{J}\eta_{i,j}-\sum_{j=I-i+1}^{J}\widehat{\xi}_i-\frac{1}{2}\sum_{j=I-i+1}^{J}\sigma_j^2\left(1+\frac{1}{I-j+1}\right)\right\}\right]$$

$$=\exp\left\{-\frac{1}{2}\sum_{j=I-i+1}^{J}\sigma_j^2\left(1+\frac{1}{I-j+1}\right)\right\}\prod_{j=I-i+1}^{J}E[\exp(\eta_{i,j})]\prod_{j=I-i+1}^{J}E[\exp(-\widehat{\xi_{i,j}})]$$

应用如下两式（见式（5.1）和式（5.4））

$$E[\exp(\eta_{i,j})]=\exp\left\{\xi_j+\sigma_j^2/2\right\}$$

$$E[\exp(-\widehat{\xi_{i,j}})]=\exp\left\{-\xi_j+\frac{1}{2}\frac{\sigma_j^2}{I-j+1}\right\}$$

即证结论。

（b）由于 $\widehat{C_{i,J}}^{\text{cp}}$ 不是无偏估计量，所以 MSEP 的估计更复杂一些。我们有（见式（5.16））

$$\begin{aligned}\text{msep}_{C_{i,J}|C_{i,I-i}}\left(\widehat{C_{i,J}}^{\text{cp}}\right)&=E\left[\left(\widehat{C_{i,J}}^{\text{cp}}-C_{i,J}\right)^2\middle|C_{i,I-i}\right]\\&=C_{i,I-i}^2\ Var\left(\exp\left\{\sum_{j=I-i+1}^{J}\eta_{i,j}\right\}\right)\\&\quad+E\left[\left(E\left[C_{i,J}\middle|C_{i,I-i}\right]-\widehat{C_{i,J}}^{\text{cp}}\right)^2\middle|C_{i,I-i}\right]\end{aligned}\tag{5.20}$$

对于期望值，我们有

$$E[\widehat{C_{i,J}}^{\text{cp}}\mid C_{i,I-i}]=E[C_{i,J}\mid C_{i,I-i}]\exp\left\{\sum_{j=I-i+1}^{J}\frac{\sigma_j^2}{I-j+1}\right\}$$

从而式（5.20）式右边最后一项等于

$$E[C_{i,J}\mid C_{i,I-i}]^2\left(1-\exp\left\{\sum_{j=I-i+1}^{J}\frac{\sigma_j^2}{I-j+1}\right\}\right)^2+Var\left(\widehat{C_{i,J}}^{\text{cp}}\middle|C_{i,I-i}\right)$$

由式（5.18）和式（5.16），可得到

$$\begin{aligned}\text{msep}_{C_{i,J}|C_{i,I-i}}\left(\widehat{C_{i,J}}^{\text{cp}}\right)&=C_{i,I-i}^2\ \text{var}\left(\exp\left\{\sum_{j=I-i+1}^{J}\eta_{i,j}\right\}\right)\\&\quad+E[C_{i,J}\mid C_{i,I-i}]^2\left(1-\exp\left\{\sum_{j=I-i+1}^{J}\frac{\sigma_j^2}{I-j+1}\right\}\right)^2\\&\quad+\exp\left\{2\sum_{j=I-i+1}^{J}\frac{\sigma_j^2}{I-j+1}\right\}Var\left(\widehat{C_{i,J}}^{\text{LN}}\middle|C_{i,I-i}\right)\\&\quad>Var\left(C_{i,J}\middle|C_{i,I-i}\right)+Var\left(\widehat{C_{i,J}}^{\text{LN}}\middle|C_{i,I-i}\right)\end{aligned}$$

$$= \mathrm{msep}_{C_{i,J}|C_{i,I-i}}\left(\widehat{C_{i,J}}^{\mathrm{LN}}\right) \tag{5.21}$$

例 5.1（续） 如果我们比较对数正态估计量 $\widehat{C_{i,J}}^{\mathrm{LN}}$ 和中心预测量 $\widehat{C_{i,J}}^{\mathrm{cp}}$，那么可得出表 5.3 关于准备金的结果。它表明，在许多实际应用中，源于估计量 $\widehat{\xi}_j$ 的方差的修正项是可忽略的。

表 5.3　索赔准备金和预测误差

i	索赔准备金 $\widehat{C_{i,J}}^{\mathrm{LN}}$	索赔准备金 $\widehat{C_{i,J}}^{\mathrm{cp}}$	$\widehat{\mathrm{msep}}^{1/2}_{C_{i,J}\|C_{i,I-i}}$ $\widehat{C_{i,J}}^{\mathrm{LN}}$	$\widehat{\mathrm{msep}}^{1/2}_{C_{i,J}\|C_{i,I-i}}$ $\widehat{C_{i,J}}^{\mathrm{cp}}$
0		0		
1	15126	15126	1002	1002
2	26268	26268	1326	1326
3	34511	34511	3059	3059
4	85046	85048	7449	7449
5	157374	157393	33185	33185
6	287692	287771	71288	71289
7	451948	452050	79353	79354
8	1042996	1043216	124657	124661
9	3945346	3947004	394010	394078
合计	6046308	6048386		

5.2.2　方差未知

一般来说，方差 σ_j^2 也需要从数据中估计（见式（5.3））。假设 W 服从自由度为 p 的 χ^2 分布。也就是说，W 服从 $\Gamma(p/2,1/2)$ 分布，W 的矩生成函数为

$$E\left[\exp\{tW\}\right]=(1-2t)^{-p/2},\quad t<1/2 \tag{5.22}$$

因此，对于 $t\sigma_j^2/(I-j)<1/2$，就有（见引理 5.2 中的式（5.5））

$$E\left[\exp\left\{t\,\widehat{\sigma_j^2}\right\}\right]=\left(1-\frac{2t\sigma_j^2}{I-j}\right)^{-(I-j)/2} \tag{5.23}$$

选择 t，使得上式右边为

$$\left(1-\frac{2t\sigma_j^2}{I-j}\right)^{-(I-j)/2}=\exp\left(\frac{1}{2}\sigma_j^2\left(1-\frac{1}{I-j+1}\right)\right)\text{。}$$

可得

$$t=\frac{I-j}{2\sigma_j^2}\left(1-\exp\left\{\frac{-\sigma_j^2}{I-j}\left(1-\frac{1}{I-j+1}\right)\right\}\right)$$

定义 $t_j(\sigma_j^2)$ 如下（见式（5.13），并注意到此时没有因子 1/2）：

$$t_j(\sigma_j^2) = \frac{I-j}{\sigma_j^2}\left(1-\exp\left\{\frac{-\sigma_j^2}{I-j}\left(1-\frac{1}{I-j+1}\right)\right\}\right)$$
$$= \frac{I-j}{\sigma_j^2}\left(1-\exp\left\{\frac{-\sigma_j^2}{I-j+1}\right\}\right) \tag{5.24}$$

那么就有

$$E\left[\exp\left\{\frac{1}{2}t_j(\sigma_j^2)\,\widehat{\sigma_j^2}\right\}\right] = \exp\left(\frac{1}{2}\sigma_j^2\left(1-\frac{1}{I-j+1}\right)\right)$$

估计量 5.3（σ_j^2 未知） 在模型假设 5.1 下，我们定义如下估计量

$$\widehat{C_{i,J}}^{\text{LN}\sigma,1} = \hat{E}[C_{i,J} \mid \mathcal{D}_I] = \exp\left\{\widehat{Z_{i,J}} + \frac{1}{2}\sum_{j=I-j+1}^{J} t_j(\sigma_j^2)\widehat{\sigma_j^2}\right\} \tag{5.25}$$

其中 $i = 1,2,\cdots,I$。

对于估计量 5.3，我们有下列结论：

引理 5.6（σ_j^2 未知） 在模型假设 5.1 下，对所有的 $0 \leqslant j \leqslant J$，$t_j(\sigma_j^2) < 1$，我们有

（a）给定 $C_{i,I-i}$，$\widehat{C_{i,J}}^{\text{LN}\sigma,1}$ 是 $E[C_{i,J} \mid C_{i,I-i}] = E[C_{i,J} \mid \mathcal{D}_I]$ 的无偏估计；

（b）$\widehat{C_{i,J}}^{\text{LN}\sigma,1}$ 是 $E[C_{i,J}]$ 的无条件无偏估计。

证明：（a）证明用到了 $\widehat{\xi_j}$ 和 σ_j^2 的相互独立性（引理 5.2），以及 $t_j(\sigma_j^2)$ 的定义（见式（5.23）和（5.24））。我们有

$$\begin{aligned}
&E\left[\widehat{C_{i,J}}^{\text{LN}\sigma,1}\middle| C_{i,I-i}\right] \\
&= E\left[\exp\left\{\widehat{Z_{i,J}}\right\}\middle| C_{i,I-i}\right] E\left[\exp\left\{\frac{1}{2}\sum_{j=I-i+1}^{J} t_j(\sigma_j^2)\,\widehat{\sigma_j^2}\right\}\middle| C_{i,I-i}\right] \\
&= E\left[\exp\left\{\widehat{Z_{i,J}}\right\}\middle| C_{i,I-i}\right] \prod_{j=I-i+1}^{J} E\left[\exp\left\{\frac{1}{2}\sum_{j=I-i+1}^{J} t_j(\sigma_j^2)\,\widehat{\sigma_j^2}\right\}\right] \\
&= E\left[\exp\left\{\widehat{Z_{i,J}}\right\}\middle| C_{i,I-i}\right] \prod_{j=I-i+1}^{J} \exp\left\{\frac{1}{2}\sigma_j^2\left(1-\frac{1}{I-j+1}\right)\right\}
\end{aligned} \tag{5.26}$$

由式（5.11）和式（5.12），我们得到

$$E\left[\widehat{C_{i,J}}^{\text{LN}\sigma,1}\middle| C_{i,I-i}\right] = E[C_{i,J} \mid C_{i,I-i}]$$

（b）由（a）可直接得到。

注记 2 注意到上述估计量并没有从本质上解决问题。因为估计量 $\widehat{C_{i,J}}^{\text{LN}\sigma,1}$ 仍然依赖于未知参数 σ_j^2（通过 $t_j(\sigma_j^2)$），所以该估计量不能直接从数据中计算得到。我们可以用 $\widehat{\sigma_j^2}$ 代替 σ_j^2 得到另外的估计量，但新的估计量就不再是无偏估计。

因此，我们经常使用下面的估计量。

估计量 5.4（σ_j^2 未知） 在模型 5.1 的假设下，我们定义如下估计

$$\widehat{C_{i,J}}^{\mathrm{LN}\sigma,2}=\hat{E}\left[C_{i,J}\middle|\mathcal{D}_I\right]=\exp\left\{\widehat{Z_{i,J}}+\frac{1}{2}\sum_{j=I-i+1}^{J}\widehat{\sigma_j^2}\left(1-\frac{1}{I-j+1}\right)\right\} \tag{5.27}$$

其中 $i=1,2,\cdots,I$。

因此，由 $\widehat{\xi_j}$ 和 $\widehat{\sigma_j^2}$ 的独立性，以及式（5.11）和式（5.12），我们得到

$$\begin{aligned}\left[\widehat{C_{i,J}}^{\mathrm{LN}\sigma,2}\middle|C_{i,I-i}\right]&=C_{i,I-i}\exp\left\{\sum_{j=I-i+1}^{J}\xi_j+\frac{1}{2}\sum_{j=I-i+1}^{J}\frac{\sigma_j^2}{I-j+1}\right\}\\&\quad\times E\left[\exp\left\{\frac{1}{2}\sum_{j=I-i+1}^{J}\widehat{\sigma_j^2}\left(1-\frac{1}{I-j+1}\right)\right\}\middle|C_{i,I-i}\right]\\&=E\left[C_{i,J}\middle|C_{i,I-i}\right]\\&\quad\times E\left[\exp\left\{\frac{1}{2}\sum_{j=I-i+1}^{J}\left(\widehat{\sigma_j^2}-\sigma_j^2\right)\left(1-\frac{1}{I-j+1}\right)\right\}\right]\end{aligned}$$

由式（5.23）和 $\lim_{n\to\infty}(1+x/n)^n=\mathrm{e}^x$，我们得到

$$\begin{aligned}&\lim_{I\to\infty}E\left[\exp\left\{\frac{1}{2}\sum_{j=I-i+1}^{J}\left(\widehat{\sigma_j^2}-\sigma_j^2\right)\left(1-\frac{1}{I-j+1}\right)\right\}\right]\\&=\lim_{I\to\infty}\left[\left(1-\frac{\sigma_j^2}{I-j+1}\right)^{-(I-j)/2}\exp\left\{-\frac{\sigma_j^2(I-j)}{2(I-j+1)}\right\}\right]\\&=\exp(\sigma_j^2/2)\exp(-\sigma_j^2/2)=1\end{aligned}$$

由此即得近似关系

$$E\left[\widehat{C_{i,J}}^{\mathrm{LN}\sigma,2}\middle|C_{i,I-i}\right]\approx E[C_{i,J}\mid C_{i,I-i}]$$

这表明当 $I\to\infty$ 时，我们得到最终索赔 $C_{i,J}$ 的一个渐近（条件）无偏预测量。

引理 5.7（无偏估计量，σ_j^2 未知，$t_j(\sigma_j^2)$ 已知） 在模型假设 5.1，以及对于所有 j，$t_j(\sigma_j^2)<1$ 下，在给定 $C_{i,J}$ 时，$\widehat{C_{i,J}}^{\mathrm{LN}\sigma,1}$ 的 MSEP 为

$$\begin{aligned}\mathrm{msep}_{C_{i,J}|C_{i,I-i}}\left(\widehat{C_{i,J}}^{\mathrm{LN}\sigma,1}\right)&=E[C_{i,J}\mid C_{i,I-i}]^2\times\left(\exp\left\{\sum_{j=I-i+1}^{J}\sigma^2\left(\frac{2}{I-j+1}-1\right)\right\}\right.\\&\quad\left.-\frac{I-j}{2}\log\left(1-\frac{2t_j\left(\sigma_j^2\right)\sigma_j^2}{I-j}\right)+\exp\left\{\sum_{j=I-i+1}^{J}\sigma_j^2\right\}-2\right)\end{aligned}$$

与引理 5.4 比较，注意到估计误差发生了改变（见式（5.15）），由

$$\exp\left\{\sum_{j=I-j+1}^{J}\frac{\sigma_j^2}{I-j+1}\right\}-1$$

变为

$$\exp\left\{\sum_{j=I-i+1}^{J}\sigma_j^2\left(\frac{2}{I-j+1}-1\right)-\frac{I-j}{2}\log\left(1-\frac{2t_j\left(\sigma_j^2\right)\sigma_j^2}{I-j}\right)\right\}-1$$

因此，我们有一个更大的估计误差，这来自在估计σ_j^2时存在一些不确定性。

证明　我们有

$$\begin{aligned}\operatorname{msep}_{C_{i,J}|C_{i,I-i}}\left(\widehat{C_{i,J}}^{\mathrm{LN}\sigma,1}\right)&=E\left[\left(C_{i,J}-\widehat{C_{i,J}}^{\mathrm{LN}\sigma,1}\right)^2\middle|C_{i,I-i}\right]\\&=C_{i,I-i}^2\,Var\left(\exp\left\{\sum_{j=I-i+1}^{J}\eta_{i,j}\right\}\right)\\&\quad+E\left[\left(E\left[C_{i,J}\middle|C_{i,I-i}\right]-\widehat{C_{i,J}}^{\mathrm{LN}\sigma,1}\right)^2\middle|C_{i,I-i}\right]\\&=C_{i,I-i}^2\,Var\left(\exp\left\{\exp\sum_{j=I-i+1}^{J}\eta_{i,j}\right\}\right)+Var\left(\widehat{C_{i,J}}^{\mathrm{LN}\sigma,1}\middle|C_{i,I-i}\right)\end{aligned}$$

为此需要计算上式最后一项：

$$Var\left(\widehat{C_{i,J}}^{\mathrm{LN}\sigma,1}\middle|C_{i,I-i}\right)=Var\left(\exp\left\{\widehat{Z_{i,J}}+\frac{1}{2}\sum_{j=I-i+1}^{J}t_j(\sigma_j^2)\widehat{\sigma_j^2}\right\}\middle|C_{i,I-i}\right)$$

上式右边等于

$$E\left[\exp\left\{2\widehat{Z_{i,J}}+\sum_{j=I-i+1}^{J}t_j(\sigma_j^2)\widehat{\sigma_j^2}\right\}\middle|C_{i,I-i}\right]-E\left[\exp\left\{\widehat{Z_{i,J}}+\frac{1}{2}\sum_{j=I-i+1}^{J}t_j(\sigma_j^2)\widehat{\sigma_j^2}\right\}\middle|C_{i,I-i}\right]^2$$

应用$\widehat{\xi_j}$和$\widehat{\sigma_j^2}$的独立性和它们的分布性质，可以计算出所有的各项（见式（5.21）和式(5.26))。

例 5.1（续）　如果我们比较对数正态估计量$\widehat{C_{i,J}}^{\mathrm{LN}\sigma,1}$和$\widehat{C_{i,J}}^{\mathrm{LN}\sigma,2}$，可得到估计的索赔准备金的结论，见表 5.4（我们设$t_j(\sigma_j^2)=t_j(\widehat{\sigma_j^2})$）。

表 5.4　索赔准备金和预测误差

i	索赔准备金 $\widehat{C_{i,J}}^{\mathrm{LN}\sigma,1}$	索赔准备金 $\widehat{C_{i,J}}^{\mathrm{LN}\sigma,2}$	$\widehat{\operatorname{msep}}^{1/2}_{C_{i,J}\mid C_{i,I-i}}$ $\widehat{C_{i,J}}^{\mathrm{LN}\sigma,1}$	$\widehat{\operatorname{msep}}^{1/2}_{C_{i,J}\mid C_{i,I-i}}$ $\widehat{C_{i,J}}^{LN}$
0		0		
1	15126	15126	1002	1002
2	26268	26268	1326	1326
3	34511	34511	3059	3059
4	85046	85046	7449	7449
5	157374	157374	33185	33185
6	287692	287692	71288	71288
7	451948	451948	79353	79353
8	1042996	1,042996	124658	124657
9	3945346	3,945346	394010	394000
合计	6046308.0	6,046,308.3		

我们看到，由 $\widehat{C_{i,J}}^{\mathrm{LN}\sigma,1}$ 和 $\widehat{C_{i,J}}^{\mathrm{LN}\sigma,2}$ 得到的索赔准备金的估计几乎相同，也就是说，σ_j^2 项的偏差修正（通过函数 $t_j(\widehat{\sigma_j^2})$）对整体结果仅有轻微的影响。

进一步，注意到估计量 $\widehat{C_{i,J}}^{\mathrm{LN}\sigma,1}$ 的 MSEP（σ_j^2 未知）和估计量 $\widehat{C_{i,J}}^{\mathrm{LN}}$（$\sigma_j^2$ 已知）的 MSEP 几乎相同。总的来说，这表明参数 σ_j^2 的估计不确定性几乎可以忽略不计。

第六章　广义线性模型

在第二章、第四章和第五章，我们已经遇到过关于增量索赔额的几个模型，它们具有广义线性模型的基础（例如，Poisson 模型、过度分散 Poisson 模型）。这些模型属于指数散布族，而对参数进行估计时，采用极大似然估计或贝叶斯方法。在本章中，我们对指数散布族模型给出系统的广义线性模型（GLM）方法，并对参数的极大似然估计给出数值方法。实际上，也可以把本章放在此书更前面的部分，来强调本章的重要性。也就是说，广义线性模型在索赔准备金评估中起着重要的作用，这是因为广义线性模型提供了寻找有关估计量的基础，如应用极大似然估计得到预测均方误差（MSEP）。

Renshaw（1995）、Renshaw 和 Verrall（1998）最先把标准的广义线性模型方法应用于索赔准备金评估中，得到增量数据的估计。关于广义线性模型方法在索赔准备金评估中的应用的较好的综述，见 England 和 Verrall（2002, 2007）。

6.1　极大似然估计简介

在考虑索赔准备金评估问题之前，我们先简要介绍由极大似然估计得到的点估计。

假设 $X_1,...,X_n$ 独立同分布，密度函数为 $f_\theta(\cdot)$，这里 θ 为待估计的未知参数。如果用 θ_0 来表示 θ 的真实值，那么在适当的假设下，对任意固定的 $\theta\neq\theta_0$，下式成立：

$$P_{\theta_0}\left[\prod_{k=1}^{n} f_{\theta_0}(X_k) > \prod_{k=1}^{n} f_\theta(X_k)\right]\to 1，当 n\to\infty 时 \tag{6.1}$$

也就是说，当样本数 n 较大情况下，$X_1,...,X_n$ 在真实值 θ_0 的密度大于在任意其他值 θ 时的密度。因此，对给定的观测值 $X_1,...,X_n$，我们通过最大化密度来估计 θ_0 的值，即：

$$\hat{\theta}_n^{\text{MLE}} = \arg\max_\theta \prod_{k=1}^{n} f_\theta(X_k) \tag{6.2}$$

如果这样的值 $\hat{\theta}_n^{\text{MLE}}$ 存在并唯一，那么就称它为关于 θ 的极大似然估计（MLE）。

例 6.1　假设 $X_1,X_2,\cdots,X_n$ 独立同分布，都服从方差为 1，均值为未知的 θ 的正态分布，那么我们有：

$$\begin{aligned}\hat{\theta}_n^{\text{MLE}} &= \arg\max_\theta \prod_{k=1}^{n}\frac{1}{\sqrt{2\pi}}\exp\left\{-\frac{1}{2}(X_k-\theta)^2\right\}\\ &= \arg\max_\theta \log\left(\prod_{k=1}^{n}\frac{1}{\sqrt{2\pi}}\exp\left\{-\frac{1}{2}(X_k-\theta)^2\right\}\right)\end{aligned}$$

$$= \arg\max_{\theta} \sum_{k=1}^{n} -\frac{1}{2}\left(X_k - \theta\right)^2$$

由此即得到

$$\hat{\theta}_n^{\text{MLE}} = \frac{1}{n}\sum_{k=1}^{n} X_k$$

下面的定理给出了极大似然估计的性质。详细的假设和证明可以参考其他专著。

定理 6.1　假设 $X_1, X_2, \cdots, X_n$ 独立同分布，有密度函数 $f_\theta(\cdot)$。在较宽松的条件下，我们有如下分布收敛的结论：当 $n \to \infty$ 时，有：

$$n^{1/2}\left(\hat{\theta}_n^{\text{MLE}} - \theta\right) \xrightarrow{(d)} N\left(0, \frac{1}{H(\theta)}\right)$$

其中

$$H(\theta) = -E_\theta\left[\frac{\partial^2}{\partial\theta^2}\log f_\theta\left(X\right)\right] = E_\theta\left[\left(\frac{\partial}{\partial\theta}\log f_\theta\left(X\right)\right)^2\right]$$

注记 6.1

• $H(\theta)$ 被称为包含于 X 的与参数 θ 有关的信息或 Fisher 信息。

• 定理 6.1 的渐近性结论表明了我们构造的估计值和估计误差具有良好的统计特性。它在本质上说明极大似然估计是渐近无偏的，而渐近方差（估计误差）由 Fisher 信息的倒数给出。因此我们用 Fisher 信息来近似估计误差。

在存在多个参数的情形下，即 $X_1, X_2, \cdots, X_n$ 独立同分布，密度函数 $f_\theta(\cdot)$ 的参数 $\theta = (\theta_1, \theta_2, \cdots, \theta_p)$，我们定义 Fisher 信息阵为 $H(\theta) = \left(H(\theta)_{r,s}\right)_{r,s=1,2,\cdots,p}$，

$$H(\theta)_{r,s} = -E_\theta\left[\frac{\partial^2}{\partial\theta_r\partial\theta_s}\log f_\theta\left(X\right)\right] = E_\theta\left[\frac{\partial}{\partial\theta_r}\log f_\theta\left(X\right)\frac{\partial}{\partial\theta_s}\log f_\theta\left(X\right)\right] \quad (6.3)$$

那么 $n^{1/2}\left(\hat{\theta}_n^{\text{MLE}} - \theta\right)$ 具有渐近多元正态分布，均值为零向量，协方差矩阵为 $H(\theta)^{-1}$。

6.2　广义线性模型的框架

在这一节里，我们简要介绍把广义线性模型理论应用于索赔准备金评估的框架。关于增量模型，具有如下结构。

1．随机部分

随机部分 $X_{i,j}$，$0 \leqslant i \leqslant I$，$0 \leqslant j \leqslant J$，满足如下条件：

$$E[X_{i,j}] = x_{i,j} \quad (6.4)$$

$$Var\left(X_{i,j}\right) = \frac{\phi_{i,j}}{w_{i,j}}V(x_{i,j}) \quad (6.5)$$

其中 $\phi_{i,j} > 0$ 是散度参数。$V(\cdot)$ 是适当的方差函数，$w_{i,j} > 0$ 是已知的权重或容量。

在这种情况下，模型有$(I+1)(J+1)$个未知的参数$x_{i,j}$，$x_{i,j}$是$X_{i,j}$的期望值。我们用上三角$\mathcal{D}_I$来估计$x_{i,j}$的值，其中$i+j\leqslant I$。我们希望预测下三角$\mathcal{D}_I^c$。这意味着我们需要另外的结构，从而把上三角的信息转化到下三角。换句话说，我们需要减少未知参数的维数。这正是下一步要解决的。

2．系统部分

假设$x_{i,j}$ $(0\leqslant i\leqslant I,\ 0\leqslant j\leqslant J)$可由较少个数的未知参数$\boldsymbol{b}=(b_1,b_2,\cdots,b_p)'$确定，而由$\boldsymbol{b}$产生一个线性预估量$\boldsymbol{\eta}=(\eta_{i,j})_{\{0\leqslant i\leqslant I,0\leqslant J\leqslant J\}}$：

$$\eta_{i,j}=\Gamma_{i,j}\boldsymbol{b} \tag{6.6}$$

其中$\Gamma_{i,j}$是适当的$(1\times p)$的设计矩阵（模型矩阵）。

3．响应函数和联结函数

随机部分和系统部分之间可通过一个响应函数$h(\cdot)$联在一起：

$$x_{i,j}=h(\eta_{i,j}) \tag{6.7}$$

如果响应函数h的逆函数$g=h^{-1}$存在，那么：

$$g(x_{i,j})=\eta_{i,j}=\Gamma_{i,j}\ \boldsymbol{b} \tag{6.8}$$

称g为联结函数。

现在，我们再给定关于$X_{i,j}$的均值的另外结构。假设我们有乘积结构：

$$x_{i,j}=\mu_i\ \gamma_j \tag{6.9}$$

其中μ_i表示事故年i的风险暴露数（例如预期索赔额、预期索赔次数、预期保单数等），γ_j表示在不同的发展年j的预期索赔／报告／现金流的模式。乘积结构（6.9）准确定义了信息是如何从上三角转移到下三角。它减少了未知参数的个数，从$(I+1)(J+1)$个减少到$I+J+2$个。

对于乘积结构，很直接地可选择对数联结函数：

$$g(\cdot)=h^{-1}(\cdot)=\log(\cdot) \tag{6.10}$$

那么我们就有：

$$\eta_{i,j}=\log(x_{i,j})=\log(\mu_i)+\log(\gamma_j) \tag{6.11}$$

很明显地，式（6.9）表明μ_i和γ_j在相差一个常数因子下是唯一确定的，也就是说，对任意的$c>0$，$\tilde{\mu}_i=c\mu_i$和$\tilde{\gamma}_j=\gamma_j/c$会给出关于$x_{i,j}$的相同估计值。因此，在第2章中，我们假设$(\gamma_j)_{0\leqslant j\leqslant J}$是索赔进展模式，即所有的$\gamma_j$之和为1。在本章中，选择一个不同的约束／标度，更易于后面的推导。我们设$\mu_0=1$，因此$\log\mu_0=0$，而且：

$$\eta_{0,j}=\log(\gamma_j) \tag{6.12}$$

这就导出：

$$\boldsymbol{b}=\big(\log(\mu_1),\ldots,\log(\mu_I),\log(\gamma_0),\ldots,\log(\gamma_J)\big)' \tag{6.13}$$

$$\Gamma_{0,j}=(0,\ldots,0,0,0,\ldots,0,e_{I+j+1},0,\ldots,0) \tag{6.14}$$

对于$1\leqslant i\leqslant I$和$0\leqslant j\leqslant J$，就有：

$$\Gamma_{i,j}=(0,\ldots,0,\ e_i,0,\ldots,0,\ e_{I+j+1},0,\ldots,0) \tag{6.15}$$

其中在第i个和第$(I+j+1)$个分量位置，取值为1。最后，由以上定义可得：

$$\eta_{i,j}=\Gamma_{i,j}\ \boldsymbol{b}$$

因此，我们把$(I+1)(J+1)$个未知参数$x_{i,j}$转化到$p=I+J+1$个未知参数μ_i和γ_j。

对参数 $\boldsymbol{b}$ 的估计，采用极大似然估计。这将在下一节介绍了关于增量索赔$X_{i,j}$的分布模型之后，再进一步讨论。

6.3 指数散布族分布

假设增量索赔$X_{i,j}$的分布服从指数散布族。

模型假设 6.1

- 对不同事故年i和/或不同发展年j，增量索赔$X_{i,j}$是相互独立的。
- 增量索赔额$X_{i,j}$密度函数为

$$f(x;\theta_{i,j},\phi_{i,j},w_{i,j})=a\left(x,\frac{\phi_{i,j}}{w_{i,j}}\right)\exp\left\{\frac{x\ \theta_{i,j}-b(\theta_{i,j})}{\phi_{i,j}/w_{i,j}}\right\} \tag{6.16}$$

这里$b(\cdot)$是实值二次可微函数，使得$(b')^{-1}(\cdot)$存在，$\theta_{i,j}$称为自然参数，$\phi_{i,j}>0$是散度参数，$w_{i,j}>0$是某个已知常数（风险暴露权数），$a(\cdot,\cdot)$是适当的实值函数，使得上述密度函数积分为 1。

注记 6.2

- 满足式（6.16）的分布被称为指数散布族。指数散布族的每一个分布由实值函数$a(\cdot,\cdot)$和$b(\cdot)$的特定形式唯一确定。指数散布族包含以下例子：Poisson、过度分散 Poisson、二项、负二项、Gamma、Tweedie 复合 Poisson 分布、Gauss、Inverse Gauss 分布。
- 一个特定的广义线性模型由下面三个部分完全描述：

① 随机部分$X_{i,j}$的指数散布族的类型；

② 联结随机部分$X_{i,j}$和系统部分$\eta_{i,j}$的响应函数h或联结函数g；

③ 设计矩阵$\Gamma_{i,j}$。

在这种框架下，作为特例的经典线性模型由高斯分布、恒等函数$g(x)$（$g(x)=x$）定义。

$$E[X_{i,j}]=\Gamma_{i,j}\ \boldsymbol{b}$$

$$X_{i,j}=\Gamma_{i,j}\ \boldsymbol{b}+\varepsilon_{i,j}$$

其中$\varepsilon_{i,j}\overset{(d)}{\sim}N(0,\sigma^2)$。

- 与经典线性模型相比，广义线性模型有以下两方面的拓展：

（i）随机部分$X_{i,j}$的分布来自指数散布族，不必是高斯分布。

（ii）联结函数g可以是任意严格单调可微函数，不必是恒等函数。

我们为这些拓展所付出的代价就是，一般来说，在计算参数估计时没有直接的方法，而只能使用迭代的方法（见 6.4.2 小节）。一个进一步的影响就是关于估计量的性质的大多数结论，只在渐近意义下成立（见注记 6.6）。

• 一个合适的响应函数 h 或者联结函数 g 的选择取决于特定的分布。例如，对乘积模型即式（6.9），就可以很自然地选择对数联结函数 $g(x_{i,j})=\log(x_{i,j})$（见式（6.11））。乘积模型在保险实务中是很标准的，通常在保险费率厘定和准备金评估中是合理的选择。例如，大部分基于交叉分类数据的独立性假设的索赔次数的模型可采用乘积模型。

• 有时候，响应变量的真实密度属于指数散布族这一假设过于理想化。在这种情况下，拟似然模型是原来的广义线性模型的适当的扩展。在拟似然模型中，我们放弃了指数散布族的假设，完整的分布假设不再必要。在拟似然模型中，只有均值和方差函数是给定的。

引理 6.1　在模型假设 6.1 下，我们有下面的等式：

$$E[X_{i,j}]=x_{i,j}=b'(\theta_{i,j}) \tag{6.17}$$

$$Var(X_{i,j})=\frac{\phi_{i,j}}{w_{i,j}}b''(\theta_{i,j}) \tag{6.18}$$

由式（6.17）和式（6.18），常通过均值 $x_{i,j}$ 引入方差函数 V：

$$V(x_{i,j})=b''\left((b')^{-1}(x_{i,j})\right) \tag{6.19}$$

在指数散布族内，我们有如下的方差函数：

$$\begin{aligned}&V(x_{i,j})=x_{i,j} && \text{（Poisson 模型）}\\&V(x_{i,j})=x_{i,j}^2 && \text{（Gamma 模型）}\\&V(x_{i,j})=x_{i,j}^p,\ p\in(1,2) && \text{（Tweedie 复合泊松模型）}\end{aligned} \tag{6.20}$$

其他例子

$V(x_{i,j})=1$　　高斯模型

$V(x_{i,j})=x_{i,j}^3$　　逆高斯模型

为证明引理 6.1，我们定义 $f(x;\theta_{i,j},\phi_{i,j},w_{i,j})$ 的对数似然函数如下：

$$l(x;\theta_{i,j},\phi_{i,j},w_{i,j})=\log f(x;\theta_{i,j},\phi_{i,j},w_{i,j}) \tag{6.21}$$

引理 6.1 的证明　不失一般性，我们假设 $f(x;\theta_{i,j},\phi_{i,j},w_{i,j})$ 是密度函数。注意到：

$$\begin{aligned}0&=\frac{\partial}{\partial\theta_{i,j}}1\\&=\frac{\partial}{\partial\theta_{i,j}}\int_x f\left(x;\theta_{i,j},\phi_{i,j},w_{i,j}\right)dx\\&=\int_x\frac{\partial l(x;\theta_{i,j},\phi_{i,j},w_{i,j})}{\partial\theta_{i,j}}f(x;\theta_{i,j},\phi_{i,j},w_{i,j})dx\\&=E\left[\frac{\partial l(X_{i,j};\theta_{i,j},\phi_{i,j},w_{i,j})}{\partial\theta_{i,j}}\right]\\&=\frac{w_{i,j}}{\phi_{i,j}}\left(E[X_{i,j}]-b'(\theta_{i,j})\right)\end{aligned}$$

这就证明了式（6.17）。类似地，使用式（6.17），可得：

$$
\begin{aligned}
0 &= \frac{\partial^2}{\partial \theta_{i,j}^2} 1 \\
&= \frac{\partial^2}{\partial \theta_{i,j}^2} \int_x f(x;\theta_{i,j},\phi_{i,j},w_{i,j})dx \\
&= E\left[\frac{\partial^2 l(X_{i,j};\theta_{i,j},\phi_{i,j},w_{i,j})}{\partial \theta_{i,j}^2}\right] + E\left[\left(\frac{\partial l(X_{i,j};\theta_{i,j},\phi_{i,j},w_{i,j})}{\partial \theta_{i,j}}\right)^2\right] \\
&= \frac{w_{i,j}}{\phi_{i,j}}\left(-b''(\theta_{i,j}) + \frac{w_{i,j}}{\phi_{i,j}} E\left[\left(X_{i,j} - b'(\theta_{i,j})\right)^2\right]\right) \\
&= \frac{w_{i,j}}{\phi_{i,j}}\left(-b''(\theta_{i,j}) + \frac{w_{i,j}}{\phi_{i,j}} Var(X_{i,j})\right) \qquad (6.22)
\end{aligned}
$$

这就证明了引理 6.1。

在引理 6.1 的证明中我们用到了这样一个结论，对于指数散布族，可以交换求导和积分顺序。

注意到由式（6.22），对指数散布族，可以直接计算 $\theta_{i,j}$ 的（一维）Fisher 信息。在后面将会看到，相应于选定的对数联结函数，我们将有多元参数信息阵（见 6.4 节）。

6.4　指数散布族分布的参数估计

在这一节中，我们只限于考虑乘积模型（6.9），即：

$$x_{i,j} = \mu_i \gamma_j$$

因此，在合适的规范化条件下，我们把 $(I+1)(J+1)$ 个未知参数 $x_{i,j}$ 减少到 $I+J+1$ 个未知参数 μ_i 和 γ_j。这意味着我们进行参数估计时需要至少 $I+J+1$ 个观测值 $X_{i,j}$。那么，对于响应函数 $x_{i,j} = h(\eta_{i,j}) = \exp(\eta_{i,j})$（即对数联结函数为 $g(x_{i,j}) = \log(x_{i,j})$），参数向量 $\boldsymbol{b}$（见（6.13）），设计矩阵 $\Gamma_{i,j}$（见（6.14）和式（6.15）），对于 $i = 0,1,\cdots,I$ 和 $j = 0,1,\cdots,J$，均值 $x_{i,j} = E[X_{i,j}]$ 由下式给出：

$$x_{i,j} = \exp(\eta_{i,j}) = \exp(\Gamma_{i,j}\ \boldsymbol{b}) = \exp\left\{\log(\mu_{i,j}) + \log(\gamma_{i,j})\right\} = \mu_i\ \gamma_j$$

在很多情况下，对数似然函数（6.21）可用均值来表示，即通过 $x_{i,j} = b'(\theta_{i,j})$ 来代替 $\theta_{i,j}$（见式（6.17））。在后面论证时，以下两种表达通用：

$$l(x;x_{i,j},\phi_{i,j},w_{i,j}) \Leftrightarrow l(x;\theta_{i,j},\phi_{i,j},w_{i,j})$$

一般地，从上下文可以很清楚地判断出采用何种形式的对数似然函数。

6.4.1　指数散布族的极大似然估计

如 6.2 节最后提到的，现在我们对一组观测值 $\mathcal{D}_I = \{X_{i,j}; i+j \leqslant I\}$，应用极大似然估计来估计未知参数向量 $\boldsymbol{b}$。也就是说，最大化如下函数：

$$
\begin{aligned}
l_{\mathcal{D}_I}(\boldsymbol{b}) &= \log \prod_{i+j\le I} f(X_{i,j};(b')^{-1}(x_{i,j}),\phi_{i,j},w_{i,j}) \\
&= \sum_{i+j\le I} l(X_{i,j};x_{i,j},\phi_{i,j},w_{i,j}) \\
&= \sum_{i+j\le I} l(X_{i,j};\mu_i\ \gamma_j,\phi_{i,j},w_{i,j})
\end{aligned} \tag{6.23}
$$

我们令关于未知参数 μ_i 和 γ_j 的 $I+J+1$ 个偏导数等于 0，来最大化对数似然函数 $l_{\mathcal{D}_I}(\boldsymbol{b})$。这样，我们就得到估计值 $\widehat{\mu_i}$ 和 $\widehat{\gamma_j}$，从而：

$$
\hat{\boldsymbol{b}} = \left(\widehat{\log(\mu_1)},\ldots,\widehat{\log(\mu_I)},\widehat{\log(\gamma_0)},\ldots,\widehat{\log(\gamma_J)}\right)' \tag{6.24}
$$

这里 $\widehat{\log(\mu_i)} = \log(\widehat{\mu_i})$，$\widehat{\log(\gamma_j)} = \log(\widehat{\gamma_j})$。由此我们得到均值 $x_{i,j}$ 的估计量如下：

$$
\widehat{x_{i,j}} = \exp\left\{\widehat{\eta_{i,j}}\right\} = \exp\left\{\Gamma_{i,j}\boldsymbol{b}\right\} = \exp\left\{\widehat{\log(\mu_i)} + \widehat{\log(\gamma_j)}\right\} = \widehat{\mu_i}\ \widehat{\gamma_j} \tag{6.25}
$$

估计量 6.1（指数散布族的极大似然估计） 对于 $i+j>I$，指数散布族模型假设 6.1 下的极大似然估计给出如下：

$$
\widehat{X_{i,j}}^{\text{EDF}} = \widehat{x_{i,j}} = \widehat{E}[X_{i,j} \mid \mathcal{D}_I] = \widehat{\mu_i}\ \widehat{\gamma_j}
$$

$$
\widehat{C_{i,J}}^{\text{EDF}} = \widehat{E}[C_{i,J} \mid \mathcal{D}_I] = C_{i,I-i} + \sum_{j=I-i+1}^{J} \widehat{X_{i,j}}^{\text{EDF}}
$$

注记 6.3

• 注意到为估计 $\widehat{x_{i,j}}$，我们不需要 $\phi_{i,j}$ 和 $w_{i,j}$ 的明确值，只要 $\phi_{i,j}/w_{i,j}$ 对任意的 i 和 j 是常数值即可（见式（6.30））。

• 我们已经看到必须求解方程组才能得到 $\widehat{\mu_i}$ 和 $\widehat{\gamma_j}$（例如，Poisson 模型（2.16）～（2.17）），标准的广义线性模型软件经常使用 Newton-Raphson 算法的一个变形来求解这些方程。我们在下面会描述这种方法，它用来计算预测均方误差的估计。

• 现在我们可以通过偏差和残差，进行拟合优度分析。在本章中，我们略去这部分内容。

• 例子。对于 Gamma 模型，设 $w_{i,j}=w_i$，$\phi_{i,j}=\phi$，那么我们有如下估计：

$$
\widehat{\mu_i} = \frac{1}{I-i+1}\sum_{j=0}^{I-i} X_{i,j}\ \hat{\gamma}_j^{-1} \tag{6.26}
$$

$$
\widehat{\gamma_j} = \sum\nolimits_{i=0}^{I-i} w_i\ X_{i,j}\,\widehat{\mu_i}^{-1} \Big/ \sum\nolimits_{i=0}^{I-j} w_i \tag{6.27}
$$

这里 $\sum_j \widehat{\gamma_j} = 1$。

6.4.2 Fisher 计分法

在这一小节中，我们给出一种迭代算法（称为 Fisher 计分法或迭代加权最小二乘法 IWLS），用来计算参数向量 $\boldsymbol{b}=(b_1,\ldots,b_{I+J+1})$ 的极大似然估计，即找到最大化问题的解。

回顾一下 $\eta_{i,j}=\Gamma_{i,j}\ \boldsymbol{b}$，$x_{i,j}=h(\eta_{i,j})$，$\theta_{i,j}=(b')^{-1}(x_{i,j})$。我们有以下引理。

引理 6.2 在模型假设 6.1 下，对数似然函数由下式给出：

$$l(x_{i,j};\theta_{i,j},\phi_{i,j},w_{i,j})=\log a\left(x,\frac{\phi_{i,j}}{w_{i,j}}\right)+\frac{x\ \theta_{i,j}-b(\theta_{i,j})}{\phi_{i,j}/w_{i,j}} \tag{6.28}$$

对 $k=1,...,I+J+1$，下面等式成立：

$$\frac{\partial}{\partial b_k}l(x_{i,j};\theta_{i,j},\phi_{i,j},w_{i,j})=W(x_{i,j})(x-x_{i,j})\frac{\partial\eta_{i,j}}{\partial x_{i,j}}\Gamma_{i,j}^{(k)}$$

这里 $\Gamma_{i,j}^{(k)}$ 是设计矩阵 $\Gamma_{i,j}$ 的第 k 个元素（见式（6.14）和式（6.15）），另外：

$$W(x_{i,j})=\frac{w_{i,j}}{\phi_{i,j}}\frac{1}{V(x_{i,j})}\left(\frac{\partial\eta_{i,j}}{\partial x_{i,j}}\right)^{-2} \tag{6.29}$$

这里 $V(x_{i,j})$ 是由式（6.19）给出的方差函数。

证明：根据链式法则，我们有：

$$\frac{\partial}{\partial b_k}l(x_{i,j};\theta_{i,j},\phi_{i,j},w_{i,j})=\frac{\partial l\left(x;\theta_{i,j},\phi_{i,j},w_{i,j}\right)}{\partial\theta_{i,j}}\frac{\partial\theta_{i,j}}{\partial x_{i,j}}\frac{\partial x_{i,j}}{\partial\eta_{i,j}}\frac{\partial\eta_{i,j}}{\partial b_k}$$

下面我们计算上述方程的每一项。由引理 6.1，我们有：

$$\frac{\partial l(x;\theta_{i,j},\phi_{i,j},w_{i,j})}{\partial\theta_{i,j}}=\frac{w_{i,j}}{\phi_{i,j}}(x-b'(\theta_{i,j}))=\frac{w_{i,j}}{\phi_{i,j}}(x-x_{i,j})$$

$$\frac{\partial x_{i,j}}{\partial\theta_{i,j}}=b''(\theta_{i,j})=V(x_{i,j})$$

$$\frac{\partial\eta_{i,j}}{\partial b_k}=\Gamma_{i,j}^{(k)}$$

因此，我们得到：

$$\begin{aligned}\frac{\partial}{\partial b_k}l(x_{i,j};\theta_{i,j},\phi_{i,j},w_{i,j})&=\frac{w_{i,j}}{\phi_{i,j}}(x-x_{i,j})\frac{1}{V(x_{i,j})}\frac{\partial x_{i,j}}{\partial\eta_{i,j}}\Gamma_{i,j}^{(k)}\\&=W(x_{i,j})(x-x_{i,j})\frac{\partial\eta_{i,j}}{\partial x_{i,j}}\Gamma_{i,j}^{(k)}\end{aligned}$$

由于极大似然估计 $\hat{\boldsymbol{b}}$ 使得对数似然函数 $l_{\mathcal{D}_I}(\boldsymbol{b})$（由式（6.23）给出）达到最大，因此对每个 $k=1,...,I+J+1$，$l_{\mathcal{D}_I}(\boldsymbol{b})$ 关于 b_k 的偏导数为 0。引理 6.2 表明极大似然估计 $\hat{\boldsymbol{b}}$ 满足：

$$\frac{\partial}{\partial b_k}\sum_{i+j\le 1}l(X_{i,j};\theta_{i,j},\phi_{i,j},w_{i,j})\Bigg|_{\hat{\boldsymbol{b}}}=\sum_{i+j\le 1}W(x_{i,j})\left(X_{i,j}-x_{i,j}\right)\frac{\partial\eta_{i,j}}{\partial x_{i,j}}\Gamma_{i,j}^{(k)}\Bigg|_{\hat{\mathbf{b}}}=0 \tag{6.30}$$

因此，在基于观测值 $\mathcal{D}_I$ 求解极大似然估计值 $\hat{\boldsymbol{b}}$ 时，要求计分函数

$$\begin{aligned}\boldsymbol{u}=\boldsymbol{u}(\boldsymbol{b})&=\left(\frac{\partial}{\partial b_k}\sum_{i+j\le 1}l(X_{i,j};\theta_{i,j},\phi_{i,j},w_{i,j})\right)_{k=1,...,I+J+1}\\&=\left(\sum_{i+j\le I}W(x_{i,j})\left(X_{i,j}-x_{i,j}\right)\frac{\partial\eta_{i,j}}{\partial x_{i,j}}\Gamma_{i,j}^{(k)}\right)_{k=1,...,I+J+1}\end{aligned} \tag{6.31}$$

等于零向量，而且如下定义的基于 $\mathcal{D}_I$ 的 $l(\cdot\,;\theta_{i,j},\phi_{i,j},w_{i,j})$ 的 Hessian 矩阵

$$\boldsymbol{W}=\boldsymbol{W}(\boldsymbol{b})=\left(\sum_{i+j\le I}\frac{\partial^2}{\partial b_k\partial b_l}l(X_{i,j};\theta_{i,j},\phi_{i,j},w_{i,j})\right)_{k,l=1,\dots,I+J+1} \tag{6.32}$$

是负定的。

定义$N=|\mathcal{D}_I|$为观测值的个数。在以下讨论中，我们把 Hessian 矩阵$\boldsymbol{W}$作为随机变量$X_{i,j}$的函数，并定义 Fisher 信息阵为：

$$\begin{aligned}H=H^{(N)}(\boldsymbol{b})&=-E\left[\boldsymbol{W}(\boldsymbol{b})\right]\\&=\left(-E\left[\sum_{i+j\le I}\frac{\partial^2}{\partial b_k\partial b_l}l(X_{i,j};\theta_{i,j},\phi_{i,j},w_{i,j})\right]\right)_{k,j=1,\dots,I+J+1}\end{aligned} \tag{6.33}$$

注记 6.4

- 注意到由于对$i+j\leqslant I$求和，观测值个数N在$H^{(N)}$中已经体现。
- 矩阵$-\boldsymbol{W}$和$H=-E[\boldsymbol{W}]$经常被称为观测的 Fisher 信息阵和预期的 Fisher 信息阵。

引理 6.3 在模型假设 6.1 下，Fisher 信息阵$H=H^{(N)}=\left(H_{k,l}\right)_{k,l=1,\dots,I+J+1}$满足：

$$H_{k,l}=H_{k,l}(\boldsymbol{b})=\sum_{i+j\le I}W(x_{i,j})\Gamma_{i,j}^{(k)}\Gamma_{i,j}^{(l)}$$

证明：注意到

$$H_{k,l}(\boldsymbol{b})=-E\left[\frac{\partial}{\partial b_l}u_k(\boldsymbol{b})\right]$$

另外，由$x_{i,j}=h(\Gamma_{i,j}\ \boldsymbol{b})$，$\eta_{i,j}=\Gamma_{i,j}\ \boldsymbol{b}$及引理 6.2，可得如下等式：

$$\begin{aligned}\frac{\partial}{\partial b_l}u_k(\boldsymbol{b})&=\frac{\partial}{\partial b_l}\sum_{i+j\leqslant I}W(x_{i,j})(X_{i,j}-x_{i,j})\frac{\partial\eta_{i,j}}{\partial x_{i,j}}\Gamma_{i,j}^{(k)}\\&=\sum_{i+j\leqslant I}\left(\frac{\partial}{\partial b_l}\left(X_{i,j}-x_{i,j}\right)\right)W(x_{i,l})\frac{\partial\eta_{i,j}}{\partial x_{i,j}}\Gamma_{i,j}^{(k)}\\&\quad+\sum_{i+j\leqslant I}(X_{i,j}-x_{i,j})\frac{\partial}{\partial b_l}\left(W(x_{i,j})\frac{\partial\eta_{i,j}}{\partial x_{i,j}}\Gamma_{i,j}^{(k)}\right)\end{aligned} \tag{6.34}$$

对于式（6.34）式右边第一项，我们有：

$$\begin{aligned}&\sum_{i+j\leqslant I}\left(\frac{\partial}{\partial b_l}(X_{i,j}-x_{i,j})\right)W(x_{i,j})\frac{\partial\eta_{i,j}}{\partial x_{i,j}}\Gamma_{i,j}^{(k)}\\&=-\sum_{i+j\leqslant I}\left(\frac{\partial}{\partial b_l}x_{i,j}\right)W(x_{i,j})\frac{\partial\eta_{i,j}}{\partial x_{i,j}}\Gamma_{i,j}^{(k)}\\&=-\sum_{i+j\leqslant I}W(x_{i,j})\Gamma_{i,j}^{(k)}\Gamma_{i,j}^{(l)}\end{aligned}$$

由于$X_{i,j}$的期望值为$x_{i,j}$，对式（6.34）式右边第二项求期望后为零。综合起来，即证引理 6.3。

现考虑向量$\boldsymbol{b}^*=(b_1^*,\dots,b_{I+J+1}^*)'\in\mathbb{R}^{I+J+1}$，假设 Fisher 信息阵$H=H(\boldsymbol{b}^*)$的逆存在。那么，记$\eta_{i,j}=\eta_{i,j}(\boldsymbol{b}^*)=\Gamma_{i,j}\ \boldsymbol{b}^*$，$x_{i,j}=x_{i,j}(\boldsymbol{b}^*)$（见式(6.6)和式(6.7)），由引理 6.3，对$k=1,\cdots,I+J+1$，可得如下等式：

$$(H\boldsymbol{b}^*)_k = \sum_{l=1}^{I+J+1} H_{k,l}\ b_l^* = \sum_{l=1}^{I+J+1}\sum_{i+j\leqslant I} W(x_{i,j})\Gamma_{i,j}^{(k)}\Gamma_{i,j}^{(l)}\ b_l^*$$
$$= \sum_{i+j\leqslant I} W(x_{i,j})\Gamma_{i,j}^{(k)}\ \eta_{i,j}(\boldsymbol{b}^*)$$

考虑关于 $\boldsymbol{b}^*$ 的调整，即定义：

$$\delta\boldsymbol{b}^* = H^{-1}\mathbf{u}(\boldsymbol{b}^*) \tag{6.35}$$

这里的 $\mathbf{u}$ 即为前面的计分函数（见式（6.31））。

对 $k=1,\cdots,I+J+1$，新的估计 $\boldsymbol{b}^*+\delta\boldsymbol{b}^*$ 满足如下关系：

$$(H(\boldsymbol{b}^*+\delta\boldsymbol{b}^*))_k = (H\boldsymbol{b}^*)_k + (H\delta\boldsymbol{b}^*)_k = (H\boldsymbol{b}^*)_k + u_k(\boldsymbol{b}^*)$$
$$= \sum_{i+j\leq I} W(x_{i,j})\Gamma_{i,j}^{(k)}\left[\eta_{i,j} + (X_{i,j}-x_{i,j})\frac{\partial\eta_{i,j}}{\partial x_{i,j}}\right] \tag{6.36}$$
$$= \sum_{i+j\leq I} W(x_{i,j})\Gamma_{i,j}^{(k)}\left[g(x_{i,j}) + g'(x_{i,j})(X_{i,j}-x_{i,j})\right]$$

最后一个表达式正是联结函数的线性化形式的加权，即：

$$g(X_{i,j}) \approx g(x_{i,j}) + g'(x_{i,j})(X_{i,j}-x_{i,j})$$

注意到如果 $\boldsymbol{b}^*$ 等于通过观测值 $\mathcal{D}_I$ 得到的 $\boldsymbol{b}$ 的极大似然估计 $\hat{\boldsymbol{b}}$，那么式（6.36）右边最后一项 $u_k(\boldsymbol{b}^*)$ 就为 0。这意味着，给定数据 $\mathcal{D}_I$ 后，我们要求解 $u_k(\boldsymbol{b}^*)$，使得同时满足方程 $H(\boldsymbol{b}^*+\delta\boldsymbol{b}^*)=H(\boldsymbol{b}^*)$。

一方面，应用 Newton-Raphson 算法，第 $(m+1)$ 个估计 $\hat{\boldsymbol{b}}^{(m+1)}$ 可通过 $\boldsymbol{u}(\hat{\boldsymbol{b}}^{(m+1)})$ 在 $\hat{\boldsymbol{b}}^{(m)}$ 点的一阶泰勒展开式得到，即：

$$\boldsymbol{u}(\hat{\boldsymbol{b}}^{(m)}) + \boldsymbol{W}(\hat{\boldsymbol{b}}^{(m)})(\hat{\boldsymbol{b}}^{(m+1)} - \hat{\boldsymbol{b}}^{(m)}) = 0 \tag{6.37}$$

另一方面，Fisher 计分法是 Newton-Raphson 算法的变形，用 Fisher 信息阵 $H(\boldsymbol{b})$ 代替 Hessian 矩阵 $\boldsymbol{W}(\boldsymbol{b})$，即：

$$\boldsymbol{u}(\hat{\boldsymbol{b}}^{(m)}) - H(\hat{\boldsymbol{b}}^{(m)})(\hat{\boldsymbol{b}}^{(m+1)} - \hat{\boldsymbol{b}}^{(m)}) = 0 \tag{6.38}$$

使用 Fisher 信息阵 $H(\mathbf{b})$ 的优势在于计算方便。

对 $m=0,1,2,\ldots$，给定初值 $\hat{\boldsymbol{b}}^{(0)}$，计算矩阵 $H(\hat{\boldsymbol{b}}^{(m)})^{-1}$，由式（6.38）可得迭代公式如下：

$$\hat{\boldsymbol{b}}^{(m+1)} = \hat{\boldsymbol{b}}^{(m)} + H(\hat{\boldsymbol{b}}^{(m)})^{-1}\boldsymbol{u}(\hat{\boldsymbol{b}}^{(m)}) = \hat{\boldsymbol{b}}^{(m)} + \delta\hat{\boldsymbol{b}}^{(m)} \tag{6.39}$$

相邻两次估计的改变足够小时，就停止迭代。例如，对预先给定的一个较小的正数 $\varepsilon>0$，如果下式成立，就停止迭代

$$\frac{\left\|\hat{\boldsymbol{b}}^{(m+1)} - \hat{\boldsymbol{b}}^{(m)}\right\|}{\left\|\hat{\boldsymbol{b}}^{(m)}\right\|} \leqslant \varepsilon$$

如把式（6.39）代入式（6.36），再在两边同乘以 $H(\hat{\boldsymbol{b}}^{(m)})^{-1}$，可得：对 $m=0,1,2,\ldots$，

$$\hat{\boldsymbol{b}}^{(m+1)} = H(\hat{\boldsymbol{b}}^{(m)})^{-1}\left(\sum_{i+j\leqslant I} W(x_{i,j}^{(m)})\Gamma_{i,j}^{(k)}\ z^{(m)}\right)_{k=1,\cdots,I+J+1} \tag{6.40}$$

其中

$$z^{(m)} = z^{(m)}(X_{i,j}) = g(x_{i,j}^{(m)}) + g'(x_{i,j}^{(m)})(X_{i,j} - x_{i,j}^{(m)})$$
$$x_{i,j}^{(m)} = h(\hat{\eta}_{i,j}^{(m)}) = h(\Gamma_{i,j}\hat{\boldsymbol{b}}^{(m)})$$

$z^{(m)}$ 是应用于数据后的联结函数的线性化形式：

$$g(X_{i,j}) \approx Z_{i,j} = g(x_{i,j}) + g'(x_{i,j})(X_{i,j} - x_{i,j}) \tag{6.41}$$

另外，式（6.40）给出了更新算法的第二种形式，称为 Fisher 计分更新。用式（6.40）迭代直到 $\hat{\boldsymbol{b}}^{(m)}$ 的变化足够小。

观察前面的推导过程，可知由数据 $\mathcal{D}_I$ 计算得到的极大似然估计量 $\hat{\boldsymbol{b}}$ 满足如下关系：

$$\hat{\boldsymbol{b}} = H(\hat{\boldsymbol{b}})^{-1}\left(\sum_{i+j\leqslant I} W(\widehat{x_{i,j}})\Gamma_{i,j}^{(k)}\ \widehat{\eta_{i,j}}\right)_{k=1,\cdots,I+J+1} \tag{6.42}$$

注记 6.5

• 与经典线性模型不同，在广义线性模型框架下，在求解极大似然估计 $\hat{\boldsymbol{b}}$ 时，我们需求解非线性方程组。在大多数情形下，非线性方程组只能通过如 Fisher 计分法的迭代程序来求解（迭代加权最小二乘法 IWLS）。

• 如果 $\phi_{i,j}/w_{i,j}$ 关于 i 和 j 是常数，那么它们就不出现在式（6.39）和式（6.40）中。

6.4.3　预测均方误差（MSEP）

在这一小节里，我们给出（条件）预测均方误差（MSEP）的估计：

$$\begin{aligned}\operatorname{msep}_{\sum_i C_{i,J}|\mathcal{D}_I}\left(\sum_{i=1}^{I}\widehat{C_{i,J}}^{\text{EDF}}\right) &= E\left[\left(\sum_{i=1}^{I}\widehat{C_{i,J}}^{\text{EDF}} - \sum_{i=1}^{I}C_{i,J}\right)^2 \Big| \mathcal{D}_I\right]\\ &= E\left[\left(\sum_{i+j>I}\widehat{X_{i,j}}^{\text{EDF}} - \sum_{i+j>I}X_{i,j}\right)^2 \Big| \mathcal{D}_I\right]\end{aligned} \tag{6.43}$$

为解决上述问题，可用定理 6.1 中给出的多元参数的渐近结果。

对于 $\mathcal{D}_I$ 可测的估计量 $\sum_{i+j>I}\widehat{X_{i,j}}^{\text{EDF}}$，最后一项可分解成两部分：条件过程方差和条件估计误差：

$$\begin{aligned}\operatorname{msep}_{\sum_i C_{i,J}|\mathcal{D}_I}\left(\sum_{i=1}^{I}\widehat{C_{i,J}}^{\text{EDF}}\right) &= Var\Big(\sum_{i+j>I}X_{i,j}\Big|\mathcal{D}_I\Big) + \left(\sum_{i+j>I}\big(\widehat{X_{i,j}}^{\text{EDF}} - E[X_{i,j}\mid\mathcal{D}_I]\big)\right)^2\\ &= Var\Big(\sum_{i+j>I}X_{i,j}\Big) + \left(\sum_{i+j>I}\big(\widehat{X_{i,j}}^{\text{EDF}} - E[X_{i,j}]\big)\right)^2\end{aligned}$$

其中我们用到当 $i+j>I$ 时 $X_{i,j}$ 与 $\mathcal{D}_I$ 的独立性。由于 $X_{i,j}$ 之间相互独立，由引理 6.1 可得：

$$\begin{aligned}\operatorname{msep}_{\sum_i C_{i,J}|\mathcal{D}_I}\left(\sum_{i=1}^{I}\widehat{C_{i,J}}^{\text{EDF}}\right) &= \sum_{i+j>I}Var(X_{i,j}) + \left(\sum_{i+j>I}\left(\widehat{X_{i,j}}^{\text{EDF}} - E[X_{i,j}]\right)\right)^2\\ &= \sum_{i+j>I}\frac{\phi_{i,j}}{w_{i,j}}V(x_{i,j}) + \left(\sum_{i+j>I}\left(\widehat{X_{i,j}}^{\text{EDF}} - E[X_{i,j}]\right)\right)^2\end{aligned} \tag{6.44}$$

给定了方差函数 $V(x_{i,j})$ 和参数 $\phi_{i,j}$，$w_{i,j}$ 后，上式第一项很容易得到。困难在于计算（条件）估计误差（即第二项）。无条件预测均方误差为：

$$\begin{aligned}\mathrm{msep}_{\sum_i C_{i,J}}\left(\sum_{i=1}^{I}\widehat{C_{i,J}}^{\mathrm{EDF}}\right) &= E\left[\mathrm{msep}_{\sum_i C_{i,J}|\mathcal{D}_I}\left(\sum_{i=1}^{I}\widehat{C_{i,J}}^{\mathrm{EDF}}\right)\right] \\ &= \sum_{i+j>I}\frac{\phi_{i,j}}{w_{i,j}}V(x_{i,j}) + E\left[\left(\sum_{i+j>I}\left(\widehat{X_{i,j}}^{\mathrm{EDF}} - E[X_{i,j}]\right)\right)^2\right]\end{aligned} \tag{6.45}$$

困难在于最后一项的估计（估计误差）：

$$\begin{aligned}&E\left[\left(\sum_{i+j>I}\left(\widehat{X_{i,j}}^{\mathrm{EDF}} - E[X_{i,j}]\right)\right)^2\right] \\ &= \sum_{i+j>I,m+n>I} E\left[\left(\widehat{X_{i,j}}^{\mathrm{EDF}} - E[X_{i,j}]\right)\left(\widehat{X_{m,n}}^{\mathrm{EDF}} - E[X_{m,n}]\right)\right]\end{aligned} \tag{6.46}$$

注意到 $\widehat{X_{i,j}}^{\mathrm{EDF}}$ 一般来说不是 $E[X_{i,j}]$ 的无偏估计（见注记 6.6），因此式（6.46）中各项可能会有偏差。但是该偏差经常是可以忽略不计的，因此式（6.46）中各项可用以下协方差来近似。以下为平方项的近似：

$$\begin{aligned}Var(\widehat{X_{i,j}}^{\mathrm{EDF}}) &= Var(\exp\{\widehat{\eta_{i,j}}\}) \\ &= \exp\{2\eta_{i,j}\}\ Var(\exp\{\widehat{\eta_{i,j}} - \eta_{i,j}\}) \\ &\approx \exp\{2\eta_{i,j}\}\ Var(\widehat{\eta_{i,j}}) \\ &= x_{i,j}^2\ \Gamma_{i,j}\ Cov(\hat{\mathbf{b}},\hat{\mathbf{b}})\ \Gamma_{i,j}'\end{aligned} \tag{6.47}$$

其中用到 $\hat{x}_{i,j} = \exp(\hat{\eta}_{i,j})$，$\hat{\eta}_{i,j} = \Gamma_{i,j}\ \hat{\boldsymbol{b}}$ 以及线性近似 $\exp(z) \approx 1 + z$（当 $z \approx 0$ 时）。类似地，式（6.46）中交叉项的近似如下

$$\begin{aligned}Cov(\widehat{X_{i,j}}^{\mathrm{EDF}}, \widehat{X_{m,n}}^{\mathrm{EDF}}) &\approx \exp\{\eta_{i,j} + \eta_{m,n}\}Cov(\hat{\eta}_{i,j}, \hat{\eta}_{i,j}) \\ &= x_{i,j}\ x_{m,n}\ \Gamma_{i,j}\ Cov(\hat{\boldsymbol{b}},\hat{\boldsymbol{b}})\ \Gamma_{m,n}'\end{aligned} \tag{6.48}$$

因此我们需要计算 $\hat{\boldsymbol{b}}$ 的协方差矩阵。假设 $X_{i,j}$ 属于指数分布族，方差函数为 $V(x_{i,j})$，参数向量为 $\boldsymbol{b}$，定义随机变量：

$$\boldsymbol{B} = H(\boldsymbol{b})^{-1}\left(\sum_{i+j\leqslant I} W(x_{i,j})\ \Gamma_{i,j}^{(k)}\ Z_{i,j}\right)_{k=1,\cdots,I+J+1} \tag{6.49}$$

（见式（6.42）），其中

$$Z_{i,j} = Z_{i,j}(\boldsymbol{b}) = g(x_{i,j}) + g'(x_{i,j})(X_{i,j} - x_{i,j}) \tag{6.50}$$

（见式（6.41）），$x_{i,j} = x_{i,j}(\boldsymbol{b}) = h(\Gamma_{i,j}\boldsymbol{b})$。

引理 6.4　在模型假设 6.1 下，$\boldsymbol{B}$ 的协方差矩阵为

$$Cov(\boldsymbol{B},\boldsymbol{B}) = H(\boldsymbol{b})^{-1}$$

证明： 由于对不同单元，$X_{i,j}$ 之间相互独立，不同单元的 $Z_{i,j}$ 和 $Z_{m,n}$ 的协方差为零，因此只需考虑

$$Var(Z_{i,j})=\left(\frac{\partial\eta_{i,j}}{\partial x_{i,j}}\right)^2 Var(X_{i,j})=W(x_{i,j})^{-1}$$

此处用到了 $g'(x_{i,j})=\partial\eta_{i,j}/\partial x_{i,j}$，式（6.29）和引理 6.1。由此与引理 6.3 可得：

$$\begin{aligned}
&Cov\left(\left(\sum_{i+j\leqslant I}W(x_{i,j})\Gamma_{i,j}^{(k)}Z_{i,j}\right)_k,\left(\sum_{i+j\leqslant I}W(x_{i,j})\Gamma_{i,j}^{(l)}Z_{i,j}\right)_l\right)\\
&=\left(\sum_{i+j\leqslant I}W(x_{i,j})\Gamma_{i,j}^{(k)}\ Var(Z_{i,j})\ \Gamma_{i,j}^{(l)}\ W(x_{i,j})\right)_{k,l}\\
&=\left(\sum_{i+j\leqslant I}W(x_{i,j})\ \Gamma_{i,j}^{(k)}\ \Gamma_{i,j}^{(l)}\right)_{k,l}\\
&\doteq(H_{k,l})=H_{k,l}(\boldsymbol{b})
\end{aligned}$$

从而得到：

$$Cov(\boldsymbol{B},\boldsymbol{B})=H(\boldsymbol{b})^{-1}H(\boldsymbol{b})H(\boldsymbol{b})^{-1}=H(\boldsymbol{b})^{-1}$$

注意到由数据 $\mathcal{D}_I$ 计算得到的极大似然估计 $\hat{\boldsymbol{b}}$ 满足下式（见式（6.42））：

$$\begin{aligned}
\hat{\boldsymbol{b}}&=H(\hat{\boldsymbol{b}})^{-1}\left(\sum_{i+j\leqslant I}W(\widehat{x_{i,j}})\Gamma_{i,j}^{(k)}\ \widehat{\eta_{i,j}}\right)_{k=1,\cdots,I+J+1}\\
&=H(\hat{\boldsymbol{b}})^{-1}\left(\sum_{i+j\leqslant I}W(\widehat{x_{i,j}})\Gamma_{i,j}^{(k)}\ Z_{i,j}(\hat{\boldsymbol{b}})\right)_{k=1,\cdots,I+J+1}
\end{aligned}\tag{6.51}$$

其中在第二步中用到了 $g(x_{i,j})=\eta_{i,j}$，以及当 $\boldsymbol{b}^*$ 等于极大似然估计 $\hat{\boldsymbol{b}}$ 时，来自式（6.50）的 $g'\left(x_{i,j}(\boldsymbol{b}^*)\right)\left(X_{i,j}-x_{i,j}(\boldsymbol{b}^*)\right)$ 的项求和后抵消（见式（6.30））。

如果在式（6.51）右边用真实值 $\boldsymbol{b}$ 代替 $\hat{\boldsymbol{b}}$，即得到随机变量 $\mathbf{B}$。由此说明了极大似然估计 $\hat{\boldsymbol{b}}$ 的协方差阵可取为：

$$\widehat{Cov}(\hat{\boldsymbol{b}},\hat{\boldsymbol{b}})=H(\hat{\boldsymbol{b}})^{-1}=\left(\left(\sum_{i+j\leq I}W(\widehat{x_{i,j}})\ \Gamma_{i,j}^{(k)}\ \Gamma_{i,j}^{(l)}\right)_{k,l=1,\cdots,I+J+1}\right)^{-1}\tag{6.52}$$

也就是说，式（6.46）可以通过 Fisher 信息阵 $H(\hat{\boldsymbol{b}})$ 来估计，$H(\hat{\boldsymbol{b}})$ 是广义线性模型软件包的标准输出。

估计量 6.2 （GLM 的 MSEP 估计） 在指数散布族模型假设 6.1 下，最终索赔预测量的预测均方误差的估计如下：

$$\begin{aligned}
\widehat{\text{msep}}_{\sum_i C_{i,J}}\left(\sum_{i=1}^{I}\widehat{C_{i,J}}^{\text{EDF}}\right)&=\sum_{i+j>I}\frac{\phi_{i,j}}{w_{i,j}}V(\widehat{x_{i,j}})\\
&\quad+\sum_{i+j>I,m+n>I}\widehat{x_{i,j}}\,\widehat{x_{m,n}}\ \Gamma_{i,j}\ H(\hat{\boldsymbol{b}})^{-1}\ \Gamma'_{m,n}
\end{aligned}\tag{6.53}$$

其中 $H(\hat{\boldsymbol{b}})^{-1}$ 由式（6.52）给出。

注记 6.6

- 引理 6.4 给出了随机向量 $\boldsymbol{B}$ 的协方差的精确计算，该协方差为 Fisher 信息阵的逆矩阵，

它用来估计 $\hat{\boldsymbol{b}}$ 的协方差矩阵。另一方面，由定理 6.1 的渐近结论，当观测个数 N 趋于无穷大时，就有

$$\frac{\hat{\boldsymbol{b}}-\boldsymbol{b}}{H^{(N)}(\boldsymbol{b})^{-1/2}} \xrightarrow{(d)} N(0,\boldsymbol{I}) \tag{6.54}$$

其中 $\boldsymbol{I}$ 为单位阵。

• 极大似然估计可能是有偏的。不过在实际应用中该偏差相对估计误差来讲，通常是可忽略不计的。

• 如果选定联结函数为对数函数 $\eta_{i,j}=\log(x_{i,j})$，那么在乘积结构中，就有：

$$\frac{\partial \eta_{i,j}}{\partial x_{i,j}}=x_{i,j}^{-1}$$

由此可得（见（6.29））：

$$W(x_{i,j})=\frac{w_{i,j}}{\phi_{i,j}}\frac{x_{i,j}^2}{V(x_{i,j})} \tag{6.55}$$

• 在估计 $\phi_{i,j}/w_{i,j}$ 时，我们假设它为常数。它可由 Pearson 残差估计得到。如同 England 和 Verrall（1999），我们选择 Pearson 残差为：

$$R_{i,j}^{(P)}(x_{i,j})=\frac{X_{i,j}-x_{i,j}}{V(x_{i,j})^{1/2}} \tag{6.56}$$

注意到由引理 6.1，

$$E\left[\left(R_{i,j}^{(P)}(x_{i,j})\right)^2\right]=\frac{\phi_{i,j}}{w_{i,j}}$$

假设对于所有的 i 和 j，$\phi_{i,j}/w_{i,j}=\phi$，并设

$$\widehat{R_{i,j}^{(P)}}=\frac{X_{i,j}-\widehat{x_{i,j}}}{V(\widehat{x_{i,j}})^{1/2}} \tag{6.57}$$

那么 ϕ 的估计为：

$$\widehat{\phi_P}=\frac{\sum_{i+j\leqslant I}\left(\widehat{R_{i,j}^{(P)}}\right)^2}{N-p} \tag{6.58}$$

其中，N 为 $\mathcal{D}_I$ 中 $X_{i,j}$ 的观测值个数，p 为待估参数的个数 $p=I+J+1$。

例 6.2（广义线性模型，过度分散 Poisson 情形）

再次考虑例 2.1 和 2.2 中的数据。在例 2.3 中我们已经使用极大似然估计方法，计算得到预期索赔准备金的 Poisson 估计量。这里我们假设分散参数 $\phi=\phi_{i,j}/w_{i,j}$ 是常数（这意味着 Poisson 模型的极大似然估计和过度分散 Poisson 模型的极大似然估计是相同的）。对于方差函数 $V(x_{i,j})=x_{i,j}$（见式（6.20）），使用 Fisher 计分算法（见式（6.39））得到表 6.1 的结论。

表 6.1　过度分散 Poisson 模型参数估计、增量索赔、准备金

	0	1	2	3	4	5	6	7	8	9	μ	准备金
0											1	
1										15125.73	0.956512	15125.73
2									11133.05	15123.87	0.956395	26256.92
3								10505.92	10189.74	13842.41	0.875359	34538.07
4							50361.37	10628.23	10308.37	14003.57	0.88555	85301.54
5						69291.18	51483.81	10865.11	10538.12	14315.68	0.905287	156493.9
6					137753.8	65692.79	48810.19	10300.87	9990.858	13572.24	0.858274	286120.7
7				188845.7	125332.4	59769.24	44408.95	9372.034	9089.977	12348.43	0.780883	449166.7
8			594767.2	188554.8	125139.4	59677.19	44340.55	9357.601	9075.978	12329.41	0.77968	1043242
9		2795421	658706.4	208825	138592.3	66092.65	49107.29	10363.57	10051.67	13654.86	0.863498	3950815
γ	6572763	3237322	762834.8	241836.1	160501	76540.6	56870.18	12001.85	11640.64	15813.42		6047061

当然，当方差函数为 $V(x_{i,j})=x_{i,j}$ 时，对应的准备金与例 2.3、例 2.1 的结果一样。但是，在这里关于参数 μ_i 和 γ_i，我们有不同的标度，这里设定 $\mu_0=1$，见式（6.12）。而在例 2.3 中，$\sum_j \gamma_j=1$。

其次，我们估计过度分散 Poisson 广义线性模型准备金评估方法的预测均方误差。因此，我们需要估计分散参数 ϕ 和 Fisher 信息阵 $H(\hat{\boldsymbol{b}})$。在估计预期赔款准备金时，已经计算 $H(\hat{\boldsymbol{b}})$ 并用于估计。这里只需估计分散参数 ϕ。如使用 Pearson 残差，可得（见式（6.58））

$$\widehat{\phi_P}=14714 \tag{6.59}$$

因此，由式（6.53），我们得到表 6.2 的结果。

表 6.2　过度分散 Poisson 模型与第三章链梯法的比较

	准备金	过程标准差	估计误差平方根	$\mathrm{msep}^{1/2}$
GLM（Poisson）估计	6047061	298290	309563	429891
CL 估计	6047061	424379	185026	462960

可以看到，在两种方法下预测均方误差比较接近。然而，预测均方误差分摊到过程方差和估计误差时，在两种方法下有很大的差异。

注记 6.7

• 原始的链梯法仅是计算索赔准备金的一种算法。例证链梯法准备金的概率模型后来才出现。第三章的与分布无关的链梯法是一个模型，本章的过度分散 Poisson 模型是另外一个，这两个模型都可以得到与链梯法准备金相等的最佳估计。通过研究高阶矩如 MSEP，我们发现这是两个不同的模型，见表 6.2。

• 在例 6.2 中我们选择了常数分散参数 ϕ，该假设看上去约束太强。从理论上，我们也可以对不同的单元 (i,j)，选择不同的分散参数 $\phi_{i,j}$。很多情况下，数据显示这样的假设也许更合理。但是，另一方面我们也必须要求模型不能有过多的参数。我们必须在拟合与预测之间加以平衡。

例 6.3（广义线性模型，Gamma 情形）

使用例 6.2 中的数据，但使用二次方差函数 $V(x_{i,j})=x_{i,j}^2$，得到的结果如表 6.3 所示。

表 6.3 Gamma 模型参数估计、增量索赔、准备金

	0	1	2	3	4	5	6	7	8	9	μ	准备金
0											1	
1										12019.93	0.76011	12019.93
2									11908.61	14239.17	0.900449	26147.78
3								11181.31	11237.46	13436.68	0.849701	35855.45
4							64598.26	13840.5	13910.01	16632.26	1.051781	108981
5						62601.49	49679.05	10643.98	10697.44	12790.97	0.808868	146412.9
6					131131.8	62729.32	49780.49	10665.72	10719.28	12817.09	0.81052	277843.7
7				178717.6	114699.9	54868.83	43542.59	9329.216	9376.068	11211.01	0.708955	421745.2
8			578289	182006.8	116810.9	55878.66	44343.97	9500.916	9548.63	11417.34	0.722003	1007796
9		2778441	649449.4	204403.3	131184.9	62754.71	49800.64	10670.03	10723.62	12822.28	0.810848	3910250
γ	6999546	3426587	800950.9	252085.8	161787.3	77393.93	61417.97	13159.11	13225.19	15813.42		5947052

使用 Pearson 残差（见式（6.58）），我们得到如下分散参数 ϕ 的估计：

$$\widehat{\phi_P} = 0.045$$

因此，由（6.53）式，我们得到表 6.4 的结果。

表 6.4 Gamma 模型与第三章链梯法的比较

	准备金	过程标准差	估计误差平方根	$\mathrm{msep}^{1/2}$
GLM（Gamma）估计	5947052	624808	926367	1117381
CL 估计	6047061	424379	185026	462960

我们看到 Gamma 模型给出非常大的预测均方误差。这表明 Gamma 广义线性模型假设 $V(x_{i,j}) = x_{i,j}^2$ 不适合拟合这些数据。原则上，我们可以通过选取 $x_{i,j}$ 的任意次幂作为方差函数进行计算，然后找到最优的幂。

6.5 BF 法的讨论

在本节我们得到在实务中用到的 B-F 法的预测均方误差的估计。回顾一下，我们在模型假设 2.2 中定义了关于 BF 法的模型，即它由下式定义：

$$E[C_{i,j+k} \mid C_{i,0}, \ldots, C_{i,j}] = C_{i,j} + \left(\beta_{j+k} - \beta_j\right)\mu_i$$

由此推出最终索赔 $C_{i,J}$ 的 BF 估计值，即估计量 2.2：

$$\widehat{C_{i,J}}^{\mathrm{BF}} = \widehat{E}\left[C_{i,J} \middle| \mathcal{D}_I\right] = C_{i,I-i} + \left(1 - \widehat{\beta}_{I-i}\right)\widehat{\mu}_i$$

其中，$\widehat{\beta}_{I-i}$ 是索赔进展模式 β_{I-i} 的适当的估计值，$\widehat{\mu}_i$ 是预期最终索赔 $E[C_{i,J}]$ 的先验估计值。

索赔进展模式 β_j 通过使用链梯法的联结比率估计来得到（见式（2.14））：

$$\hat{\beta}_j^{(\mathrm{CL})} = \hat{\beta}_j = \prod_{k=j}^{J-1} \frac{1}{\hat{f}_k} \tag{6.60}$$

其中，$\hat{f}_k$ 是由式（2.4）定义的链梯法进展因子估计。这是在实务中通常使用的方法。在目前阶段，因为 $\hat{\beta}_j^{(\mathrm{CL})}$ 没有由一致的随机模型所支持，把它称为 β_j 的“插入值”或“特定值”估计。

在本节我们应用（过度分散）Poisson 模型中关于 $\hat{f}_k$ 的表示（见推论 2.1）。也就是说，我们定义一个随机模型，它恰好表明了应用于 BF 法中的式（6.60），也就是式（6.60）不再是一个特定的选择，而是来自一个随机模型。以下我们详细阐述。

模型假设 6.2

• 增量索赔 $X_{i,j}$ 是相互独立的，属于指数分布族，服从过度分散 Poisson 分布，使得：存在正参数 $\gamma_0,\ldots,\gamma_J,\mu_0,\ldots,\mu_I$ 及 $\phi>0$：

$$E[X_{i,j}]=x_{i,j}=\gamma_j\ \mu_i;\ Var(X_{i,j})=\phi\ x_{i,j}$$

$$\sum\nolimits_{j=0}^{J}\gamma_j=1$$

• $\hat{\mu}_i,\ i=0,\ldots,I$ 相互独立，而且是 $\mu_i=E[C_{i,J}]$ 的先验无偏估计。

• 对于所有的 i,j,k，$X_{i,j}$ 和 $\hat{\mu}_k$ 是相互独立的。

注记 6.8

• 在模型假设 6.2 下，BF 模型假设 2.2 是成立的，而且 $\beta_j=\sum\nolimits_{k=0}^{j}\gamma_k$。因此，上述过度分散的 Poisson 模型可用来解释 BF 法（见引理 2.3）。

• γ_j 和 μ_i 的极大似然估计，分别记为 $\hat{\gamma}_j^{(\mathrm{MLE})}$ 与 $\hat{\mu}_i^{(\mathrm{MLE})}$，在满足正则化条件

$$\sum\nolimits_j\hat{\gamma}_j^{(\mathrm{MLE})}=1$$

下，由式（2.16）和式（2.17）的解给出（见注记 6.3）。

• $\hat{\mu}_k$ 是预期最终索赔 μ_k 的先验估计。先验估计是仅基于外部数据和专家意见的估计。我们假设它与 $X_{i,j}$ 独立。另外，为了得到一个有意义的模型，我们假设它是预期最终索赔的无偏估计。

如果应用来自式（2.16）和式（2.17）的 $\hat{\gamma}_j^{(\mathrm{MLE})}$ 作为索赔进展模式 γ_j 的估计值，就得到下述 B-F 估计量：

$$\widehat{\widehat{C_{i,J}}}^{\mathrm{BF}}=C_{i,I-i}+\left(1-\sum_{j=0}^{I-i}\hat{\gamma}_j^{(\mathrm{MLE})}\right)\hat{\mu}_i \tag{6.61}$$

另外，由推论 2.1，可得：

$$\sum_{k=0}^{j}\hat{\gamma}_j^{(\mathrm{MLE})}=\hat{\beta}_j^{(\mathrm{CL})}=\prod_{k=j}^{J-1}\frac{1}{\hat{f}_k}$$

从而

$$\widehat{\widehat{C_{i,J}}}^{\mathrm{BF}}=C_{i,I-i}+\left(1-\hat{\beta}_j^{(\mathrm{CL})}\right)\hat{\mu}_i \tag{6.62}$$

是由模型假设 6.2 支持的，并用到 γ_j 的极大似然估计。按这种方式，我们不把 $\hat{\beta}_j^{(\mathrm{CL})}$ 视为由联结比率得到，而是由过度分散 Poisson 模型的极大似然估计来得到。

注记 6.9

• 注意到如果我们用 $\hat{\mu}_i^{(\mathrm{MLE})}$ 代替先验估计 $\hat{\mu}_i$，可得到如下估计量：

$$\widehat{C_{i,J}}^{\mathrm{EDF}}=C_{i,I-i}+\left(1-\sum_{j=0}^{I-i}\hat{\gamma}_j^{(\mathrm{MLE})}\right)\hat{\mu}_i^{(\mathrm{MLE})} \tag{6.63}$$

6.5.1 单个事故年下 BF 法的 MSEP

我们的目标是估计条件 MSEP，即：

$$\mathrm{msep}_{C_{i,J}|\mathcal{D}_I}\left(\widehat{C_{i,J}}^{\mathrm{BF}}\right)=E\left[\left(C_{i,J}-\widehat{C_{i,J}}^{\mathrm{BF}}\right)^2\middle|\mathcal{D}_I\right]$$
$$=E\left[\left(\sum_{j=I-i+1}^{J}X_{i,j}-(1-\hat{\beta}_{I-i}^{(\mathrm{CL})})\hat{\mu}_i\right)^2\middle|\mathcal{D}_I\right]$$

我们需要把最后一项拆分。注意到 $X_{i,j}$ 是相互独立的（从而未来的增量索赔与 $\mathcal{D}_I$ 独立），于是有：

$$E\left[\left(\sum_{j=I-i+1}^{J}X_{i,j}-(1-\hat{\beta}_{I-i}^{(\mathrm{CL})})\hat{\mu}_i\right)^2\middle|\mathcal{D}_I\right]$$
$$=\sum_{j=I-i+1}^{J}Var\left(X_{i,j}\right)+E\left[\left(\sum_{j=I-i+1}^{J}E[X_{i,j}]-\left(1-\hat{\beta}_{I-i}^{(\mathrm{CL})}\right)\hat{\mu}_i\right)^2\middle|\mathcal{D}_I\right]$$
$$+2E\left[\left(\sum_{j=I-i+1}^{J}\left(X_{i,j}-E[X_{i,j}]\right)\right)\left(\sum_{j=I-i+1}^{J}E[X_{i,j}]-\left(1-\hat{\beta}_{I-i}^{(\mathrm{CL})}\right)\hat{\mu}_i\right)\middle|\mathcal{D}_I\right]$$

注意到对于所有的 j, k，$\hat{\mu}_i$ 与 $X_{j,k}$ 是独立的；$\hat{\beta}_{I-i}^{(\mathrm{CL})}$ 是 $\mathcal{D}_I$ 可测的；而且 $E[\hat{\mu}_i]=\mu_i$。因此上式最后一项为 0，我们得到：

$$\mathrm{msep}_{C_{i,J}|\mathcal{D}_I}\left(\widehat{C_{i,J}}^{\mathrm{BF}}\right)=\sum_{j=I-i+1}^{J}Var\left(X_{i,j}\right)+(1-\hat{\beta}_{I-i}^{(\mathrm{CL})})^2Var(\hat{\mu}_i)$$
$$+\mu_i^2\left(\sum_{j=I-i+1}^{J}\gamma_j-\sum_{j=I-i+1}^{J}\hat{\gamma}_j^{(\mathrm{MLE})}\right)^2 \tag{6.65}$$

由此可见，为得到 BF 法下的条件 MSEP 的估计，需要对上式右边的三项分别估计。

应用式（6.58）和过度分散 Poisson 假设，可以很容易估计过程方差。其中一个估计如下：

$$\widehat{Var}(X_{i,j})=\widehat{\phi_P}\ \hat{\gamma}_j^{(\mathrm{MLE})}\hat{\mu}_i \tag{6.66}$$

第二项包含了先验估计量 $\hat{\mu}_i$ 的不确定性。一般来说，它仅取决于外部数据、市场经验和专家意见。例如，监管者提供了 $\hat{\mu}_i$ 的变异系数的一个估计值，记为 $\widehat{Vco}(\hat{\mu}_i)$，它量化了外部估计的优劣。很多情形下，变异系数的合理范围为 5%~10%。于是，对第二项的估计为：

$$\left(1-\hat{\beta}_{I-i}^{(\mathrm{CL})}\right)^2\ \widehat{Var}(\hat{\mu}_i)=\left(1-\hat{\beta}_{I-i}^{(\mathrm{CL})}\right)^2\hat{\mu}_i^2\ \widehat{Vco}(\hat{\mu}_i)^2 \tag{6.67}$$

对式（6.65）中的最后一项需要较多的计算。如前面各节，我们要研究极大似然估计围绕真实参数值的波动。

为采用 GLM 方法及渐近正态近似（用到 Fisher 信息阵），我们需要调整 $\hat{\gamma}_j^{(\mathrm{MLE})}$。注意到我们假设如下规范化条件：

$$\sum_{j=0}^{J}\hat{\gamma}_j^{(\mathrm{MLE})}=1$$

对于 Fisher 计分方法，我们曾采用过不同的规范化方法，即 $\mu_0=1$（见式（6.12）之前）。相应于第二种规范化条件的极大似然估计为（见式（6.24））：

$$\hat{\boldsymbol{b}}=\left(\widehat{\log(\mu_1)}^{(\mathrm{GLM})},\ldots,\widehat{\log(\mu_I)}^{(\mathrm{GLM})},\widehat{\log(\gamma_0)}^{(\mathrm{GLM})},\ldots,\widehat{\log(\gamma_J)}^{(\mathrm{GLM})}\right)'$$

注意对应于第二种规范化条件，我们采用上标 GLM。这表明我们得到第二种索赔进展模式：

$$\hat{\gamma}_0^{(\mathrm{GLM})},\ldots,\hat{\gamma}_J^{(\mathrm{GLM})}$$

其中，对于所有的 $j=0,\ldots,J$，$\widehat{\log(\gamma_j)}^{(\mathrm{GLM})}=\log\left(\hat{\gamma}_j^{(\mathrm{GLM})}\right)$。

另外，我们有：

$$\left(\log\left(\hat{\gamma}_0^{(\mathrm{GLM})}\right),\ldots,\log\left(\hat{\gamma}_J^{(\mathrm{GLM})}\right)\right)'$$

服从渐近正态分布，协方差近似为 Fisher 信息阵的逆 $H^{-1}(\boldsymbol{b})$。

另外，注意到：

$$\hat{\gamma}_j^{(\mathrm{MLE})}=\frac{\hat{\gamma}_j^{(\mathrm{GLM})}}{\sum_{l=0}^{J}\hat{\gamma}_l^{(\mathrm{GLM})}} \tag{6.68}$$

不考虑极大似然估计可能的偏差项，我们估计式（6.65）右边最后一项：

$$\left(\sum_{j=I-i+1}^{J}\gamma_j-\sum_{j=I-i+1}^{J}\hat{\gamma}_j^{(\mathrm{MLE})}\right)^2$$

它有以下近似估计：

$$\begin{aligned}Var\left(\sum_{j=I-i+1}^{J}\hat{\gamma}_j^{(\mathrm{MLE})}\right)&=\sum_{j,k=I-i+1}^{J}Cov\left(\hat{\gamma}_j^{(\mathrm{MLE})},\hat{\gamma}_k^{(\mathrm{MLE})}\right)\\&=\sum_{j,k=I-i+1}^{J}Cov\left(\frac{\hat{\gamma}_j^{(\mathrm{GLM})}}{\sum_{l=0}^{J}\hat{\gamma}_l^{(\mathrm{GLM})}},\frac{\hat{\gamma}_k^{(\mathrm{GLM})}}{\sum_{l=0}^{J}\hat{\gamma}_l^{(\mathrm{GLM})}}\right)\\&=\sum_{j,k=I-i+1}^{J}Cov\left(\frac{1}{1+\sum_{l\neq j}\frac{\hat{\gamma}_l^{(\mathrm{GLM})}}{\hat{\gamma}_j^{(\mathrm{GLM})}}},\frac{1}{1+\sum_{l\neq k}\frac{\hat{\gamma}_l^{(\mathrm{GLM})}}{\hat{\gamma}_k^{(\mathrm{GLM})}}}\right)\end{aligned} \tag{6.69}$$

定义：

$$\Delta_j=\sum_{l\neq j}\frac{\hat{\gamma}_l^{(\mathrm{GLM})}}{\hat{\gamma}_j^{(\mathrm{GLM})}},\quad \delta_j=E[\Delta_j] \tag{6.70}$$

因此，我们需要计算

$$Cov\left(\frac{1}{1+\Delta_j},\frac{1}{1+\Delta_k}\right) \tag{6.71}$$

下一步，我们应用泰勒公式，在 δ_j 处展开。定义函数：

$$f(x)=\frac{1}{1+x}，导数为\ f'(x)=-\frac{1}{(1+x)^2}$$

因此

$$f(x)\approx f(\delta_j)+f'(\delta_j)(x-\delta_j)=\frac{1}{1+\delta_j}-\frac{1}{(1+\delta_j)^2}\left(x-\delta_j\right)$$

因此，考虑到所有的随机项，就有：

$$\begin{aligned}Cov\left(\frac{1}{1+\Delta_j},\frac{1}{1+\Delta_k}\right)&\approx\frac{1}{\left(1+\delta_j\right)^2}\frac{1}{\left(1+\delta_k\right)^2}Cov\left(\Delta_j,\Delta_k\right)\\&=\frac{1}{\left(1+\delta_j\right)^2}\frac{1}{\left(1+\delta_k\right)^2}\sum_{l\neq j}\sum_{m\neq k}Cov\left(\frac{\hat{\gamma}_l^{(\mathrm{GLM})}}{\hat{\gamma}_j^{(\mathrm{GLM})}},\frac{\hat{\gamma}_m^{(\mathrm{GLM})}}{\hat{\gamma}_k^{(\mathrm{GLM})}}\right)\end{aligned}\tag{6.72}$$

至此需要计算最后的协方差项。沿用式（6.48）式思路，应用 $\exp\{x\}\approx 1+x$，当 $x\approx 0$ 时，并忽略可能的偏差，在期望值处展开，可得：

$$Cov\left(\frac{\hat{\gamma}_l^{(\mathrm{GLM})}}{\hat{\gamma}_j^{(\mathrm{GLM})}},\frac{\hat{\gamma}_m^{(\mathrm{GLM})}}{\hat{\gamma}_k^{(\mathrm{GLM})}}\right)\approx\frac{\gamma_l}{\gamma_j}\frac{\gamma_m}{\gamma_k}Cov\left(\log\left(\frac{\hat{\gamma}_l^{(\mathrm{GLM})}}{\hat{\gamma}_j^{(\mathrm{GLM})}}\right),\log\left(\frac{\hat{\gamma}_m^{(\mathrm{GLM})}}{\hat{\gamma}_k^{(\mathrm{GLM})}}\right)\right)\tag{6.73}$$

现在，定义设计阵（见式（6.14）），对 $j=0,1,\cdots,J$，有：

$$\tilde{\Gamma}_j=\Gamma_{0,j}=(0,\ldots,0,e_{I+j+1},0,\ldots,0)\tag{6.74}$$

于是有（见式（6.24））：

$$\log\left(\hat{\gamma}_j^{(\mathrm{GLM})}\right)=\tilde{\Gamma}_j\ \hat{\boldsymbol{b}}$$

因此

$$Cov\left(\log\left(\frac{\hat{\gamma}_l^{(\mathrm{GLM})}}{\hat{\gamma}_j^{(\mathrm{GLM})}}\right),\log\left(\frac{\hat{\gamma}_m^{(\mathrm{GLM})}}{\hat{\gamma}_k^{(\mathrm{GLM})}}\right)\right)=\left(\tilde{\Gamma}_l-\tilde{\Gamma}_j\right)Cov\left(\hat{\boldsymbol{b}},\hat{\boldsymbol{b}}\right)\left(\tilde{\Gamma}_m-\tilde{\Gamma}_k\right)'\tag{6.75}$$

应用（6.52）计算协方差项的估计，得到：

$$\begin{aligned}Var\left(\sum_{j=I-i+1}^{J}\hat{\gamma}_j^{(\mathrm{MLE})}\right)=&\sum_{j,k=I-k+1}^{J}\frac{1}{\left(1+\delta_j\right)^2}\frac{1}{\left(1+\delta_k\right)^2}\\&\times\sum_{l}\sum_{m}\frac{\gamma_l}{\gamma_j}\frac{\gamma_m}{\gamma_k}\left(\tilde{\Gamma}_i-\tilde{\Gamma}_j\right)H(\hat{\boldsymbol{b}})^{-1}\left(\tilde{\Gamma}_m-\tilde{\Gamma}_k\right)'\end{aligned}\tag{6.76}$$

因此我们定义如下估计量：

$$\begin{aligned}\widehat{Var}\left(\sum_{j=I-i+1}^{J}\hat{\gamma}_j^{(\mathrm{MLE})}\right)=&\sum_{j,k=I-k+1}^{J}\frac{1}{\left(1+\hat{\delta}_j\right)^2}\frac{1}{\left(1+\hat{\delta}_k\right)^2}\\&\times\sum_{l}\sum_{m}\frac{\gamma_l}{\gamma_j}\frac{\gamma_m}{\gamma_k}\left(\tilde{\Gamma}_i-\tilde{\Gamma}_j\right)H(\hat{\boldsymbol{b}})^{-1}\left(\tilde{\Gamma}_m-\tilde{\Gamma}_k\right)'\end{aligned}\tag{6.77}$$

其中，

$$\hat{\delta}_j=\sum_{l\neq j}\frac{\hat{\gamma}_l^{(\mathrm{GLM})}}{\hat{\gamma}_j^{(\mathrm{GLM})}}$$

估计量 6.3（单个事故年下 BF 法的 MSEP）

在模型假设 6.2 情形下，对于单个事故年 $i \in \{1,\cdots,I\}$ 的 MSEP 的估计如下：

$$\widehat{\text{msep}}_{C_{i,J}|\mathcal{D}_I}\left(\widehat{\widehat{C}}_{i,J}^{\text{BF}}\right)=\widehat{\phi}_P\left(1-\widehat{\beta}_{I-i}^{(\text{CL})}\right)\widehat{\mu}_i+\left(1-\widehat{\beta}_{I-i}^{(\text{CL})}\right)^2\widehat{\mu}_i^{\,2}\ \widehat{Vco}(\mu_i)^2$$
$$+\widehat{\mu}_i^{\,2}\ \widehat{Var}\left(\sum_{j=I-i+1}^{J}\hat{\gamma}_j^{(\text{MLE})}\right)$$

6.5.2 聚合事故年下 BF 法的 MSEP

对于聚合事故年，我们首先考虑两个不同的事故年 $i<k$，

$$\text{msep}_{C_{i,J}+C_{k,J}|\mathcal{D}_I}\left(\widehat{\widehat{C}}_{i,J}^{\text{BF}}+\widehat{\widehat{C}}_{k,J}^{\text{BF}}\right)=E\left[\left(C_{i,J}+C_{k,J}-\widehat{\widehat{C}}_{i,J}^{\text{BF}}-\widehat{\widehat{C}}_{k,J}^{\text{BF}}\right)^2|\mathcal{D}_I\right]$$

采用通常的分解，我们得到：

$$\text{msep}_{C_{i,J}+C_{k,J}|\mathcal{D}_I}\left(\widehat{\widehat{C}}_{i,J}^{\text{BF}}+\widehat{\widehat{C}}_{k,J}^{\text{BF}}\right)=\sum_{l=i,k}\text{msep}_{C_{l,J}|\mathcal{D}_I}\left(\widehat{\widehat{C}}_{l,J}^{\text{BF}}\right)$$
$$+2\mu_i\ \mu_k\left(\sum_{j=I-i+1}^{J}\gamma_j-\sum_{j=I-i+1}^{J}\hat{\gamma}_j^{(\text{MLE})}\right)\left(\sum_{l=I-k+1}^{J}\gamma_l-\sum_{l=I-k+1}^{J}\hat{\gamma}_l^{(\text{MLE})}\right)$$

我们需要估计上面的协方差项。忽略极大似然估计的可能偏差，我们用下式来估计（见式（6.76））：

$$Cov\left(\sum_{j=I-i+1}^{J}\hat{\gamma}_j^{(\text{MLE})},\sum_{l=I-k+1}^{J}\hat{\gamma}_l^{(\text{MLE})}\right)=\sum_{j=I-i+1}^{J}\sum_{l=I-k+1}^{J}Cov\left(\hat{\gamma}_j^{(\text{MLE})},\hat{\gamma}_l^{(\text{MLE})}\right)$$
$$\approx\sum_{j=I-i+1}^{J}\sum_{l=I-k+1}^{J}\frac{1}{\left(1+\delta_j\right)^2}\frac{1}{\left(1+\delta_l\right)^2}$$
$$\times\sum_n\sum_m\frac{\gamma_n}{\gamma_j}\frac{\gamma_m}{\gamma_l}\left(\tilde{\Gamma}_n-\tilde{\Gamma}_j\right)H(\hat{\boldsymbol{b}})^{-1}\left(\tilde{\Gamma}_m-\tilde{\Gamma}_l\right)' \qquad (6.78)$$

由此得到协方差的如下估计量：

$$\hat{\Upsilon}_{i,k}=\widehat{Cov}\left(\sum_{j=I-i+1}^{J}\hat{\gamma}_j^{(\text{MLE})},\sum_{l=I-k+1}^{J}\hat{\gamma}_l^{(\text{MLE})}\right)$$
$$=\sum_{j=I-i+1}^{J}\sum_{l=I-k+1}^{J}\frac{1}{\left(1+\hat{\delta}_j\right)^2}\frac{1}{\left(1+\hat{\delta}_l\right)^2}$$
$$\times\sum_n\sum_m\frac{\hat{\gamma}_n^{(\text{GLM})}}{\hat{\gamma}_j^{(\text{GLM})}}\frac{\hat{\gamma}_m^{(\text{GLM})}}{\hat{\gamma}_l^{(\text{GLM})}}\left(\tilde{\Gamma}_n-\tilde{\Gamma}_j\right)H(\hat{\boldsymbol{b}})^{-1}\left(\tilde{\Gamma}_m-\tilde{\Gamma}_l\right)' \qquad (6.79)$$

估计量 6.4（聚合事故年下 BF 法的 MSEP） 在模型假设 6.2 下，聚合事故年的（条件）MSEP 的估计量为：

$$\widehat{\text{msep}}_{\sum_{i=1}^{I}C_{i,J}|\mathcal{D}_I}\left(\sum_{i=1}^{I}\widehat{\widehat{C}}_{i,J}^{\text{BF}}\right)=\sum_{i=1}^{I}\widehat{\text{msep}}_{C_{i,J}|\mathcal{D}_I}\left(\widehat{\widehat{C}}_{i,J}^{\text{BF}}\right)+2\sum_{1\le i<k\le I}\widehat{\mu}_i\widehat{\mu}_k\hat{\Upsilon}_{i,k}$$

例 6.4（BF 法的 MSEP）

我们再次使用例 2.2 的数据（累计数据 $C_{i,j}$ 在表 2.2 中给出）。

我们的目标是计算估计量 6.4，以度量在表 2.4 中的 B-F 准备金估计的质量。注意到索赔进展模式 β_j 既可以通过链梯法因子 $\widehat{f}_k$ 得到，也可以通过极大似然估计 $\gamma_k^{(\mathrm{MLE})}$ 得到（见推论 2.1），但在这里我们一直使用极大似然估计，因为它会导致关于 BF 法的一个一致的数学模型。

另外，我们需要估计分散参数 ϕ，这已经在式（6.59）给出：

$$\widehat{\phi_p}=14714 \tag{6.80}$$

进一步，我们需要设定先验值 $\widehat{\mu_i}$ 的估计不确定性。我们假设对于所有的 $i=0,\cdots,I$，

$$\widehat{Vco}(\hat{\mu}_i)=5\% \tag{6.81}$$

最后我们可以得到表 6.5 的结果。

表 6.5 BF 准备金：过程误差（6.66），先验估计不确定性（6.67），β 的参数估计不确定性，先验估计与参数估计不确定性之和，MSEP

i	BF 准备金	过程标准差	先验标准差	参数 β 标准差	先验和参数	MSEP 平方根	Vco（%）
0							
1	16124	15403	806	15543	15564	21897	135.8
2	26998	19931	1350	17573	17624	26606	98.5
3	37575	23514	1879	18545	18640	30005	79.9
4	95434	37473	4772	24168	24635	44845	47.0
5	178024	51181	8901	29600	30910	59790	33.6
6	341305	70866	17065	35750	39614	81187	23.8
7	574089	91909	28704	41221	50231	104739	18.2
8	1318646	139294	65932	53175	84703	163025	12.4
9	4768384	264882	238419	75853	250195	364362	7.6
合计	7356579	329007	249828	228252	338397	471973	6.4

注意到，在 BF 法中，预测不确定性 $\mathrm{msep}^{1/2}$ 为 471973，它与链梯法的结果是相近的（462960，见表 3.6）。也许式（6.81）的选择太低，如选择较大值，则会导致 BF 法预测不确定性的增加。

如果把上述结果与 Poisson 广义线性模型方法比较，注意到 BF 法的过程误差比 Poisson 广义线性模型下的要大。这是因为 BF 法的先验估计 $\widehat{\mu_i}$ 是非常保守的。另一方面，$\hat{\mu}_i$ 和 $\hat{\beta}_j^{(\mathrm{CL})}$ 的参数估计不确定性合计为 338397，它仅比 Poisson 广义线性模型下的估计误差 309563 稍大（见表 6.5 和表 6.2）。

例 6.5 （BF 法下的 MSEP，泰勒近似）

在推导 B-F 法的参数估计误差的估计时，我们用到了一些近似（见式（6.69）之后的推导）。使用随机模拟方法，我们可研究这些近似的优劣。假设增量索赔 $X_{i,j}$ 服从过度分散

Poisson 分布，参数来自表 2.6 给出的 γ_j 和 μ_i，而分散参数 ϕ 由式（6.80）中给出。根据这些假设，我们可以生成过度分散 Poisson 三角形 $\mathcal{D}_I$，对每次模拟三角形，计算估计的赔付模式 $\hat{\beta}_j^{(CL)}$。我们生成 5000 个三角形，从而得到由 5000 个关于赔付模式 $\hat{\beta}_j^{(CL)}$ 的向量，最后得到赔付模式的经验分布。

根据这个经验分布，我们可计算经验分布的标准差，并与由式（6.77）给出的近似值进行比较。表 6.6 给出了有关结果。

表 6.6 近似的估计误差（6.77）与 5000 次模拟的经验估计误差

i	β_j 准确值（%）	近似的估计误差（%）	$\hat{\beta}_j^{(CL)}$ 平均经验值（%）	模拟的估计误差（%）
0				
1	99.86	0.137	99.86	0.139
2	99.75	0.160	99.75	0.164
3	99.65	0.175	99.64	0.179
4	99.14	0.219	99.13	0.221
5	98.45	0.258	98.14	0.260
6	97.01	0.313	97.00	0.315
7	94.84	0.370	94.82	0.372
8	88.00	0.484	87.96	0.485
9	58.96	0.653	58.88	0.645

我们观察到关于 $\hat{\beta}_j^{(CL)}$ 的估计误差的近似值与经验值非常接近，这说明了式（6.77）给出的近似是很好的。

第七章　拔靴法

7.1　引言

至今为止，我们集中于（预期）最终索赔额$C_{i,J}$，$i \in \{0,1,\cdots,I\}$及MSEP的估计和预测。我们估计了未决负债的一阶矩和二阶矩及其预测量。然而，在很多情况下计算一阶矩和二阶矩时，我们无法给出一个解析形式；在广义线性模型的例子中，对偏差项的计算并不直接。另外，很多情况下，我们感兴趣的是完整的概率分布及其应用（如VAR、或偿付能力）。在之前所考虑的大多数情形/模型中，对于索赔准备金的分布及其预测量，我们无法给出一个解析表达式。走出这一困境的一种方式就是估计一阶矩和二阶矩，并对准备金合计及其预测量给出分布假设。也就是说，避免来自边际分布、相依结构、聚合/卷积的困难，而仅对最终分布给出整体的选择。

“拔靴法”是一种从给定数据样本获得关于聚合分布的信息的非常有效的方法。它由Efron（1979）提出，而关于拔靴法的一般理论的介绍见Efron和Tibshirani（1993）或Davison和Hinkley（1997）。Efron提出的拔靴法至今被认为是统计学的一大突破。本质上，拔靴法可被描述为“从估计的模型中模拟”，它在实践中非常有用。也就是说，在应用拔靴法时，我们只需引入尽可能少的模型结构，对数据样本重复抽样产生观测值。

拔靴法的一般思路

拔靴法的一般思路是对样本数据重复抽样。重复抽样来自数据本身，即在模型中寻找一个合适的结构，并在该结构的帮助下，由已观察到的样本再抽样，产生新的样本数据。

7.1.1　Efron 的非参数拔靴法

我们从一个例子开始。假设有n个独立同分布的随机变量实现值

$$Z_1, Z_2, \cdots, Z_n \quad \text{i.i.d.} \overset{(d)}{\sim} F \tag{7.1}$$

其中F表示未知分布。随机变量Z_i可取实数值，也可取向量值。假设我们要估计分布F的某个参数$h(F)$。参数$h(F)$可能是均值，方差，VaR，或随机变量Z_1的期望差值。

假设对数据$Z_1, Z_2, \cdots, Z_n$，有已知函数g，用来估计$h(F)$，即

$$\hat{\theta}_n = g(Z_1, ..., Z_n)$$

这里$\hat{\theta}_n$是$h(F)$的估计量。我们的目标是更多地了解$\hat{\theta}_n$的概率分布。

拔靴法的思路

如果我们知道分布 F ，我们就可以通过从该分布抽样，产生新的独立同分布的样本。这会给出估计量 $\hat{\theta}_n$ 的一个新值。多次重复抽样，就可得到 $\hat{\theta}_n$ 的经验分布。

然而，我们并不知道产生数据的分布 F 。因此，我们用经验分布 $\hat{F}_n$ 来产生观察值。经验分布 $\hat{F}_n$ 对每一观察值 Z_i 赋予 $1/n$ 的权重，由此产生新的数据

$$Z_1^*,...,Z_n^* \quad \text{i.i.d.} \overset{(d)}{\sim} \hat{F}_n \tag{7.2}$$

模拟产生的新数据向量 $(Z_1^*,...,Z_n^*)$ 被称为拔靴样本。然后，由拔靴样本，可计算估计量 $\hat{\theta}_n$ 的一个新值

$$\hat{\theta}_n^* = g(Z_1^*,...,Z_n^*)$$

多次重复这个步骤，就得到关于 $\hat{\theta}_n^*$ 的经验分布 F_n^* 。

例 7.1　假设 $Z_1,...,Z_n$ i.i.d.$\overset{(d)}{\sim}\mathcal{N}(\theta,1)$ 。目标是估计分布均值 θ ；即我们要估计 $h(\mathcal{N}(\theta,1))=E[Z_i]=\theta$ 。选择估计量 $\hat{\theta}_n = g(Z_1,...,Z_n) = \sum_{i=1}^{n} Z_i / n$ 。根据观测值 $Z_1,...,Z_n$ ，定义经验分布

$$\hat{F}_n(x) = \frac{1}{n}\sum_{i=1}^{n} 1_{\{x \geqslant Z_i\}}$$

从该经验分布产生新的观察值

$$Z_1^*,...,Z_n^* \quad \text{i.i.d.} \overset{(d)}{\sim} \hat{F}_n$$

然后计算如下值

$$\hat{\theta}_n^* = g(Z_1^*,...,Z_n^*) = \frac{1}{n}\sum_{i=1}^{n} Z_i^*$$

对 $\hat{F}_n$ 多次重复抽样，就得到 $\hat{\theta}_n^*$ 的经验分布。

拔靴分布

关于 $\hat{\theta}_n^*$ 的拔靴分布记为 F_n^*，它是一个条件分布，对给定的初始数据 $Z_1,...,Z_n$ ，得到经验分布 $\hat{F}_n$ ，再从 $\hat{F}_n$ 中重复抽样产生样本

$$Z_1^*,...,Z_n^* \quad \text{i.i.d.} \overset{(d)}{\sim} \hat{F}_n$$

因此，给定初始数据 $Z_1,...,Z_n$ ， F_n^* 是一个条件分布。

注记 7.1

- 如果经验分布 $\hat{F}_n$ 接近于真实分布 F ，那么关于 $\hat{\theta}_n^*$ 的拔靴分布 F_n^* 也会接近于估计量 $\hat{\theta}_n$ 的真实分布。注意到，到目前为止，我们并没有关于“接近”的准准描述。

- 注意到，按以上步骤我们只能得到已经包含在观察值 $Z_1,...,Z_n$ 中的信息，而不会产生新信息。也就是说全部拔靴信息包含于或以 $Z_1,...,Z_n$ 为条件。或者换句话说，我们希望观察值 $Z_1,...,Z_n$ 足够多，以体现模型的主要性质。

7.1.2　参数拔靴

Efron 的非参数拔靴可视为对经验分布 $\hat{F}_n$ 模拟。假设我们有关于 Z_i 的分布的额外信息，即

$$Z_1,...,Z_n \quad \text{i.i.d.} \overset{(d)}{\sim} F_\theta \tag{7.4}$$

其中，F_θ 表示包含未知参数 θ 的已知的分布类型。

为了对拔靴样本进行再抽样，我们首先估计未知参数 θ，得到 $\hat{\theta}$（如最小二乘估计或极大似然估计）。参数拔靴使用如下拔靴分布，而不使用经验分布（7.2）。

$$Z_1^*,...,Z_n^* \ \text{i.i.d.} \overset{(d)}{\sim} \hat{F}_{\hat{\theta}} = F_{\hat{\theta}} \tag{7.5}$$

拔靴法的其他所有的步骤与 Efron 的非参数拔靴法的一样。

本质上，Efron 的拔靴法能够适用于到目前为止我们所考虑的每一种索赔准备金评估随机性模型。另外，如果我们有关于分布模型的假设，我们就能够使用参数拔靴法。

7.2　关于累计索赔的对数正态模型

回顾一下模型假设 5.1 给出的模型：假设单个进展因子是独立同分布的，而且有对数正态分布，即：

$$\eta_{i,j} = \log\left(\frac{C_{i,j}}{C_{i,j-1}}\right) \sim \mathcal{N}(\xi_j, \sigma_j^2)$$

我们的目标是应用参数拔靴法。

这里 $\theta_j = (\xi_j, \sigma_j^2)$ 是 $\eta_{i,j}$ 的分布未知参数。在给定 $\mathcal{D}_I$ 的条件下，我们感兴趣的是如下预测量的概率分布

$$h(F) = \sum_{i+j>I} E[X_{i,j} \mid \mathcal{D}_I] \tag{7.6}$$

上式表示在时刻 I 的预期损失负债 / 未决赔款准备金。

由式（5.11）有

$$h(F) = \sum_{i=1}^{I} C_{i,I-i}\left(\exp\left\{\sum_{j=I-i+1}^{J} \xi_j + \frac{1}{2}\sum_{j=I-i+1}^{J} \sigma_j^2\right\} - 1\right)$$

在给定 $\mathcal{D}_I$ 的条件下，对已知参数，上式是一个常数。也就是说，对已知的参数，关于条件预期损失负债的估计是确定的（没有参数估计误差）。由于一般来说，参数是未知的，需要加以估计，式（5.2）和式（5.3）给出了适当的估计量：

$$\widehat{\xi}_j = \frac{1}{I-j+1}\sum_{i=0}^{I-j} \log\left(\frac{C_{i,j}}{C_{i,j-1}}\right) = \frac{1}{I-j+1}\sum_{i=0}^{I-j} \eta_{i,j} \tag{7.7}$$

$$\widehat{\sigma_j^2} = \frac{1}{I-j}\sum_{i=0}^{I-j}\left(\log\left(\frac{C_{i,j}}{C_{i,j-1}}\right) - \widehat{\xi}_j\right)^2 = \frac{1}{I-j}\sum_{i=0}^{I-j}\left(\eta_{i,j} - \widehat{\xi}_j\right)^2 \tag{7.8}$$

由此得到在给定 $\mathcal{D}_I$ 条件下关于 $h(F)$ 的估计量，见式（5.27）：

$$g(\mathcal{D}_I) = \sum_{i=1}^{I}\widehat{C_{i,J}}^{\mathrm{LN}\sigma,2} - C_{i,I-i}$$

$$= \sum_{i=1}^{I} C_{i,I-i}\left(\exp\left\{\sum_{j=I-i+1}^{J}\widehat{\xi}_j + \frac{1}{2}\sum_{j=I-i+1}^{J}\widehat{\sigma_j^2}\left(1 - \frac{1}{I-j+1}\right)\right\} - 1\right) \tag{7.9}$$

我们的目标是研究估计量 $g(\mathcal{D}_I)$ 的分布。注意到我们并没有证明 $g(\mathcal{D}_I)$ 是 $h(F)$ 的无偏估计，我们只是给出了渐近的结论，见式（5.28）。下面我们进行分析。

由于我们已有明确的分布假设，我们可应用参数拔靴法。也就是说我们要根据 $\mathcal{D}_I$ 来估计未知参数 ξ_j 和 σ_j^2（见（7.7）—（7.8））。应用参数拔靴法，产生新的独立观察值

$$\eta_{i,j}^{*} \sim \mathcal{N}\left(\widehat{\xi}_j, \widehat{\sigma_j^2}\right) \tag{7.10}$$

根据上述新的拔靴观察值，得到如下关于 ξ_j 和 σ_j^2 的拔靴估计

$$\widehat{\xi}_j^{*} = \frac{1}{I-j+1}\sum_{i=0}^{I-j}\eta_{i,j}^{*} \tag{7.11}$$

$$\widehat{\sigma_j^2}^{*} = \frac{1}{I-j}\sum_{i=0}^{I-j}\left(\eta_{i,j}^{*} - \widehat{\xi}_j^{*}\right)^2 \tag{7.12}$$

由此得到拔靴准备金

$$g^{*}(\mathcal{D}_I) = \sum_{i=1}^{I} C_{i,I-i}\left(\exp\left\{\sum_{j=I-i+1}^{J}\widehat{\xi}_j^{*} + \frac{1}{2}\sum_{j=I-i+1}^{J}\widehat{\sigma_j^2}^{*}\left(1 - \frac{1}{I-j+1}\right)\right\} - 1\right) \tag{7.13}$$

给定观察值 $\mathcal{D}_I$，多次重复以上步骤，可得到 $g^{*}(D_I)$ 的条件经验分布。由此就可研究偏差 $g^{*}(\mathcal{D}_I) - g(\mathcal{D}_I)$ 及 $g^{*}(\mathcal{D}_I)$ 的方差。注意到我们有如下分解（由于 $g(\mathcal{D}_I)$ 是 $\mathcal{D}_I$ 可测的）：

$$E_{\hat{\theta}(\mathcal{D}_I)}^{*}[(g^{*}(\mathcal{D}_I) - g(\mathcal{D}_I))^2] = Var_{\hat{\theta}(\mathcal{D}_I)}^{*}(g^{*}(\mathcal{D}_I)) + (E_{\hat{\theta}(\mathcal{D}_I)}^{*}[(g^{*}(\mathcal{D}_I)] - g(\mathcal{D}_I))^2$$

其中 $P_{\hat{\theta}(\mathcal{D}_I)}^{*}$ 表示在给定 $\mathcal{D}_I$ 下，由式（7.10）得到的条件概率分布。

总的来说，这意味着我们假设真实的参数由 $\widehat{\xi}_j$ 和 $\widehat{\sigma_j^2}$ 给出。在这些假设下，我们分析其他拔靴 / 抽样观察值 $\eta_{i,j}^{*}$ 的可能的波动性。

例 5.1（续），参数拔靴

我们再次讨论例 5.1。注意到取决于方差参数 σ_j 是已知还是未知，我们已得到不同的估计。在这里拔靴例子里，我们把拔靴的结果与表 5.4 中的估计值 $\widehat{C_{i,J}}^{\mathrm{LN}\sigma,2}$ 进行比较，并与表 5.2 中的估计误差进行比较。

由表 5.4 中的数值，可得均值为 6046308。参数拔靴的结果如下。

经验均值	6047253
标准差	183775
99% VaR（拔靴法）	423645
99% VaR（正态分布）	427524
99% VaR（对数正态分布）	439898

所得到的偏差修正非常小，仅为

$$E^*_{\hat{\theta}(\mathcal{D}_I)}[g^*(\mathcal{D}_I)]-g(\mathcal{D}_I)=6047253-6046308=944 \tag{7.14}$$

相对于标准差来说，上述偏差可以忽略不计。

$$\mathrm{Var}^*_{\hat{\theta}(\mathcal{D}_I)}(g^*(\mathcal{D}_I))^{1/2}=183775$$

这说明，对于这一组参数来说，关于 $\widehat{C_{i,J}}^{\mathrm{LN}\sigma,2}$ 的偏差修正是非常好的。事实上，在估计预期最终索赔，参数 $\widehat{\sigma_j}$ 的波动性可以忽略不计。

我们这里的估计误差比表 5.2 给出的要稍大一些，主要原因是在得到表 5.2 给出的估计误差时，没有考虑估计 $\widehat{\sigma_j}$ 的不确定性。

另外，利用一阶矩和二阶矩，给出 $g(\mathcal{D}_I)$ 的正态分布和对数正态分布近似，我们比较了预期准备金的拔靴分布与闭形解析分布。注意到，在相同的期望和方差下，拔靴法下 99%的 VaR 仅略小于正态分布下的 99%的 VaR。

注意到在第 5 章我们假设个体进展因子 $F_{i,j}$ 有对数正态分布。对残差应用 Q-Q 图，可检验该假设是否成立。

为应用 Efron 的非参数拔靴法，我们需要有独立同分布的观察值，从而构造经验分布 $\widehat{F}_n$，见式（7.2）。这通常通过寻找合适的残差来实现。

Efron 的非参数拔靴法如下：定义残差

$$D_{i,j}=\frac{\eta_{i,j}-\widehat{\xi_j}}{\widehat{\sigma_j}}$$

于是观察值集合 $\{D_{i,j};i+j\leqslant I,j\geqslant 1\}$ 定义了拔靴分布 $\widehat{F}_{\mathcal{D}_I}$。对独立同分布的残差重新抽样，得到

$$D^*_{i,j}\overset{(d)}{\sim}\hat{F}_{\mathcal{D}_I}$$

然后定义 $\eta_{i,j}$ 的拔靴观察值如下

$$\eta^*_{i,j}=\widehat{\sigma_j}\,D^*_{i,j}+\widehat{\xi_j} \tag{7.15}$$

现在，我们期望在给定 $\mathcal{D}_I$ 的条件下，拔靴分布与初始 / 真实分布足够接近，即

$$\{\eta^*_{i,j};i+j\leqslant I,j\geqslant 1\}\overset{(d)}{\approx}\{\eta_{i,j};i+j\leqslant I,j\geqslant 1\} \tag{7.16}$$

再由式（7.11）～（7.13），就得到 $g(\mathcal{D}_I)$ 的拔靴观察值 $g^*(\mathcal{D}_I)$，期望它与估计量 $g(\mathcal{D}_I)$ 有近似相同的性质。

例 5.1（续）　Efron 的非参数拔靴

对于非参数拔靴，我们有

$$E^{*}_{\hat{\theta}(\mathcal{D}_I)}[g^{*}(\mathcal{D}_I)]-g(\mathcal{D}_I)=6035953-6046308=-10355 \tag{7.17}$$

当然，相对于标准差而言，它依然是非常小的。标准差为

$$Var^{*}_{\hat{\theta}(\mathcal{D}_I)}(g^{*}(\mathcal{D}_I))^{1/2}=154286$$

仍由表 5.4 中的数值，均值为 6046308。非参数拔靴的结果如下。

经验均值	6035953
标准差	154286
99% VaR（拔靴法）	378037
99% VaR（正态分布）	358922
99% VaR（对数正态分布）	367655

注意到此时我们得到的偏差较大（负值）。此时经验分布的尾部更轻，因此我们得到了较小的经验期望值，见式（7.17）。

相对于参数拔靴而言，非参数拔靴的尾部较轻。另外，注意到由参数拔靴和非参数拔靴得到的方差估计相差较大。对于参数拔靴，我们选择 $\eta^{*}_{i,j}$，其方差为 $\widehat{\sigma_j}^2$。另一方面，注意到非参数拔靴下拔靴分布 $\hat{F}_{\mathcal{D}_I}$ 的方差等于 $(0.915)^2$。这表明此时拔靴分布的方差过小（理论上方差应等于1，这是因为残差通常适当标准化后，期望为0，方差为 1）。因此，拔靴样本 $\eta^{*}_{i,j}$（非参数拔靴）的方差过小。如果我们不调整经验分布，那么参数估计误差将被低估，见式(7.23)。

注记 7.2

如果拔靴法运用恰当（而且 $\mathcal{D}_I$ 的数据足够多），那么它是求解分布问题的很有效的方法。这意味着拔靴法不仅给出一阶矩和二阶矩的估计，而且能给出完整分布。拔靴分布可用来回答诸如 VaR 估计、预期贴现准备金等。

7.3　广义线性模型

在第六章，针对增量索赔，我们研究了如下类型的指数散布族（EDF）模型（见模型假设 6.1）：

$$E[X_{i,j}]=x_{i,j}$$

$$Var(X_{i,j})=\frac{\phi_{i,j}}{w_{i,j}}V(x_{i,j})$$

其中 $\phi_{i,j}$ 是分散参数，$V(\cdot)$ 是一个适当的方差函数，$w_{i,j}$ 是权重。另外，对预期索赔，我们假设了一个乘积结构

$$x_{i,j}=\mu_i\ \gamma_j$$

在估计参数 μ_i 和 γ_j 时，应用极大似然估计方法（见 6.4 节）。对 MSEP 的估计是一个非常冗长的近似过程，其中用到了 Fisher 信息阵和渐近论证。主要的困难在于寻找估计误差，

即式（6.46）的估计。这里，应用拔靴法，我们得到另外一个估计。

为了应用 Efron 的非参数拔靴法，我们再次寻找同分布的残差，从而构造经验分布 $\widehat{F}_n$，见式（7.2）。假设 $\phi = \phi_{i,j} / w_{i,j}$ 是一个常数。

在下面的概述中，我们采用 England 和 Verrall（2002）的框架。对 GLM，关于残差有几种不同的定义（如 Pearson 偏差，Anscombe 残差）。我们选择 Pearson 残差（见式（6.56））如下：

$$R_{i,j}^{(P)}(x_{i,j}) = \frac{X_{i,j} - x_{i,j}}{V(x_{i,j})^{1/2}} \tag{7.18}$$

注意到这些残差的期望为 0，方差为 ϕ。因此 $R_{i,j}^{(P)}(x_{i,j})$ 是一个自然的目标，用来定义拔靴分布。因此，对 $i+j \leqslant I$，引入（见式（6.25））：

$$Z_{i,j} = \frac{X_{i,j} - \widehat{x_{i,j}}}{V(\widehat{x_{i,j}})^{1/2}}$$

这些 $\{Z_{i,j}, i+j \leqslant I\}$ 定义了拔靴分布 $\widehat{F}_{\mathcal{D}_I}$。然后，对独立同分布的残差再抽样，得到

$$Z_{i,j}^* \overset{(d)}{\sim} \widehat{F}_{\mathcal{D}_I}$$

由此定义 $X_{i,j}$ 的拔靴观察值

$$X_{i,j}^* = \widehat{x_{i,j}} + V(\widehat{x_{i,j}})^{1/2} Z_{i.j}^* \tag{7.19}$$

这些拔靴观察值 $X_{i,j}^*$ 就可组成拔靴索赔准备金评估三角形 $\mathcal{D}_I^* = \{X_{i,j}^*; i+j \leqslant I\}$。应用 GLM 方法，由拔靴观察值 $X_{i,j}^*$，计算拔靴估计值 μ_i^*，γ_j^*，由此得到拔靴索赔准备金 $\widehat{X_{i,j}^*}^{\mathrm{EDF}}$，$i+j > I$（见估计量 6.7）。

重复上述拔靴抽样，我们就得到在给定 $\mathcal{D}_I$ 下，索赔准备金的拔靴分布。

例 6.2（续） Efron 的非参数拔靴

再次讨论过度分散 Poisson 例子，也就是说，方差函数为 $V(x_{i,j}) = x_{i,j}$。对于这个例子，我们用拔靴法求预期索赔准备金的合计。我们还用拔靴法估计分散参数 ϕ（见式（6.58））：

$$\widehat{\phi_{\mathrm{P}}} = \frac{\sum_{i+j \le I} Z_{i,j}^2}{N-p} \tag{7.20}$$

其中，

N：$\mathcal{D}_I$ 包含的观察值 $X_{i,j}$ 的个数，即 $N = |\mathcal{D}_I|$。

p：估计的参数 b_k 的个数，即 $p = I + J + 1$。

最后，对拔靴法的标准差需要适当的比例调整，使得它与解析模型的是可比较的。比例调整的原因在于经验分布的方差过小。比例因子由下式给出：

$$\frac{N}{N-p} \tag{7.21}$$

在过度离散 Poisson 模型中，参数的不确定性远大于对数正态模型中的。这一点已在表

6.2 中显示出来。另一方面，如表 6.2 所示，在过度离散 Poisson 模型中，过程误差远小于与分布无关的链梯法模型和对数正态模型中的过程误差。这表明由于不确定性部分地流向不同的误差类别，因此误差类别是不能直接比较的。

现在我们比较拔靴结果与第六章的解析结论。如注记 6.6 提到的：极大似然估计可能有偏差。在这里，拔靴均值小于"真实"均值。然而，我们看到，在实际中，相对于其他不确定性（关于合理的索赔准备金评估的例子和参数集）来说，这个误差可以忽略不计。拔靴估计误差（尺度调整后的标准差 298855）非常接近于解析的估计误差 309563（见表 6.2）。

经验均值	6041432
标准差	241786
比例调整后的标准差	298855
99% VaR（拔靴法）	571558
99% VaR（正态分布）	562477
99% VaR（对数正态分布）	583943

7.4 链梯法

在第三章，我们研究了经典的与分布无关的链梯法模型。为了推导条件 MSEP 的估计，我们采用了不同的方法：条件抽样方法与无条件抽样方法。在本节中我们进一步分析这些方法。

为得到抽样方法，我们定义了与分布无关的链梯法模型的时间序列模型 3.2。它由下式给出：

$$C_{i,j+1} = f_j\ C_{i,j} + \sigma_j\ \sqrt{C_{i,j}}\ \varepsilon_{i,j+1}$$

我们假设在给定 $\mathcal{B}_0$ 的条件下，$\varepsilon_{i,j}$ 是独立同分布的。个体进展因子由下式给出：

$$F_{i,j+1} = \frac{C_{i,j+1}}{C_{i,j}} = f_j + \sigma_j\ C_{i,j}^{-1/2}\ \varepsilon_{i.j+1}$$

这里假设 σ_j 是已知的。

为了应用拔靴法，我们需要寻找合适的残差，以构造经验分布 $\widehat{F}_n$，见式（7.2），由此构造拔靴观察值。当然，$\varepsilon_{i,j}$ 是明显的候选。

考虑如下残差，对 $i+j \leqslant I$，$j \geqslant 1$，

$$\tilde{\varepsilon}_{i,j} = \frac{F_{i,j} - \hat{f}_{j-1}}{\sigma_{j-1}\ C_{i,j-1}^{-1/2}} \tag{7.22}$$

其中估计量 $\hat{f}_j$ 由式（3.4）给出。注意到给定 σ_i 时，残差 $\tilde{\varepsilon}_{i,j}$ 是可被观察的。但对于未知的 f_j，$\varepsilon_{i,j}$ 是不可观察的。关于残差 $\tilde{\varepsilon}_{i,j}$ 的性质，见如下注记。

注记 7.3

- 我们有

$$E[\tilde{\varepsilon}_{i,j} \mid \mathcal{B}_{j-1}] = 0$$

$$Var(\tilde{\varepsilon}_{i,j} \big| \mathcal{B}_{j-1}) = 1 - \frac{C_{i,j-1}}{\sum_{i=0}^{I-j} C_{i,j-1}} < 1 \tag{7.23}$$

这意味着为了得到估计误差的正确数值，我们要调整残差观察值 $\tilde{\varepsilon}_{i,j}$（经验分布的方差过小）。这与 7.2 节和 7.3 节的结论相似，在那里我们必须调整拔靴方差。

- 注意到

$$\sum_{i=0}^{I-j-1} \sqrt{C_{i,j}}\ \tilde{\varepsilon}_{i,j} = 0$$

这表明，残差 $\tilde{\varepsilon}_{i,j+1}$ 的拔靴分布并不是独立的。

以下我们忽略上述注记的第二项，但是我们要调整残差，使得拔靴分布有调整后的方差函数。定义：

$$Z_{i,j} = \left(1 - \frac{C_{i,j-1}}{\sum_{i=0}^{I-j} C_{i,j-1}}\right)^{-1/2} \frac{F_{i,j} - \hat{f}_{j-1}}{\widehat{\sigma}_{j-1}\ C_{i,j-1}^{-1/2}} \tag{7.24}$$

其中估计量 $\hat{f}_j$ 和 $\widehat{\sigma}_j^2$ 由式（3.4）给出。这些残差 $\{Z_{i,j}, i+j \leqslant I\}$ 定义了拔靴分布 $\widehat{F}_{\mathcal{D}_I}$。然后，我们从该拔靴分布重新抽样：

$$Z_{i,j}^* \sim \widehat{F}_{\mathcal{D}_I} \tag{7.25}$$

从而定义了拔靴观察值 $F_{i,j}^*$，$i+j \leqslant I$。与 7.2 节和 7.3 节的方法不同，这里产生拔靴观察值 $F_{i,j}^*$ 的步骤并不是直接的。因为我们有关于相依增量的时间序列，所有这里既可以采用条件拔靴，也可以采用无条件拔靴。

7.4.1 无条件的估计误差

采用无条件方法时，我们要产生全新的三角形。暂时我们固定一个事故年 i。在考虑事故年 i 时，这里我们完全对三角形 $\mathcal{D}_I \setminus \mathcal{B}_0$ 重新抽样。

因此，无条件方法下的拔靴个体进展因子产生如下。定义 $C_{i,0}^* = C_{i,0}$，对于 $j \geqslant 1$，

$$C_{i,j}^* = \hat{f}_{j-1}\ C_{i,j-1}^* + \widehat{\sigma}_{j-1} \sqrt{C_{i,j-1}^*}\ Z_{i,j}^* \tag{7.26}$$

无条件拔靴个体进展因子给出如下

$$F_{i,j+1}^* = \frac{C_{i,j+1}^*}{C_{i,j}^*} = \hat{f}_j + \frac{\widehat{\sigma}_j}{\sqrt{C_{i.j}^*}} Z_{i,j+1}^*$$

而观察到的拔靴进展因子如下

$$\hat{f}_j^* = \frac{\sum_{i=0}^{I-j-1} C_{i,j+1}^*}{\sum_{i=0}^{I-j-1} C_{i,j}^*} = \sum_{i=0}^{I-j-1} \frac{C_{i,j}^*}{\sum_{k=0}^{I-j-1} C_{k,j}^*} F_{i,j+1}^* \tag{7.27}$$

然后，无条件方法下最终索赔 $C_{i,J}$ 的 CL 估计如下：

$$\widehat{C_{i,J}}^* = C_{i,I-i} \prod_{j=I-i}^{J} \hat{f}_j^*$$

例 2.1（续），无条件方法

对表 3.6 给出的结果，这里进行拔靴分析。拔靴算法适用于三种不同的情形：

1．针对残差 $\tilde{\varepsilon}_{i,j}$，使用 Efron 的非参数拔靴，见式（7.22）。

2．针对比例调整残差 $Z_{i,j}$，使用 Efron 的非参数拔靴，见式（7.24）。

3．假设残差有标准正态分布，即 $Z_{i,j}^*$ 从 $N(0,1)$ 抽样，使用参数拔靴。

表 7.1 清晰地显示了在使用非参数拔靴方法时我们面临的难点。

注意到给定 $\mathcal{D}_I$ 时，$\{\tilde{\varepsilon}_{i,j}; i+j \leqslant I\}$ 和 $\{Z_{i,j}, i+j \leqslant I\}$ 对应的拔靴分布均值分别为 – 0.0007 和 – 0.0008。这点细微的差别意味着拔靴均值比平均值（CL 法）约低 10000。如果我们使用标准正态残差的参数拔靴法，那么拔靴均值几乎等于真实均值（我们使用的模拟此数为 10000 次）。

表 7.1　链梯法模型中三种不同拔靴方法的结果（无条件方法）

	非参数拔靴 未调整的 $\tilde{\varepsilon}_{i,j}$	非参数拔靴 比例调整的 $Z_{i,j}$	参数拔靴 标准正态
真实均值	6047061	6047061	6047061
拔靴均值	6037418	6036929	6048247
拔靴标准差	159948	174988	184706

另外由表 7.1 可见，对于方差估计，也有类似的结论。注意到拔靴分布 $\{\tilde{\varepsilon}_{i,j}; i+j \leqslant I\}$ 的标准差为 0.915，远小于 1。相应地，我们得到的估计误差也远小于另外两种情形下的估计误差。

7.4.2　条件估计误差

采用条件方法时，在时间序列中，我们仅需产生下一步的新观察值。这意味着在给定 $\mathcal{D}_I$ 的条件下，这种方法总是条件分布。在条件方法下，拔靴进展因子表示如下

$$\hat{f}_j^* = \sum_{i=0}^{I-j-1} \frac{C_{i,j}}{\sum_{k=0}^{I-j-1} C_{k,j}} F_{i,j+1}^* \tag{7.28}$$

其中

$$F_{i,j+1}^* = \hat{f}_j + \frac{\widehat{\sigma}_j}{\sqrt{C_{i,j}}} Z_{i,j+1}^* \tag{7.29}$$

然后，条件方法下最终索赔 $C_{i,J}$ 的 CL 估计如下：

$$\widehat{C_{i,J}}^* = C_{i,I-i} \prod_{j=I-i}^{J-1} \hat{f}_j^*$$

例 2.1（续），条件方法

我们把无条件估计误差与条件估计误差加以比较。由于参数拔靴给出了与真实值最接近的经验拟合，因此我们仅考虑这种情形。表 7.2 给出了有关结果，相对于条件拔靴，无条件拔靴的标准差较小，这是由于相邻链梯因子估计量的平方有负相关性。然而，这个差别非常小（甚至可以忽略不计）。

表 7.2　无条件拔靴、条件拔靴、条件方法下的精确值（见第三章表 3.6）的比较

	精确值（条件方法）	无条件拔靴	条件拔靴
均值	6047061	6048247	6050768
标准差	185026	184706	185319

另外由表 7.2 可见，由解析方法得到的标准差为 185026。由条件拔靴法得到的为 185319，二者几乎没有差别。

附录　第二章至第七章数值示例的部分 R 代码

在本书第二章至第四章的最后一节，分别给出了应用 Excel 电子表格进行准备金评估的计算过程。应用 Excel 电子表格计算，优点在于计算过程比较直观。对一些较为简单的准备金评估模型，应用 Excel 电子表格进行数值实现，在实务中应是比较常用的方法。但对较为复杂的准备金评估模型（如涉及广义线性模型时），应用 Excel 电子表格就不再是高效率的办法。为此，需要应用某些统计软件。

在过去的十多年来，R 语言已经在世界范围内学术界得到了极大的普及。2000 年 R 软件的版本 1.0.0 发布。经过多次的更新，最新的版本是 2013 年 5 月 16 日发布的 3.0.1 版本（见该软件的官网，网址为 http://www.r-project.org/）。R 软件是当前国际上日益流行的免费开发软件，它有非常多的软件包。R 软件至今已经得到了广泛的应用，国际上有些统计、精算、金融工程方面的较新的专著，其数值计算和图表处理的程序代码，在网站上大多可以找到 R 软件代码。

作者在课程教学中，对本教材的几乎所有的数值示例都已经用 R 软件编程实现了。在本附录中，将给出本书正文中处理数值示例的部分 R 代码，并加以必要的注释，有助于读者理解。当然，编程者的编程思路不同，最后的代码肯定也不同。因此，本附录里的代码很难说是最好的。希望读者在参考这些代码时仔细体会，从模仿到独立编程，掌握编程思路才是最重要的。

下面按各章顺序，给出相应的 R 代码，并给出必要的注释。

第二章

本章的 R 代码涉及三个数据文件，分别是 cum_claims.csv、incr_claims.csv、mu.csv，它们都是逗号分隔值文件，其中 cum_claims.csv 给出了累计索赔（见表 2.2），incr_claims.csv 给出了增量索赔（见表 2.5），而 mu.csv 给出了最终损失的先验估计（见表 2.4 的第 2 列）。这些数据可以通过 R 命令读入，参与运算。在 R 软件中，读入数据的最常见格式为逗号分隔值文件（即 csv 文件），它可由 Excel 电子表格产生，非常直观。

需要注意的是，在后面的 R 代码读入数据时，cum_claims.csv 的数据格式如下，其中左上角的空格位置对应于电子表格的 A1 位置。

	0	1	2	3	4	5	6	7	8	9
0	5946975	9668212	10563929	10771690	10978394	11040518	11106331	11121181	11132310	11148124
1	6346756	9593162	10316383	10468180	10536004	10572608	10625360	10636546	10648192	
2	6269090	9245313	10092366	10355134	10507837	10573282	10626827	10635751		
3	5863015	8546239	9268771	9459424	9592399	9680740	9724068			
4	5778885	8524114	9178009	9451404	9681692	9786916				
5	6184793	9013132	9585897	9830796	9935753					
6	5600184	8493391	9056505	9282022						
7	5288066	7728169	8256211							
8	5290793	7648729								
9	5675568									

incr_claims.csv 的数据格式与上面相同。而这里 mu.csv 的数据格式如下，同样地，左上角的空格位置对应于电子表格的 A1 位置。

	mu
0	11653101
1	11367306
2	10962965
3	10616762
4	11044881
5	11480700
6	11413572
7	11126527
8	10986548
9	11618437

本章的 R 代码文件是 Chapter 2.R。注意到为便于运行 R 代码，要求把 R 代码文件和数据文件放到一个文件夹里，而且在打开 R 界面后，从“文件”菜单里选择“改变工作目录”，指向该文件夹。然后，在 R 界面里，从“文件”菜单里选择“打开程序脚本”，打开代码文件 Chapter 2.R。

下面给出代码并加以解释说明。每行中符号“#”后面的内容为解释部分，不参与运算。

```
    #------------- 表 2.2 和表 2.3 -------------
c <- read.table("cum_claims.csv", header=TRUE, row.names=1, sep=",") # 读入数据
I <- nrow(c)
J <- ncol(c)
```

```
est_c <- matrix(0, nrow=I, ncol=J)   # 定义矩阵

f <- matrix(0, nrow=1, ncol=J-1)
m_f <- matrix(0, nrow=I, ncol=J)

temp1 <- matrix(0, nrow=1, ncol=J)
temp2 <- matrix(0, nrow=I, ncol=J)
F <- matrix(0, nrow=I, ncol=J)

reserv <- matrix(0, nrow=I, ncol=1)   # 定义矩阵

    #--------- Estimation of link ratios f ---------
for (j in 1:(J-1)) {
  temp1[j] <- sum(c[1:(I-j),j])
  for (i in 1:I){
  F[i,j+1] <- c[i,j+1]/c[i,j]
  temp2[i,j] <- (c[i,j]/temp1[j])*F[i,j+1]     }
  f[j] <- sum(temp2[1:(I-j),j])
}
f      # 显示表 2.2 中的链梯因子
      [,1]      [,2]     [,3]      [,4]      [,5]      [,6]      [,7]     [,8]      [,9]
[1,] 1.492536  1.07776  1.022873  1.014841  1.006974  1.005146  1.00108  1.001047  1.001421

    #--------- Estimation of the claims c ---------
for (m in 1:(J-1)){
        j <- m+1
        k <- I+2-j
        for (i in k:I){
        m_f[i,j] <- prod(f[(I-i+1):(j-1)])
        est_c[i,j] <- c[i,(I-i+1)]*m_f[i,j]     }
}

    #------------ Reserves ------------
reserv[1] <- 0
    for (i in 2:I){
    reserv[i] <- est_c[i,10]-c[i,I-i+1]    }
reserve      # 显示各事故年的链梯法准备金
             [,1]
   [1,]      0.00
```

```
     [2,]    15126.29
     [3,]    26257.45
     [4,]    34538.47
     [5,]    85301.62
     [6,]   156494.25
     [7,]   286121.02
     [8,]   449166.98
     [9,] 1043242.44
    [10,] 3950815.25

sum(reserv)
     [1] 6047064   # 显示各事故年的链梯法准备金之和

sol <- cbind(est_c, reserv)
sol   # 显示表 2.3 的结论

     #------------- 表 2.4 -------------
u <- read.table("mu.csv", header=TRUE, row.names=1, sep=",")   # 读入数据

reserv_BF <- matrix(0, nrow=I, ncol=1)
b <- matrix(0, nrow=I, ncol=1)
c_BF_J <- matrix(0, nrow=I, ncol=1)

b[1] <- 1
for (i in 2:I){
   b[i] <- 1/prod(f[(I-i+1):(J-1)])     }

for (i in 1:I){
   c_BF_J[i] <- c[i,I-i+1] + u[i,1]*(1-b[i])
   reserv_BF[i] <- u[i,1]*(1-b[i])     }
reserv_BF            # 显示各事故年的 BF 法准备金

sum(reserv_BF)   # 显示各事故年的 BF 法准备金之和
[1] 7356584

     #------------- 表 2.5 和表 2.6 -------------
c <- read.table("cum_claims.csv", header=TRUE, row.names=1, sep=",")
I <- nrow(c)
J <- ncol(c)
```

读入增量数据 incr_claims.csv 就可以得到表 2.5。读入累计数据 cum_claims.csv，再对数据#变换，也可得到表 2.5。出于后面参数估计的考虑，可直接读入累计数据 cum_claims.csv。

```
mu <- matrix(0, nrow=I, ncol=1)
gamma <- matrix(0, nrow=1, ncol=J)

X <- matrix(0, nrow=I, ncol=J)
reserv2 <- matrix(0, nrow=I-1, ncol=1)

    #-----------Estimation of mu and phi-----------
mu[1] <- c[1, J]

for (i in 1:I){
    tmp1 <- sum(mu[1:i])
    if (i<I)   gamma[I-i+1] <- (sum(c[1:i,I-i+1])-sum(c[1:i,I-i]))/tmp1
    if (i==I) gamma[I-i+1] <- sum(c[1:i,I-i+1])/tmp1
    tmp2 <- 1-sum(gamma[(I-i+1):I])
    if (i<I) mu[i+1] <- c[i+1,I-i]/tmp2   }

mu  # 显示 mu
          [,1]
 [1,] 11148124
 [2,] 10663318
 [3,] 10662008
 [4,]  9758606
 [5,]  9872218
 [6,] 10092247
 [7,]  9568143
 [8,]  8705378
 [9,]  8691971
[10,]  9626383

gamma  # 显示 gamma
          [,1]       [,2]       [,3]       [,4]       [,5]        [,6]        [,7]
[1,] 0.5895847 0.2903916 0.06842719 0.02169299 0.01439712 0.006865809 0.005101291
            [,8]        [,9]       [,10]
[1,] 0.001076572 0.001044177 0.001418535

for (m in 1:(J-1)){
```

```
    j <- m+1
    k <- I+2-j
    for (i in k:I){
      X[i,j] <- mu[i]*gamma[j]     }
}
X     # 显示表 2.6 中的下三角（这里不再给出）

reserv2[1] <- 0
for (i in 2:I){
  reserv2[i] <- mu[i]*(1-sum(gamma[1:(I-i+1)]))    }

reserv2             #   显示表 2.6 中的 Poisson 模型下各事故年的准备金（这里不再给出）

floor(reserv2)   #   显示 Poisson 模型下取整数后的各事故年的准备金
[1]     0    15126    26257    34538    85301    156494    286121    449166    1043242    3950815

sum(reserv2)     #   显示 Poisson 模型下各事故年的准备金
[1] 6047064
```

第三章

本章的 R 代码涉及一个数据文件，它正是第二章的 cum_claims.csv。下面给出代码并加以解释说明。其中前半部分代码与第二章的相似。

```
c <- read.table("cum_claims.csv", header=TRUE, row.names=1, sep=",")
I <- nrow(c)
J <- ncol(c)

est_c <- matrix(0, nrow=I, ncol=J)
f <- matrix(0, nrow=1, ncol=J-1)
m_f <- matrix(0, nrow=I, ncol=J)

temp1 <- matrix(0, nrow=1, ncol=J)
temp2 <- matrix(0, nrow=I, ncol=J)

F <- matrix(0, nrow=I, ncol=J)
reserv <- matrix(0, nrow=I, ncol=1)
```

```
s <- matrix(0, nrow=1, ncol=J-1)                # s 表示标准偏差参数

var <- matrix(0, nrow=I, ncol=J)
vcoi <- matrix(0, nrow=I, ncol=1)

    #------------- 表 3.2 -------------
for (j in 1:(J-1)) {
  temp1[j] <- sum(c[1:(I-j),j])
     for (i in 1:I){
       F[i,j+1] <- c[i,j+1]/c[i,j]
       temp2[i,j] <- (c[i,j]/temp1[j])*F[i,j+1]      }
f[j] <- sum(temp2[1:(I-j),j])    }
f       # 显示表 3.2 中的链梯因子
       [,1]       [,2]       [,3]       [,4]       [,5]      [,6]      [,7]      [,8]      [,9]
[1,] 1.492536 1.07776   1.022873   1.014841   1.006974 1.005146 1.00108 1.001047   1.001421

for (j in 1:(J-2)) {
  for (i in 1:I){
     temp2[i,j] <- c[i,j]*(F[i,j+1]-f[j])^2    }
  s[j] <- sqrt(1/(I-j-1)*sum(temp2[1:(I-j),j]))    }

s[J-1] <- min(s[J-2]^2/s[J-3],s[J-3],s[J-2])
s     # 显示表 3.2 中的标准偏差
       [,1]       [,2]       [,3]       [,4]       [,5]       [,6]       [,7]       [,8]       [,9]
[1,]  135.253   33.80286   15.7596   19.84665   9.336182   2.001132   0.8231618   0.2196472   0.05860922

    #------- Estimation of the claims c ---------
for (m in 1:(J-1)) {
       j <- m+1
       k <- I+2-j
       for (i in k:I){
       m_f[i,j] <- prod(f[(I-i+1):(j-1)])
       est_c[i,j] <- c[i,(I-i+1)]*m_f[i,j]       }
}
est_c

    #------------------ Reserves ------------------
reserv[1] <- 0
for (i in 2:I){
```

```
  reserv[i] <- est_c[i,10]- c[i,I-i+1]   }
reserv
sum(reserv)

    #------------- 表 3.3 -------------
diagon <- matrix(0, nrow=I, ncol=1)
diagon[1] <- 0

for (i in 2:I){
  var[i,J-i+1] <- 0
   for (j in (J-i+2):J){
    if (j==J-i+2) est_c[i,j-1] <- c[i,j-1]
    var[i,j] <- var[i,j-1]*f[j-1]^2 + s[j-1]^2*est_c[i,j-1]   }   #用到递推公式，见 33 页第 2 行
  vcoi[i] <- sqrt(var[i,J])/(est_c[i,J]- c[i,I-i+1])
  diagon[i] <- c[i,I-i+1]
}
var

var_total <- sum(var[2:I,J])
sqrt(var_total)

vcoi_total <- sqrt(var_total)/( sum(est_c[2:I,J])- sum(diagon) )
vcoi_total

cbind(sqrt(var[,J]), vcoi)

cbind(floor(sqrt(var[,J])), round(100*vcoi,1) )

matrix(c(sqrt(var_total), round(100*vcoi_total,1) ), nrow=1, ncol=2 )

a <- cbind(floor(sqrt(var[,J])), round(100*vcoi,1) )
b <- matrix(c(sqrt(var_total), round(100*vcoi_total,1) ), nrow=1, ncol=2 )

rbind(a,b)   # 显示表 3.3 的最后两列
          [,1]   [,2]
 [1,]      0.0   0.0
 [2,]    191.0   1.3
 [3,]    742.0   2.8
 [4,]   2669.0   7.7
```

```
 [5,]    6832.0   8.0
 [6,]   30478.0  19.5
 [7,]   68211.0  23.8
 [8,]   80076.0  17.8
 [9,]  126960.0  12.2
[10,]  389782.0   9.9
[11,]  424379.5   7.0

    #------------- 表 3.4 -------------
var_est <- matrix(0, nrow=I, ncol=I)
S <- matrix(0, nrow=1, ncol=J)              # S 表示列和

temp1 <- matrix(0, nrow=1, ncol=J-1)     # 计算条件估计误差的需要
temp2 <- matrix(0, nrow=I, ncol=J)        # 计算条件过程方差的需要

msep1 <- matrix(0, nrow=I, ncol=1)
error1 <- matrix(0, nrow=I, ncol=1)

error_est <- matrix(0, nrow=I, ncol=1)

for (i in 2:I){
  var_est[i,J-i+1] <- 0
   for (j in (J-i+2):J){
    S[j-1] <- sum(c[1:(I-j+1),j-1])
    temp1[j-1] <- f[j-1]^2 + (s[j-1]^2)/S[j-1]
    if (j==I-i+2) temp2[i,j-1] <- s[j-1]^2/f[j-1]^2/c[i,j-1]
    else temp2[i,j-1] <- s[j-1]^2/f[j-1]^2/est_c[i,j-1]  }
  var_est[i,J] <- c[i,I-i+1]^2*(prod(temp1[(I-i+1):(J-1)]) - prod(f[(I-i+1):(J-1)]^2))
  msep1[i] <- est_c[i,J]^2*sum(temp2[i,(I-i+1):(J-1)]) + var_est[i,J]        # 见式（3.23）
  error1[i] <- sqrt(msep1[i])/(est_c[i,J]-c[i,I-i+1])
  error_est[i] <- sqrt(var_est[i,J])/(est_c[i,J]-c[i,I-i+1])
}

cbind(floor(sqrt(var_est[,J])), round(100*error_est, 1), floor(sqrt(msep1)), round(100*error1,1) )
# 显示表 3.4 的最后四列
        [,1]  [,2]   [,3]  [,4]
 [1,]      0   0.0      0   0.0
 [2,]    187   1.2    267   1.8
 [3,]    535   2.0    915   3.5
```

```
 [4,]    1493  4.3    3058   8.9
 [5,]    3392  4.0    7628   8.9
 [6,]   13517  8.6   33341  21.3
 [7,]   27286  9.5   73466  25.7
 [8,]   29675  6.6   85398  19.0
 [9,]   43902  4.2  134336  12.9
[10,] 129770  3.3  410817  10.4

    #------------- 表 3.5 -------------
msep2 <- matrix(0, nrow=I, ncol=1)
var_est2 <- matrix(0, nrow=I, ncol=1)

temp3 <- matrix(0, nrow=I, ncol=J)
temp4 <- matrix(0, nrow=I, ncol=J)

error2 <- matrix(0, nrow=I, ncol=1)
error_est2 <- matrix(0, nrow=I, ncol=1)

for (i in 2:I){
  for (j in (I-i+1):(J-1)){
    temp3[i,j] <- s[j]^2/f[j]^2*(1/est_c[i,j] + 1/S[j])
    temp4[i,j] <- s[j]^2/f[j]^2*(1/S[j])     }

 msep2[i] <- est_c[i,J]^2*sum(temp3[i,(I-i+1):(J-1)])
 error2[i] <- sqrt(msep2[i])/(est_c[i,J]- c[i,I-i+1])

var_est2[i] <- est_c[i,J]^2*sum(temp4[i,(I-i+1):(J-1)])
error_est2[i] <- sqrt(var_est2[i])/(est_c[i,J]- c[i,I-i+1])
}

cbind(floor(sqrt(var_est2)), round(100*error_est2, 1), floor(sqrt(msep2)), round(100*error2, 1) )
# 显示表 3.5 的最后四列
         [,1]  [,2]    [,3]  [,4]
 [1,]       0  0.0       0   0.0
 [2,]     187  1.2     267   1.8
 [3,]     535  2.0     915   3.5
 [4,]    1493  4.3    3058   8.9
 [5,]    3392  4.0    7628   8.9
 [6,]   13517  8.6   33341  21.3
```

```
 [7,]   27286   9.5   73466   25.7
 [8,]   29675   6.6   85398   19.0
 [9,]   43902   4.2   134336   12.9
[10,] 129768    3.3   410817   10.4

   #------------- 表 3.6 -------------
temp5 <- matrix(0, nrow=I, ncol=J)
diagon <- matrix(0, nrow=I, ncol=1)

diagon[1] <- 0
for (i in 2:I){
diagon[i] <- c[i,I-i+1]     }

a <- sum(msep1[2:I])
b <- sum(var_est[2:I,J])

for (i in 2:(I-1)){
  for (k in (i+1):I){
    temp5[i,k] <- est_c[k,I-i+1]/c[i,I-i+1]*var_est[i,J]   }    # 见式（3.32）
}

cov <- sqrt(2*sum(temp5))   # 协方差项
cov                         # 显示协方差项
[1] 116810.8

msep3 <- a + 2*sum(temp5)
error3 <- sqrt(msep3)/( sum(est_c[2:I,J])- sum(diagon) )

var_est_total <- b + 2*sum(temp5)
error4 <- sqrt(var_est_total)/(sum(est_c[2:I,J])- sum(diagon))

c(sqrt(var_est_total), round(100*error4,1), sqrt(msep3), round(100*error3,1) )
# 显示表 3.6 的最后一行后四个值
[1]   185025.7        3.1      462960.6        7.7
```

第四章

本章的 R 代码涉及四个数据文件：cum_claims.csv、incr_claims.csv、mu.csv、pi.csv，其中前三个文件是第二章的三个文件，最后一个文件 pi.csv 给出了各事故年的保费，见表 4.3 的第 2 列。pi.csv 和 mu.csv 的数据格式相同。下面给出代码并加以解释说明。其中前半部分代码与第二章的相似。

```
c <- read.table("cum_claims.csv", header=TRUE, row.names=1, sep=",")
I <- nrow(c)
J <- ncol(c)

est_c <- matrix(0, nrow=I, ncol=J)

f <- matrix(0, nrow=1, ncol=J-1)
m_f <- matrix(0, nrow=I, ncol=J)

temp1 <- matrix(0, nrow=1, ncol=J)
temp2 <- matrix(0, nrow=I, ncol=J)

F <- matrix(0, nrow=I, ncol=J)

    #-----------------链梯法 -----------------
    #--------------- Estimation of link ratios f---------------
for (j in 1:(J-1)) {
 temp1[j] <- sum(c[1:(I-j),j])
    for (i in 1:I){
     F[i,j+1] <- c[i,j+1]/c[i,j]
     temp2[i,j] <- (c[i,j]/temp1[j])*F[i,j+1]      }
f[j] <- sum(temp2[1:(I-j),j])
}
f

    #--------------- Estimation of the claims c ---------------
for (m in 1:(J-1)){
     j <- m+1
     k <- I+2-j
```

```
    for (i in k:I){
    m_f[i,j] <- prod(f[(I-i+1):(j-1)])
    est_c[i,j] <- c[i,(I-i+1)]*m_f[i,j]    }
}
est_c[1,J] <- c[1,J]
est_c

    #--------------- Reserves ---------------
reserv_CL <- matrix(0, nrow=I, ncol=1)
reserv_CL[1] <- 0

for (i in 2:I){
 reserv_CL[i] <- est_c[i,10]-c[i,I-i+1]    }
reserv_CL
round(reserv_CL)        # 显示表 4.1 的倒数第 3 列

    #---------------BF 法---------------
u <- read.table("mu.csv", header=TRUE, row.names=1, sep=",")
reserv_BF <- matrix(0, nrow=I, ncol=1)
b <- matrix(0, nrow=I, ncol=1)
c_BF_J <- matrix(0, nrow=I, ncol=1)
b[1] <- 1
reserv_BF[1] <- 0

for (i in 2:I){
   b[i] <- 1/prod(f[(I-i+1):(J-1)])    }

for (i in 1:I){
   c_BF_J[i] <- c[i,I-i+1]+u[i,1]*(1-b[i])
   if (i>1) reserv_BF[i] <- u[i,1]*(1-b[i])
}
c_BF_J
round(c_BF_J)      # 显示表 4.1 的最后 1 列

    #---------------BH 法---------------
c_BH <- matrix(0, nrow=I, ncol=1)
reserv_BH <- matrix(0, nrow=I, ncol=1)

for (i in 1:I){
```

```
   if (i==1) c_BH[i] <- c[i,I-i+1]+(1-b[i])*(b[i]*c[i,J]+(1-b[i])*u[i,1])
   else c_BH[i] <- c[i,I-i+1]+(1-b[i])*(b[i]*est_c[i,J]+(1-b[i])*u[i,1])
   if (i>1) reserv_BH[i] <- c_BH[i] - c[i,I-i+1]
}
reserv_BH
round(reserv_BH)       # 显示表 4.1 的倒数第 2 列

     #---------------表 4.1---------------
est_c_CL <- est_c[,J]
est_c_BH <- c_BH
est_c_BF <- c_BF_J
cbind(u, b, est_c_CL, est_c_BH, reserv_CL, reserv_BH, reserv_BF)     # 显示表 4.1

     #---------------表 4.2---------------
n <- 5
iter_c <- matrix(0, nrow=I, ncol=n+2)
iter_c[,1] <- est_c_BF

for (j in 2:n){
   for (i in 1:I){
      iter_c[i,j] <- c[i,I-i+1]+(1-b[i])*iter_c[i,j-1]     }
}
iter_c[,n+2] <- est_c_CL
iter_c                         # 显示表 4.2

     #---------------Cape-Cod 方法---------------
pi <- read.table("pi.csv", header=TRUE, row.names=1, sep=",")
pi    # 显示各事故年的保费数据，即表 4.3 的第 2 列
          pi
1   15473558
2   14882436
3   14456039
4   14054917
5   14525373
6   15025923
7   14832965
8   14550359
9   14461781
10   15210363
```

```
k <- matrix(0, nrow=I, ncol=1)
diagon <- matrix(0, nrow=I, ncol=1)

for (i in 1:I){
   diagon[i] <- c[i,I-i+1]      }
k <- diagon/(b*pi)
tmp <- pi*b
k_CC <- sum(diagon[1:I])/sum(tmp)
diag_c_CC <- pi*k_CC*b
est_c_CC <- diagon+(1-b)*k_CC*pi
reserv_CC <- est_c_CC-diagon

total_CC <- sum(reserv_CC)
total_CL <- sum(reserv_CL[1:I])
total_BF <- sum(reserv_BF[1:I])

      #---------------表 4.3---------------
table_43 <- cbind(pi, k, diag_c_CC, est_c_CC, reserv_CC, reserv_CL, reserv_BF)
colnames(table_43) <- c("pi","k","diag_c_CC","est_c_CC","reserv_CC",
                       + "reserv_CL","reserv_BF")
# 上述两行合并后太长，不能在一行显示。为表明这是完整的命令，行前加了符号“+”
table_43          # 显示表 4.3 的主要部分
cbind(k_CC, total_CC, total_CL, total_BF)     # 显示表 4.3 的最后一行

      #---------------表 4.4---------------
alpha <- 600
Vco_U <- 0.05
r <- 0.06

Vco_C <- sqrt(Vco_U^2+r^2)
nom <- u^2/(1+alpha)*(Vco_C^2+1)
denom <- Vco_U^2*u^2+Vco_C^2*u^2-nom
t <- nom/denom
c_star <- b/(b+t)
R_c <- (1-b)*(c_star*est_c[,J]+(1-c_star)*u)

a <- sqrt(1/(1+alpha))
tau <- sqrt(log(1+(1-b)/b*a^2))
```

```
mu_i <- log(u)-0.5*log(1+Vco_C^2)
sigma <- sqrt(log(Vco_C^2+1))

table_44 <- cbind(u,Vco_C,mu_i,sigma,b,a^2,tau)
colnames(table_44) <- c("mu","Vco_C","mu_i","sigma","beta","a^2","tau")
table_44        # 显示表 4.4

    #---------------表 4.5---------------
mu_post <- (1-tau^2/(sigma^2+tau^2))*(0.5*tau^2+log(diagon/b))+tau^2/(sigma^2+tau^2)*mu_i
sigma_post <- sqrt(tau^2/(sigma^2+tau^2)*sigma^2)
alpha_i <- sigma^2/(sigma^2+tau^2)
z <- sigma^2/(sigma^2 + tau^2)

est_c_GO <- u^(1-alpha_i)*(exp(log(est_c_CL)+0.5*tau^2))^(alpha_i)
reserv_GO <- est_c_GO-diagon

table_45 <- cbind(diagon,1-alpha_i,mu_post,sigma_post,est_c_GO,reserv_GO,
               +   reserv_CL,reserv_BF)        # 加号表示这两行构成一条命令
colnames(table_45) <- c("diagon","1-alpha_i","mu_post","sigma_post",
                        +   "est_c_GO","reserv_GO","reserv_CL","reserv_BF")
table_45        # 显示表 4.5 的主要部分

total_GO <- sum(reserv_GO)
cbind(total_GO,total_CL,total_BF)       # 显示表 4.5 的最后一行

    #---------------表 4.7---------------
exp_theta <- u
Vco_theta <- 0.05

a_PG <- 1/Vco_theta^2
b_PG <- a_PG/exp_theta
psi <- u^2*Vco_C^2/u-1/b_PG

table_47 <- cbind(exp_theta,Vco_theta,Vco_C,a_PG,b_PG,psi)
colnames(table_47) <- c("exp_theta","Vco_theta","Vco_C","a_PG","b_PG","psi")
table_47                # 显示表 4.7

    #---------------表 4.8---------------
ab_post <- b_PG/(b_PG+b/psi)*a_PG/b_PG+(1-b_PG/(b_PG+b/psi))*diagon/b
```

```
est_C_PoiGa <- diagon+(1-b)*ab_post
reserv_PoiGa <- est_C_PoiGa-diagon

table_48 <- cbind(diagon,b,alpha_i,ab_post,est_C_PoiGa,reserv_PoiGa,
                  +  reserv_CL,reserv_BF)
colnames(table_48) <- c("diagon","b","alpha_i","ab_post","est_C_PoiGa",
                        +   "reserv_PoiGa","reserv_CL","reserv_BF")
table_48     # 显示表 4.8

    #---------------表 4.9---------------
msep_PoiGa_cond <- psi*(1-b)*ab_post+(1-b)^2*ab_post/(b_PG+b/psi)
msep_PoiGa <- psi*(1-b)*a_PG/b_PG*(1+psi*b_PG)/(b+psi*b_PG)

msep_GO_cond <- (exp(sigma_post^2)-1)*exp(2*mu_post+sigma_post^2)

msep_GO <- ( exp(sigma_post^2)-1 )*exp(2*mu_i + sigma^2*(1+z))

table_49 <- cbind(sqrt(msep_PoiGa_cond),sqrt(msep_GO_cond),sqrt(msep_PoiGa),
                  +  sqrt(msep_GO))
colnames(table_49) <- c("msep_PoiGa_cond^(1/2)","msep_GO_cond^(1/2)",
                        +    "msep_PoiGa^(1/2)","msep_GO^(1/2)")
table_49     # 显示表 4.9
```

第五章

本章的 R 代码涉及一个数据文件，它正是第二章的 cum_claims.csv。下面给出代码并加以解释说明。

```
c <- read.table("cum_claims.csv", header=TRUE, row.names=1, sep=",")  # 读入数据
I <- nrow(c)
J <- ncol(c)
est_c <- matrix(0, nrow=I, ncol=J)
f <- matrix(0, nrow=1, ncol=J-1)
m_f <- matrix(0, nrow=I, ncol=J)
temp1 <- matrix(0, nrow=1, ncol=J)
temp3 <- matrix(0, nrow=I, ncol=J)
F <- matrix(0, nrow=I, ncol=J)
```

```
    #--------------- Estimation of link ratios f---------------
for (j in 1:(J-1)) {
 temp1[j] <- sum(c[1:(I-j),j])
    for (i in 1:I){
     F[i,j+1] <- c[i,j+1]/c[i,j]
     temp3[i,j] <- (c[i,j]/temp1[j])*F[i,j+1]       }
 f[j] <- sum(temp3[1:(I-j),j])
}

    #--------------- Estimation of the claims c ---------------
for (m in 1:(J-1)){
     j <- m+1
     k <- I+2-j
     for (i in k:I){
     m_f[i,j] <- prod(f[(I-i+1):(j-1)])
     est_c[i,j] <- c[i,(I-i+1)]*m_f[i,j]      }
                         }
est_c[1,J] <- c[1,J]

    #--------------- Reserves ---------------
diagon <- matrix(0, nrow=I, ncol=1)
reserv_CL <- matrix(0, nrow=I, ncol=1)
reserv_CL[1] <- 0

for (i in 1:I){
   diagon[i] <- c[i,I-i+1]    }
for (i in 2:I){
   reserv_CL[i] <- est_c[i,10]-diagon[i]    }
total_CL <- sum(reserv_CL[2:I])
reserv_CL       # 显示表 5.2 的第 3 列
total_CL        # 显示表 5.2 的第 3 列

    #---------------表 5.1---------------
ksi <- matrix(0, nrow=1, ncol=J)
sigma_5 <- matrix(0, nrow=1, ncol=J)
temp <- matrix(0, nrow=I, ncol=J)

eta <- log(F)
eta[,1] <- log(c[,1])
```

```
for (j in 2:J){
    ksi[j] <- 1/(I-j+1)*sum(eta[1:(I-j+1),j])
    temp[,j] <- (eta[,j]-ksi[j])^2     }
for (j in 2:J){
   if (j<J) sigma_5[j] <- sqrt(1/(I-j)*sum(temp[1:(I-j+1),j]))
   else sigma_5[j] <- sigma_5[j-1]     }

table5.1 <- rbind(eta, ksi, sigma_5)
table5.1     # 显示表 5.1

      #---------------表 5.2---------------
Z <- matrix(0, nrow=I, ncol=1)
C_LN <- matrix(0, nrow=I, ncol=1)
temp <- matrix(0, nrow=I, ncol=1)
temp2 <- matrix(0, nrow=I, ncol=1)
std_dev <- matrix(0, nrow=I, ncol=1)
est_error <- matrix(0, nrow=I, ncol=1)

C_LN[1] <- diagon[1]

for (i in 2:I){
  Z[i] <- log(diagon[i]) + sum(ksi[(I-i+2):J])
  temp[I-i+2] <- sigma_5[I-i+2]^2*(1-1/(i-1))
  C_LN[i] <- exp(Z[i] + 0.5*sum(temp[(I-i+2):J]))
  std_dev[i] <- sqrt(C_LN[i]^2*(exp(sum(sigma_5[(I-i+2):J]^2))-1))
  temp2[I-i+2] <- sigma_5[I-i+2]^2/(i-1)
  est_error[i] <- sqrt(C_LN[i]^2*(exp(sum(temp2[(I-i+2):J]))-1))
}
reserv_LN <- C_LN - diagon
msep_LN <- sqrt(std_dev^2 + est_error^2)
total_LN <- sum(reserv_LN)

table_52 <- cbind(diagon, reserv_CL, reserv_LN, std_dev, est_error, msep_LN)
colnames(table_52) <- cbind("diagon", "reserv_CL", "reserv_LN", "std_dev",
                           +     "est_error", "msep_LN")
table_52             # 显示表 5.2 的主要部分。以下计算表 5.2 的最后一行。

cov <- matrix(0, nrow=I, ncol=J)
sums <- matrix(0, nrow=I, ncol=1)
```

```
error <- matrix(0, nrow=I, ncol=1)

for (i in 2:(I-1)){
 for (j in (i+1):J){
  cov[i,j] <- C_LN[i,1]*C_LN[j,1]     }
}

for (i in 2:(I-1)){
  error[i] <- exp(sum(temp2[(I-i+2):J]))-1
  sums[i] <- sum(cov[i,(i+1):J])*error[i]     }

cov_term <- sqrt(2*sum(sums[2:(I-1)]))
est_error_total <- sqrt(sum(est_error[2:I]^2)+cov_term^2)
std_dev_total <- sqrt(sum(std_dev[2:I]^2))
msep_LN_total <- sqrt(std_dev_total^2+est_error_total^2)

table_52 <- cbind(diagon, reserv_CL, reserv_LN, std_dev, est_error, msep_LN)
colnames(table_52) <- cbind("diagon", "reserv_CL", "reserv_LN", "std_dev",
                                        +   "est_error", "msep_LN")
cov_term
last_row <- cbind(NA, total_CL, total_LN, std_dev_total,est_error_total, msep_LN_total)
table_52 <- rbind(table_52, last_row)
table_52     # 显示表 5.2

    #---------------表 5.3---------------
C_CP <- matrix(0, nrow=I, ncol=1)
msep_CP <- matrix(0, nrow=I, ncol=1)

for (i in 2:I){
 C_CP[i] <- C_LN[i]*exp(sum(temp2[(I-i+2):J]))
 msep_CP[i] <- sqrt(C_CP[i]^2*(exp(3*sum(temp2[(I-i+2):J])) +
              +   exp(sum(sigma_5[(I-i+2):J]^2))-2*exp(sum(temp2[(I-i+2):J]))))
    # 注意行前的加号
}
reserv_CP <- C_CP - diagon

table_53 <- cbind(reserv_LN, reserv_CP, msep_LN, msep_CP)
colnames(table_53) <- cbind("reserv_LN", "reserv_CP", "msep_LN", "msep_CP")
table_53
```

```
last_row <- cbind( sum(table_53[ ,1]), sum(table_53[-1 ,2]), NA, NA )
table_53 <- rbind(table_53, last_row)
table_53     # 显示表 5.3

    #----------表 5.4------------
t <- matrix(0, nrow=1, ncol=J)
temp3 <- matrix(0, nrow=1, ncol=J)
C_LN_1 <- matrix(0, nrow=I, ncol=1)

reserv_LN_2 <- reserv_LN

for (i in 2:I){
 t[I-i+2] <- (i-2)*(1-exp(-sigma_5[I-i+2]^2/(i-1)))
 C_LN_1[i] <- exp(Z[i]+0.5*sum(t[(I-i+2):J]))
}
reserv_LN_1 <- C_LN_1-diagon
reserv_LN_1[1] <- 0

table_54 <- cbind(reserv_LN_1, reserv_LN_2)
colnames(table_54) <- cbind("reserv_LN_1", "reserv_LN_2")

cbind(sum(reserv_LN_1), sum(reserv_LN_2))

last_row <- cbind(sum(reserv_LN_1), sum(reserv_LN_2))

table_54 <- rbind(table_54, last_row)
table_54            # 显示表 5.4
```

第六章

本章的 R 代码涉及四个数据文件，分别是 cum_claims.csv、mu.csv、C.csv、mu2.csv，它们都是逗号分隔值文件，其中 cum_claims.csv 和 mu.csv 与第二章中的文件相同，而 C.csv 的格式与 cum_claims.csv 的格式有所不同，如下所示：

0	1	2	3	4	5	6	7	8	9
5946975	9668212	10563929	10771690	10978394	11040518	11106331	11121181	11132310	11148124
6346756	9593162	10316383	10468180	10536004	10572608	10625360	10636546	10648192	
6269090	9245313	10092366	10355134	10507837	10573282	10626827	10635751		
5863015	8546239	9268771	9459424	9592399	9680740	9724068			
5778885	8524114	9178009	9451404	9681692	9786916				
6184793	9013132	9585897	9830796	9935753					
5600184	8493391	9056505	9282022						
5288066	7728169	8256211							
5290793	7648729								
5675568									

比较可见，与 cum_claims.csv 相比，C.csv 文件少了最开始的一列。这是因为在本章的 R 代码中，用 read.csv 命令代替了 read.table 读入数据。另外，mu2.csv 的格式如下：

0	1	2	3	4	5	6	7	8	9
11653101	11367306	10962965	10616762	11044881	11480700	11413572	11126527	10986548	11618437

最后，由于本章的代码较多，为便于解释，本章的 R 代码出现在三个文件里：Chapter 6(pt1).R、Chapter 6(pt2).R、Chapter 6(pt3).R。其中表 6.1～表 6.4 的代码来自文件 Chapter 6(pt1).R，表 6.5 的代码来自文件 Chapter 6(pt2).R，表 6.6 的代码来自文件 Chapter 6(pt3).R。

下面给出代码并加以解释说明。

```
C <- read.csv("C.csv")       # 读入数据
I <- nrow(C)-1
J <- ncol(C)-1
    #--------下面为应用广义线性模型做准备--------
temp <- I+1

X <- matrix(0,temp, temp)
X[,1] <- C[,1]
for (i in 1:I) {
    for (j in 2:(temp - i + 1) ) {
                    X[i,j] <- C[i,j]-C[i,j-1]    }
}

Y <- c(X)
Y1 <- Y[Y!=0]
```

```
    #------give the design matrix------
tempa <- (I+1)*(I+2)/2
tempb <- I+J+1
gamma1 <- matrix(0,tempa,tempb)

for (i in 1:(I+1)){ gamma1[i ,I+1]<- 1    }

for (i in 1:I ){ gamma1[i+1,i]<- 1    }

temp2 <- (I+1):1
z <- cumsum(temp2)

for (i in 1:I){
            for (k in (z[i]+1):z[i+1] ) {
                        gamma1[k, I+1+i] <- 1    }
}

for (i in 1:(I-1)){
                for (j in 1:(z[i+1]-z[i]-1)) {
                                  gamma1[z[i]+1+j, j] <- 1    }
}

    #------广义线性模型（glm）------
glmY <- glm(Y1 ~ 0 + gamma1, family = quasi(variance = "mu", link="log"))
para <- exp(glmY$coefficients)

mu <- c(1,para[1:I])
gamma <- para[(I+1):(I+J+1)]

    #------reserve------
X1 <- matrix(0,I+1, J+1)
for (i in 2:(I+1)) {
        for (j in (I-i+3):(I+1)) {
        X1[i,j] <- mu[i]*gamma[j]    }
}
sum(X1)    # 显示各事故年准备金之和

CR <- matrix(0,1,I+1)
for (i in 2:(I+1)) {
```

```
    CR[1,i] <- sum(X1[i,])   }
CR      # 显示各事故年准备金

    #----------表 6.1----------
Table6.1 <- matrix(0,I+2,J+3)
Table6.1[1:(I+1),1:(J+1)] <- X1
Table6.1[I+2,1:(J+1)] <- gamma
Table6.1[1:(I+1),J+2] <- mu
Table6.1[1:(I+1),J+3] <- CR
Table6.1[I+2,J+3] <- TotalCR
Table6.1      # 显示表 6.1

    #----------表 6.2----------
so <- summary(glmY)
H <- so$dispersion * so$cov.unscaled     # 另一个命令是 vcov(glmY)

phi <- so$dispersion
ProcessDev <- sqrt( sum(X1)*phi )
temp <- I+1

ErrTemp <- array(0, dim = c(temp,temp,temp,temp) )  # 难点在于估计误差的循环计算
for (i in 1:temp){
    for (j in 1:temp) {
        for (n in 1:temp) {
            for (m in 1:temp) {
                if (X1[i,j]*X1[n,m]!=0){
                            Gammatemp1 <- matrix(0,1,I+J+1)
                      Gammatemp1[1, I+j] <- 1           #   I+j = I+1+(j-1)
                  Gammatemp1[1, i-1] <- 1
                            Gammatemp2 <- matrix(0,1, I+J+1)
                          Gammatemp2[1, I+m] <- 1
                  Gammatemp2[1, n-1] <- 1
    ErrTemp[i,j,n,m] <- X1[i,j]*X1[n,m]*( Gammatemp1%*%H%*%t(Gammatemp2) )
                }
            }
        }
    }
}
Err <- sqrt(sum(ErrTemp))
```

```
msep <- sqrt(ProcessDev^2+Err^2)

Table6.2 <- c(TotalCR,ProcessDev,Err,msep)
Table6.2          # 显示表 6.2

    #----------表 6.3-----------
glmY <- glm(Y1 ~ 0 + gamma1, family = quasi(variance="mu^2", link="log"))
para <- exp(glmY$coefficients)

mu <- c(1,para[1:I])
gamma <- para[(I+1):(I+J+1)]
temp <- I+1

X1 <- matrix(0,temp,temp)
for (i in 2:temp) {
    temp1 <- I-i+3
    for (j in temp1:temp) {
        X1[i,j] <- mu[i]*gamma[j]    }
}

CR <- matrix(0,1,temp)
for (i in 2:temp) {
    CR[1,i] <- sum(X1[i,])      }

TotalCR <- sum(CR)

Table6.3 <- matrix(0,I+2,J+3)
Table6.3[1:(I+1),1:(J+1)] <- X1
Table6.3[I+2,1:(J+1)] <- gamma
Table6.3[1:(I+1),J+2] <- mu
Table6.3[1:(I+1),J+3] <- CR
Table6.3[I+2,J+3] <- TotalCR
Table6.3          # 显示表 6.3

    #----------表 6.4-----------
so <-   summary(glmY)
H <- so$dispersion * so$cov.unscaled

phi <- so$dispersion
```

```
ProcessDev <- sqrt(sum(X1^2)*phi)

ErrTemp<-array(0,dim=c(temp,temp,temp,temp))
for (i in 1:temp){
    for (j in 1:temp) {
        for (n in 1:temp) {
            for (m in 1:temp) {
                if (X1[i,j]*X1[n,m]!=0){
                                Gammatemp1 <- matrix(0,1,I+J+1)
                          Gammatemp1[1, I+j] <- 1        # I+j= I+1+(j-1)
                    Gammatemp1[1, i-1] <- 1
                                Gammatemp2 <- matrix(0,1, I+J+1)
                            Gammatemp2[1, I+m] <- 1
                    Gammatemp2[1, n-1] <- 1
    ErrTemp[i,j,n,m] <- X1[i,j]*X1[n,m]*( Gammatemp1%*%H%*%t(Gammatemp2) )
                }
            }
        }
    }
}
Err <- sqrt(sum(ErrTemp))
msep <- sqrt(ProcessDev^2+Err^2)
Table6.4_gamma <- c(TotalCR,ProcessDev,Err,msep)   #  显示表 6.4
```

对于更一般的 Tweedie 分布下的 glm，需要安装调用 R 软件包 statmod。举例来说，安装好 R 软件包 statmod 后，如设方差函数为 var=mu^1.5 的形式，联结函数为对数函数，那么运行如下命令：

```
# library(statmod)     #  调用软件包
# glmY <- glm(Y1 ~ 0 + gamma1, family=tweedie(var.power=1.5, link.power=0))
```

下面给出表 6.5 的代码。由于表 6.5 的第 2 列是 BF 准备金，为了完整地给出 BF 准备金的运算，开始的代码与第二章的代码类似。

```
c <- read.table("cum_claims.csv", header=TRUE, row.names=1, sep=",")
I <- nrow(c)
J <- ncol(c)

est_c <- matrix(0, nrow=I, ncol=J)
```

```
f <- matrix(0, nrow=1, ncol=J-1)
m_f <- matrix(0, nrow=I, ncol=J)

temp1 <- matrix(0, nrow=1, ncol=J)
temp2 <- matrix(0, nrow=I, ncol=J)
F <- matrix(0, nrow=I, ncol=J)

reserv <- matrix(0, nrow=I, ncol=1)

    #----------------- Estimation of link ratios f-----------------
for (j in 1:(J-1)) {
  temp1[j] <- sum(c[1:(I-j),j])
    for (i in 1:I){
    F[i,j+1] <- c[i,j+1]/c[i,j]
    temp2[i,j] <- (c[i,j]/temp1[j])*F[i,j+1]     }
 f[j] <- sum(temp2[1:(I-j),j])
}

    #--------- Estimation BF of the claims c ---------
for (m in 1:(J-1)){
    j <- m+1
    k <- I+2-j
    for (i in k:I){
    m_f[i,j] <- prod(f[(I-i+1):(j-1)])
    est_c[i,j] <- c[i,(I-i+1)]*m_f[i,j]    }
}

    #------------------ Reserves ------------------
reserv[1] <- 0
 for (i in 2:I){
 reserv[i] <- est_c[i,10]-c[i,I-i+1]      }

    #------------------BF method------------------
u <- read.table("mu.csv", header=TRUE, row.names=1, sep=",")
reserv_BF <- matrix(0, nrow=I, ncol=1)
b <- matrix(0, nrow=I, ncol=1)
c_BF_J <- matrix(0, nrow=I, ncol=1)

b[1] <- 1
```

```
for (i in 2:I){
   b[i] <- 1/prod(f[(I-i+1):(J-1)])     }

for (i in 1:I){
   c_BF_J[i] <- c[i,I-i+1] + u[i,1]*(1-b[i])
   reserv_BF[i] <- u[i,1]*(1-b[i])      }

reserv_BF
sum(reserv_BF)

C <- read.csv("C.csv")
I <- nrow(C)-1
J <- ncol(C)-1

      #------下面为应用广义线性模型做准备------
temp <- I+1

X <- matrix(0,temp, temp)
X[,1] <- C[,1]
for (i in 1:I) {
      for (j in 2:(temp - i + 1) ) {
                        X[i,j] <- C[i,j]-C[i,j-1]      }
}

Y <- c(X)
Y1 <- Y[Y!=0]

      #-------give the design matrix-------
tempa <- (I+1)*(I+2)/2
tempb <- I+J+1
gamma1 <- matrix(0,tempa,tempb)

for (i in 1:(I+1)){ gamma1[i ,I+1]<- 1      }

for (i in 1:I ){ gamma1[i+1,i]<- 1      }

temp2 <- (I+1):1
z <- cumsum(temp2)
```

```
for (i in 1:I){
     for (k in (z[i]+1):z[i+1] ) { gamma1[k, I+1+i] <- 1     }
}

for (i in 1:(I-1)){
          for (j in 1:(z[i+1]-z[i]-1)) { gamma1[z[i]+1+j, j] <- 1     }
}

     #-------glm-------
glmY <- glm(Y1 ~ 0 + gamma1, family=quasi(variance="mu", link="log"))
para <- exp(glmY$coefficients)

mu <- c(1,para[1:I])
gamma <- para[(I+1):(I+J+1)]

     #----------reserve----------
X1 <- matrix(0,I+1, J+1)
for (i in 2:(I+1)) {
          for (j in (I-i+3):(I+1)) {
          X1[i,j] <- mu[i]*gamma[j]     }
}
sum(X1)

so <- summary(glmY)
H <- so$dispersion * so$cov.unscaled     # 另一个命令是  vcov(glmY)

phi <- so$dispersion
mu_prior <- read.csv("mu2.csv")
mu_prior <- as.numeric(mu_prior)
gamma <- as.numeric(gamma)
gamma1 <- gamma/sum(gamma)

var_proc <- mu_prior %o% gamma1

temp <- matrix(0, nrow=I+1, ncol=I+1)
for (i in 2:(I+1)){ temp[i,(I+3-i):(I+1)] <- 1    }

sdvar_proc <- sqrt( phi* rowSums(temp*var_proc) )
sqrt(sum( phi* rowSums(temp*var_proc) ))          # Process std dev
```

```
[1] 329006.9

gamma2 <- rev(gamma1)
gamma3 <- c(0,cumsum(gamma2))[-11]
stvar_prior <- gamma3 * mu_prior *0.05
sqrt( sum(stvar_prior^2) )      # Prior std dev

tildegamma <- matrix(0, J+1, I+J+1)

for (i in 1:(J+1)) { tildegamma[i, I+i] <- 1   }

delta <- numeric(J+1)
for (j in 1:(J+1) ){ delta[j] <- sum( gamma )/gamma[j] -1   }

temp <- I+1

EstimationTemp <- array(0, dim=c(temp, temp,temp,temp,temp) )
for (i in 1:temp){
for (j in 1:temp){
     for (k in 1:temp) {
          for (l in 1:temp) {
               for (m in 1:temp) {
 if ( X1[i,j]*X1[i,k]!=0 ){
 EstimationTemp[i,j,k,l,m] <- (1/(1+delta[j])^2)*(1/(1+delta[k])^2) *(
            gamma[l]*gamma[m])/(gamma[j]*gamma[k])* (
  (tildegamma[l,]- tildegamma[j,]) %*% H %*% (tildegamma[m,]- tildegamma[k,]) )
                                   }
                              }
                         }
                    }
}
}

est <- numeric(temp)
for (i in 1:temp) { est[i] <- sum( EstimationTemp[i, , , ,] )

mu_prior <- read.csv("mu2.csv")
mu_prior <- as.numeric(mu_prior)
```

```
sd_param <- mu_prior * sqrt(est)

mufrom2 <- mu_prior[2:10]
mufrom2 <- as.numeric(mufrom2)

deltafrom2 <- delta[2:10]
phi <- so$dispersion
gamma <- as.numeric(gamma)

temp <- I+1

covtemp <- array(0, dim = c(temp,temp,temp, temp,temp,temp) )

for (i in 2:temp){
for (k in 2:temp){
      for (j in (temp-i+2):temp) {
            for (l in (temp-k+2):temp) {
                  for (n in 1:temp) {
                              for (m in 1:temp) {
                                          if (i < k) {
  covtemp[i,k,j,l,n,m] <- (1/(1+delta[j])^2)*(1/(1+delta[l])^2) *(
            gamma[n]*gamma[m])/(gamma[j]*gamma[l])* (
   (tildegamma[n,]- tildegamma[j,]) %*% H %*% (tildegamma[m,]- tildegamma[l,]) )
                                          }
                                    }
                              }
                        }
                  }
}
}

covmat <- matrix(0, temp, temp)
for (i in 2:(temp-1) ){
            for (k in (i+1):temp){ covmat[i,k] <- sum( covtemp[i, k, , , ,])    }
}

total_para <- sqrt( 2* sum( outer(mu_prior, mu_prior) * covmat ) + sum( sd_param^2 ) )

     #----------------表 6.5----------------
```

```
table6.5 <- data.frame( "i"=0:9, "BF res"=reserv_BF, "sd_Process"= sdvar_proc,
"sd_prior"= stvar_prior, "sd_Para"=sd_param, "Prior and Para"=rep(0,10),
"st_msep"=rep(0,10), "Vco"=rep(0,10)    )

table6.5[11,] <- 0
table6.5[11, 2] <- sum(table6.5[,2])
table6.5[11, 3] <- sqrt(sum(table6.5[,3]^2) )
table6.5[11, 4] <- sqrt(sum(table6.5[,4]^2) )
table6.5[11, 5] <- total_para
table6.5[, 6] <- sqrt( table6.5[,4]^2 + table6.5[,5]^2   )
table6.5[, 7] <- sqrt( table6.5[,3]^2 + table6.5[,6]^2   )
table6.5[, 8] <- 100*table6.5[, 7]/table6.5[, 2]
table6.5[11,1] <- NA

cbind( round(table6.5[,1]),round(table6.5[,2:7]), round(table6.5[,8],1))  # 显示表 6.5
```

下面给出表 6.6 的代码。

```
data <- read.csv("cum_claims.csv")
I <- length(data)

factors <- mat.or.vec(1, I-2)

    # -----------Compute factors-----------
for (k in 2:(I-1)) {
    i <- I-k
    factor_1 <- data[1:i,k]
    factor_2 <- data[1:i,k+1]
    factors[k-1] <- sum(factor_2)/sum(factor_1)
}
factors    # 显示链梯因子
          [,1]      [,2]      [,3]      [,4]      [,5]      [,6]      [,7]      [,8]      [,9]
[1,] 1.492536 1.07776 1.022873 1.014841 1.006974 1.005146 1.00108 1.001047 1.001421

recipfac <- factors^{-1}
betatemp <- cumprod( rev(recipfac) )
beta <- rev(betatemp)
beta    # 显示进展模式因子
[1] 0.5895847   0.8799763   0.9484035 0.9700965   0.9844936   0.9913594   0.9964607
[8] 0.9975373   0.9985815
```

```
beta_exact <- round(100*beta, 2)    # 显示进展模式的百分比
[1] 58.96   88.00   94.84   97.01   98.45   99.14   99.65   99.75   99.86

gamma <- numeric(I-1)
        gamma[1] <- beta[1]
        for (i in 2:(I-2)) { gamma[i] <- beta[i]- beta[i-1]     }
        gamma[I-1] <- 1- beta[I-2]
gamma   # 显示进展模式的增量形式
[1] 0.589584671   0.290391644   0.068427191   0.021692988   0.014397123   0.006865809
[8] 0.005101291   0.001076572   0.001044177   0.001418535

mu <- data[,I]
mu    # 显示最终损失

X1 <- outer(mu, gamma)   # 得到增量索赔的拟合值

phi <- 14714.1067     # 来自广义线性模型

for (i in 2:10) {
      for (j in (12-i):10 ){ X1[i,j] <- 0     }
}

X2 <- X1/phi

sim <- array(0, dim= c(5000, 10, 10))
for (i in 1:5000){
           for (j in 1:10){
                      for (k in 1:(11-j) ) {
                                  sim[i,j,k] <- phi * rpois(1, X2[j,k])    }
                      }
}

simbeta <- matrix(0, 5000, 9)

for (i in 1:5000){
      c <- sim[i , ,]
      for (m in 1:10){
                c[m, ] <- cumsum( c[m, ] )    }
      factors <- mat.or.vec(1, 9)
```

```
    for (k in 2:10) {
      factor_1 <- c[1:(11-k),k-1]
      factor_2 <- c[1:(11-k),k]
      factors[k-1] <- sum(factor_2)/sum(factor_1)
                     }
 recipfac <- factors^{-1}
 beta <- cumprod( rev(recipfac) )
 beta <- rev(beta)
 simbeta[i, ] <- beta
}

beta_sim <- round( 100*apply(simbeta, 2, mean), 2)   # 显示拟合的进展模式的百分比
[1] 58.94   88.00   94.84   97.01   98.46   99.14   99.65   99.76   99.86
beta_err_sim <- round( 100*apply(simbeta, 2, sd), 3)   # 显示拟合的进展模式的标准差百分比
[1] 0.663   0.483   0.373   0.316   0.260   0.219   0.173   0.160   0.135

    #----------表 6.6-----------
table6.6 <- data.frame( "i"=0:9, "beta_j"=c(NA, rev(beta_exact)),
          +   "estim_err"=c(NA, rep(0,9)), "beta_sim"=c(NA, rev(beta_sim)),
          +   "beta_err_sim"=c(NA, rev(beta_err_sim))   )     # 行前加号表示命令未结束
table6.6[ ,3] <- c(NA, 0.137, 0.160, 0.175, 0.219, 0.258, 0.313, 0.370, 0.484, 0.653)
table6.6     # 显示表 6.6
```

第七章

本章的 R 代码涉及一个数据文件 cum_claims.csv，它与第二章中的文件相同。本章的 R 代码文件有两个：Ch7_Fig1_parametric boot.R、Ch7_Fig3_non-parametric boot.R，它们分别对应于参数拔靴和非参数拔靴。下面给出代码并加以解释说明。

首先介绍参数拔靴的情形。

```
c <- read.table("cum_claims.csv", header=TRUE,row.names=1,sep=",")
I <- nrow(c)
J <- ncol(c)

F <- matrix(0, nrow=I, ncol=J)
for (j in 1:(J-1)) {
   for (i in 1:I){
```

```
        F[i,j+1] <- c[i,j+1]/c[i,j]     }
}

diagon <- matrix(0, nrow=I, ncol=1)
for (i in 1:I){
  diagon[i] <- c[i,I-i+1]
}

    #-------------定义一些变量-------------
ksi <- matrix(0, nrow=1, ncol=J)
sigma_5 <- matrix(0, nrow=1, ncol=J)
temp <- matrix(0, nrow=I, ncol=J)

eta <- log(F)

for (j in 2:J){
   ksi[j] <- 1/(I-j+1)*sum(eta[1:(I-j+1),j])
   temp[,j] <- (eta[,j]-ksi[j])^2
}
for (j in 2:J){
  if (j<I) sigma_5[j] <- sqrt(1/(I-j)*sum(temp[1:(I-j+1),j]))
  else sigma_5[j] <- min(sigma_5[j-1]/sigma_5[j-2],sigma_5[j-2],sigma_5[j-1])
}

sig <- sigma_5
xi <- ksi

    #-------------通过 boot 软件包进行拔靴计算-------------
library(boot)     #  调用 R 软件包 boot
totalreserve <- function( eta ) {              #  定义函数

ksi <- matrix(0, nrow=1, ncol=J)
sigma_5 <- matrix(0, nrow=1, ncol=J)
temp <- matrix(0, nrow=I, ncol=J)

for (j in 2:J){
   ksi[j] <- 1/(I-j+1)*sum(eta[1:(I-j+1),j])
   temp[,j] <- (eta[,j]- ksi[j])^2
}
```

```
for (j in 2:J){
  if (j<I) sigma_5[j] <- sqrt(1/(I-j)*sum(temp[1:(I-j+1),j]))
  else sigma_5[j] <- sigma_5[j-1]
}

Z <- matrix(0, nrow=I, ncol=1)
C_LN <- matrix(0, nrow=I, ncol=1)
tempt <- matrix(0, nrow=I, ncol=1)

C_LN[1] <- diagon[1]

for (i in 2:I){
 Z[i] <- log(diagon[i]) + sum(ksi[(I-i+2):J])
 tempt[I-i+2] <- sigma_5[I-i+2]^2*(1-1/(i-1))
 C_LN[i] <- exp(Z[i] + 0.5*sum(tempt[(I-i+2):J]))
}

reserv_LN <- C_LN - diagon
total_LN <- sum(reserv_LN)
return( total_LN )
}

    #-------------定义参数-------------
para <- t( rbind(xi, sig))
colnames(para) <- c("xi", "sig" )
mle <- data.frame(para)

ran.gen.LN <- function(eta, mle) {          #   定义函数
        for (j in 2:J) {
                for (i in 1:(I+1-j) ){
                        eta[i,j] <- rnorm( 1, mean = mle$xi[j], sd = mle$sig[j] )      }
                        }
eta
}

    #-------------拔靴计算-------------
set.seed(2525)      #  设定随机数初始值

boot.table71.LN <- boot( data = eta, statistic = totalreserve, R=10000,
```

```
+     sim="parametric",
+     ran.gen = ran.gen.LN,
+     mle = data.frame( para )     )
boot.table71.LN     # 显示拔靴计算结果

PARAMETRIC BOOTSTRAP


Call:
boot(data = eta, statistic = totalreserve, R = 10000, sim = "parametric",
  +   ran.gen = ran.gen.LN, mle = data.frame(para))


Bootstrap Statistics :
     original       bias      std. error
t1*   6046311 -2276.366       182757.6

plot(boot.table71.LN)     # 显示拔靴计算结果概率密度图
```

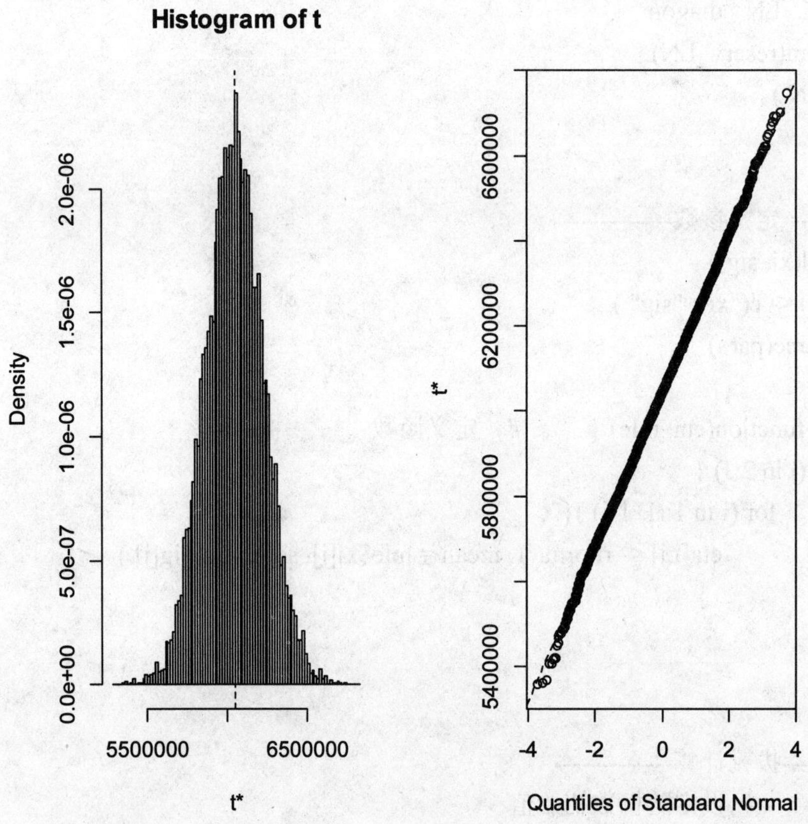

```
hist(boot.table71.LN$t)   # 显示拔靴计算结果直方图
```

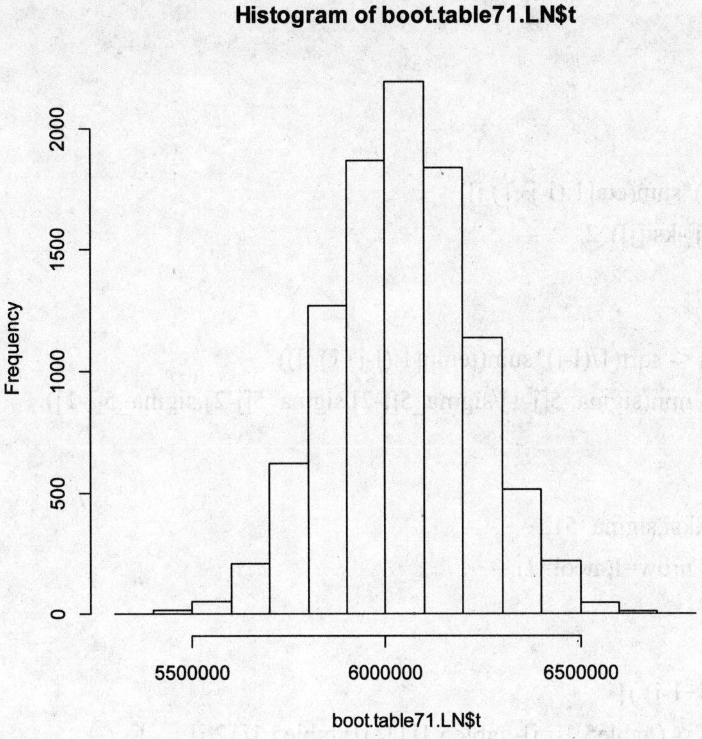

下面介绍非参数拔靴的情形。

```
c <- read.table("cum_claims.csv", header=TRUE,row.names=1,sep=",")
I <- nrow(c)
J <- ncol(c)

F <- matrix(0, nrow=I, ncol=J)
for (j in 1:(J-1)) {
    for (i in 1:I){
        F[i,j+1] <- c[i,j+1]/c[i,j]     }
}

diagon <- matrix(0, nrow=I, ncol=1)
for (i in 1:I){
   diagon[i] <- c[i,I-i+1]
}

     #-------------定义一些变量-------------
ksi <- matrix(0, nrow=1, ncol=J)
```

```
sigma_5 <- matrix(0, nrow=1, ncol=J)
temp <- matrix(0, nrow=I, ncol=J)

eta <- log(F)

for (j in 2:J){
    ksi[j] <- 1/(I-j+1)*sum(eta[1:(I-j+1),j])
    temp[,j] <- (eta[,j]-ksi[j])^2
}
for (j in 2:J){
  if (j<I) sigma_5[j] <- sqrt(1/(I-j)*sum(temp[1:(I-j+1),j]))
  else sigma_5[j] <- min(sigma_5[j-1]/sigma_5[j-2],sigma_5[j-2],sigma_5[j-1])
}

table5.1 <- rbind(eta,ksi,sigma_5)
residual <- matrix(0, nrow=I, ncol=J)

for (i in 1:I){
        for (j in 1:(J+1-i) ){
        residual[i,j] <- ( table5.1[i,j]- table5.1[11, j])/table5.1[12,j]     }
}

resid <- residual[ , -1]
resid <- c(resid)
tempa <- resid[resid != 0]
#   length(tempa)   # 残差个数为 44
#   mean(tempa)     # 残差均值本质上为 0，4.79343e-16
#   sd(tempa)       # 残差的标准差 0.91499

res <- data.frame(tempa)
sig <- sigma_5
xi <- ksi

    #-------------通过 boot 软件包进行拔靴计算-------------
library(boot)

totalres <- function( data, indices ) {      # 定义函数
d <- data[indices,   ]
residual <- matrix(0, nrow=I, ncol=J )
```

```
residual[1:9, 2]<- d[1:9]
for (j in 3:(J-1)) {
            residual[1:(I+1-j) ,j] <- d[( sum( (I-1):(I+2-j) ) + 1):( sum( (I-1):(I+2-j) ) + I+1-j )   ]
}

eta <- matrix(0, nrow=I, ncol=J )

for (j in 2:J){
  for (i in 1:(I+1-j)) {
      eta[i,j] <- sig[j]*residual[i, j] + xi[j]     }
}

ksi <- matrix(0, nrow=1, ncol=J)
sigma_5 <- matrix(0, nrow=1, ncol=J)
temp <- matrix(0, nrow=I, ncol=J)

for (j in 2:J){
    ksi[j] <- 1/(I-j+1)*sum(eta[1:(I-j+1),j])
    temp[,j] <- (eta[,j]- ksi[j])^2
}

for (j in 2:J){
   if (j<I) sigma_5[j] <- sqrt(1/(I-j)*sum(temp[1:(I-j+1),j]))
   else sigma_5[j] <- min(sigma_5[j-1]/sigma_5[j-2], sigma_5[j-2],sigma_5[j-1])
}

Z <- matrix(0, nrow=I, ncol=1)
C_LN <- matrix(0, nrow=I, ncol=1)
tempt <- matrix(0, nrow=I, ncol=1)

C_LN[1] <- diagon[1]

for (i in 2:I){
  Z[i] <- log(diagon[i]) + sum(ksi[(I-i+2):J])
  tempt[I-i+2] <- sigma_5[I-i+2]^2*(1-1/(i-1))
  C_LN[i] <- exp(Z[i] + 0.5*sum(tempt[(I-i+2):J]))
}
```

```
reserv_LN <- C_LN - diagon
total_LN <- sum(reserv_LN)
return( total_LN )
}

    #-------------拔靴计算-------------
set.seed(2525)      # 设定随机数初始值
results <- boot(data = res, statistic = totalres, R=10000)
results     # 显示拔靴计算结果

ORDINARY NONPARAMETRIC BOOTSTRAP

Call:
boot(data = res, statistic = totalres, R = 10000)

Bootstrap Statistics :
    original     bias      std. error
t1*   6046311 509.1041      166503.8

plot(results)   # 显示拔靴计算结果概率密度图
```

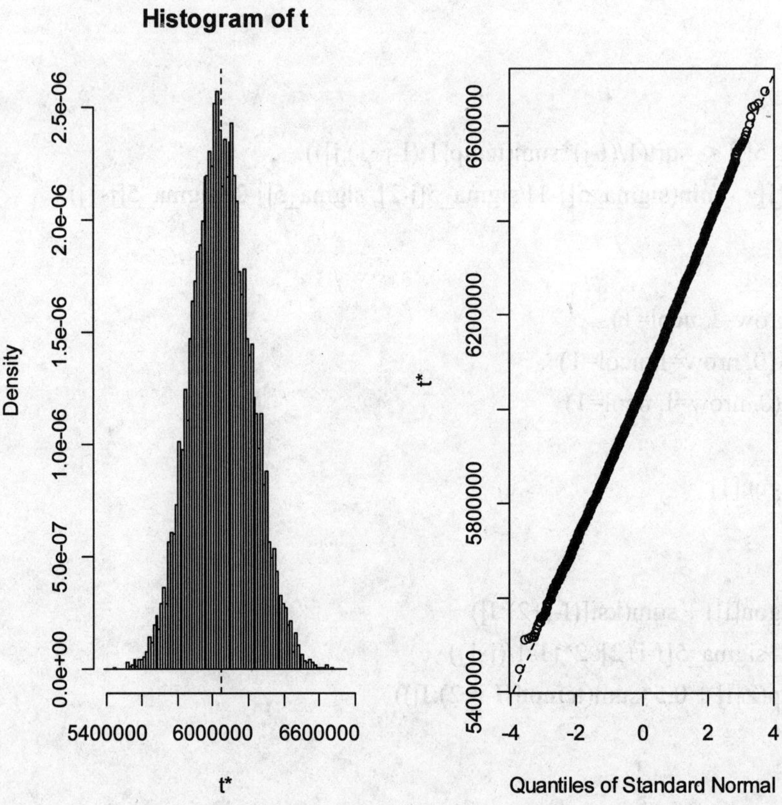

```
hist(results$t)   # 显示拔靴计算结果直方图
```

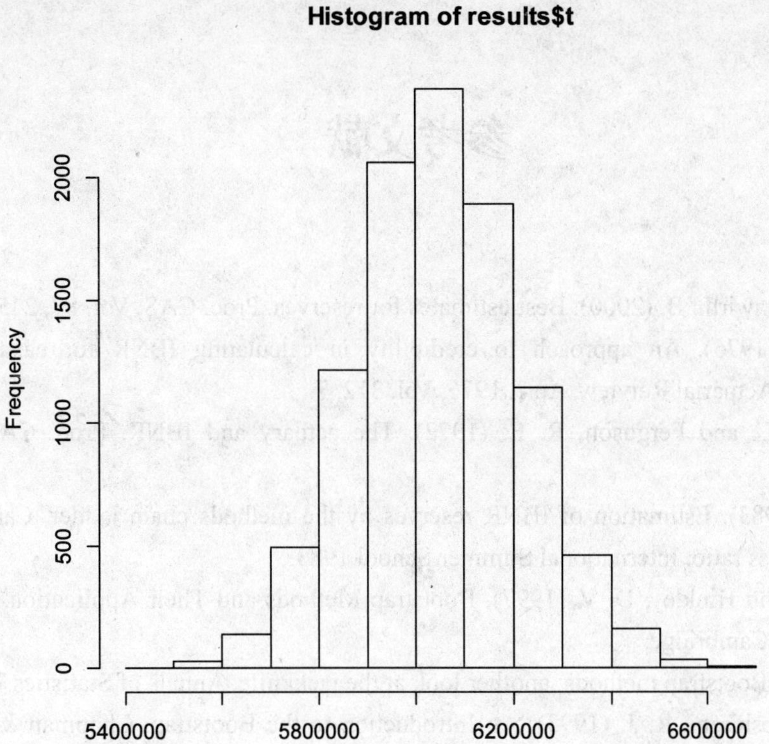


```
levels <- c(0.5, 0.95, 0.975, 0.99, 0.995)
quantile( results$t, levels, type=7 )    # 准备金估计的分位数
    50%        95%      97.5%        99%      99.5%
6042797   6325859   6382961   6441190   6480331
```

参考文献

Barnett, G. & Zehnwirth, B. (2000). Best estimates for reserves. Proc. CAS, Vol. 87, 245-321.

Benktander, G. (1976). An approach to credibility in calculating IBNR for casualty excess reinsurance. The Actuarial Reiview, April 1976, Vol. 312, 7.

Bornhuetter, R. L. and Ferguson, R. E. (1972). The actuary and IBNR. Proc. CAS, Vol. 59, 181-195.

Bühlmann H. (1983). Estimation of IBNR reserves by the methods chain ladder, Cape Cod and complimentary loss ratio. International Summer School 1983.

Davison, A. C. and Hinkley, D. V. (1997). Bootstrap Methods and Their Application. Cambridge University Press, Cambridge.

Efron, B. (1979). Bootstrap methods: another look at the jackknife. Annals of Statistics 7/1, 1-26.

Efron, B. and Tibshirani, R. J. (1993). An Introduction to the Bootstrap. Chapman & Hall, New York.

England, P. D. and Verrall, R. J. (1999). Analytic and bootstrap estimates of prediction errors in claims reserving. Insurance: Mathematics and Economics 25/3, 281-293.

England, P.D. and Verrall, R.J. (2002). Stochastic claims reserving in general insurance. British Actuarial Journal 8/3, 443-518.

England, P.D. and Verrall, R.J. (2007). Predictive distributions of outstanding liabilities in general insurance. Annals of Actuarial Science 1/2, 221-270.

Gogol, D. (1993). Using expected loss ratios in reserving. Insurance: Mathematics and Economics. 12/3, 297-299.

Hovinen, E. (1981). Additive and continuous IBNR. Astin Colloquium 1981, Loen, Norway.

Mack, T. (1993). Distribution-free calculation of the standard error of chain ladder reserve estimates. Astin Bulletin 23/2, 213-225.

Renshaw, A. E. (1995). Claims reserving by joint modeling. Astin Colloquium 1995, Leuven, Belgium.

Renshaw, A. E. and Verrall, R.J. (1998). A stochastic model underlying the chain-ladder technique. British Actuarial Journal 4/4, 903-923.

Venter, G.G. (1998). Testing the assumptions of age-to-age factors. Proc. CAS, Vol. 85, 807-847.

Wüthrich, M.V. & Merz, M. (2008). Stochastic Claims Reserving Methods in Insurance. John Wiley & Sons, Ltd. Chichester, England.